고득점 합격의 지름길

한국사

머리말

꿈을 향해 나아가고 있는 검정고시 수험생 여러분!

검정고시라는 관문을 통과하기 위해 외로운 길을 걷고 있는 수많은 수험생들에게 필요한 것은 철저한 계획과 준비 그리고 굳은 의지입니다. 가장 짧은 시간 내에, 그리고 무엇보다도 쉽고 재미나게 정상에 도달하려면 체계적인 이론 정리를 바탕으로 문제 해결 능력을 강화하여야 합니다.

한국사는 우리의 자랑스런 유구한 역사를 담고 있는 과목인 만큼 공부량이 만만치 않습니다. 하지만 무조건 암기하는 과목이 아닙니다. 각 시대의 흐름을 익히고 이해하는 것이 가장 중요합니다. 특히 최근의 기출문제를 보면 근현대사의 출제 비중이 높아지고 있는 추세입니다. 옛날 이야기를 술술 풀어내듯 사건과 사건의 인과 관계를 생각하면서 시대적 특징, 주요 사건, 인물, 그림 자료들을 체계적으로 공부한다면 고득점으로 자연히 이어질 것입니다. 이 책은 분명 여러분에게 좋은 길라잡이가 되어줄 것입니다.

> 첫째, 최신 출제경향을 반영하고 교과 내용을 완벽히 분석하여 구성한 교재입니다.
>
> 둘째, 각 단원마다 중요한 개념과 원리를 정확히 이해하고 쉽게 응용할 수 있도록 교과 내용을 체계적이고 논리적으로 정리하였습니다.
>
> 셋째, 학습한 내용을 바로 확인할 수 있도록 한 관련 문제와 이해하기 어려운 내용에 대해 상세한 참고 해설을 추가 구성하였습니다.
>
> 넷째, 단원별로 기출문제를 분석하여 자주 출제되는 문제의 유형 파악과 함께 각 문제에 따른 자세한 해설을 달았으며, 문제 해결력과 응용력을 길러 줄 수 있는 한 단계 더 나아간 고난도 유형의 문제를 제시하였습니다.

아름다운 여인 조각을 사랑한 마음이 간절해서 결국 그의 바람이 조각을 사람으로 바꾼 그리스 신화의 이야기가 있습니다. 간절한 열망이 꿈을 이루게 하고 긍정적 자기 암시가 결국 좋은 결과를 가져오는 것, 이것이 바로 피그말리온 효과(Pygmalion effect)입니다.

수험생 여러분!!
간절히 바라십시오. 진정으로 원하십시오.
말하는대로... 노력한대로... 반드시 "꿈은☆이루어집니다." 파이팅!!

― 편저자 이재은

시험안내

1 시험 과목 및 합격 결정

시험 과목 (7과목)	필수	국어, 수학, 영어, 사회, 과학, 한국사(6과목)
	선택	도덕, 기술·가정, 체육, 음악, 미술 과목 중 1과목
배점 및 문항	문항 수	과목별 25문항(단, 수학 20문항)
	배점	문항당 4점(단, 수학 5점)
합격 결정	고시 합격	각 과목을 100점 만점으로 하여 평균 60점(소수점 셋째 자리에서 절사) 이상을 취득한 자를 합격자로 결정(단, 평균이 60점 이상이라 하더라도 결시과목이 있을 경우에는 불합격 처리)
	과목 합격	시험성적 60점 이상인 과목은 과목합격을 인정하고, 본인이 원할 경우 다음 차수의 시험부터 해당 과목의 시험을 면제하며, 그 면제되는 과목의 성적은 이를 고시성적에 합산함 ※ 과목합격자에게는 신청에 의하여 과목합격증명서 교부

2 응시 자격

① 중학교 졸업자 및 이와 같은 수준 이상의 학력이 있다고 인정된 사람

   ※ 3년제 고등기술학교 졸업(예정)자의 경우에도 중학교 졸업자 및 이와 동등 이상의 학력이 있다고 인정된 사람이어야 함

② 고등학교에 준하는 각종 학교 졸업자 또는 졸업 예정자와 중학교 또는 동등 이상의 학력이 있는 자를 대상으로 하는 3년제 직업훈련 과정의 수료자

③ 초·중등교육법 시행령 제97조, 제101조, 제102조에 해당하는 사람

④ 보호소년 등의 처우에 관한 법률 시행령 제69조제3호에 해당하는 사람

   ※본 공고문에서 졸업 예정자는 최종 학년에 재학 중인 사람을 말함

│ 응시자격 제한 │

1. 고등학교 또는 초·중등교육법 시행령 제98조제1항제2호의 학교를 졸업한 사람 또는 재학 중인 사람 (휴학 중인 사람 포함)
2. 공고일 이후 중학교 또는 초·중등교육법 시행령 제97조제1항제2호의 학교를 졸업한 사람
3. 고시에 관하여 부정행위를 한 사람으로서 처분일로부터 응시자격 제한 기간이 경과되지 않은 사람
4. 공고일 기준으로 이후에 1의 학교에 재학 중 제적된 사람(단, 장애인복지법 제32조의 규정에 의하여 등록된 장애인으로서 신체적·정신적 장애로 학업을 계속하는 것이 불가능하여 자퇴한 사람은 제외)

---

3 제출서류(현장접수)

① 응시원서(소정서식) 1부

② 동일한 사진 2매(탈모 상반신, 3.5cm×4.5cm, 3개월 이내 촬영)

③ 본인의 해당 최종학력증명서 1부
- 졸업(졸업예정)증명서(소정서식)
  ※ 상급학교 진학여부가 표시된 검정고시용에 한함
    졸업 후 배정받은 상급학교에 진학하지 않은 사람은 미진학사실확인서 추가 제출
- 중·고등학교 재학 중 중퇴자는 제적증명서
- 중학교 의무교육 대상자 중 정원 외 관리대상자는 정원 외 관리증명서
- 중학교 의무교육 대상자 중 면제자는 면제증명서(소정서식)
- 평생교육법 제40조에 따른 학력인정 대상자는 학력인정서
- 초·중등교육법 시행령 제96조제1항제2호 및 제97조제1항제3호에 따른 학력인정 대상자는 학력인정증명서(초졸 및 중졸검정고시 합격자는 합격증서사본 또는 합격증명서)
- 합격과목의 시험 면제를 원하는 사람은 과목합격증명서 또는 성적증명서
  ※ 과목합격자가 응시하는 경우, 학력이 직전 응시원서에 기재된 것과 같은 때에는 과목합격증명서의 제출로서
    본인의 해당 최종학력증명서를 갈음함
- 3년제 고등공민학교, 중·고등학교에 준하는 각종 학교와 직업훈련원의 졸업(수료, 예정)자는 졸업(졸업예정, 수료)증명서
- 3년제 고등기술학교 및 졸업(예정)자는 직전학교 졸업증명서

④ 신분증 : 주민등록증, 외국인등록증, 운전면허증, 대한민국 여권, 청소년증 중 하나

시험에 관한 자세한 사항은 한국교육과정평가원 홈페이지(http://www.kice.re.kr)
또는 ARS(043-931-0603) 및 각 시·도 교육청 홈페이지에서 확인하시기 바랍니다.

구성 미리보기

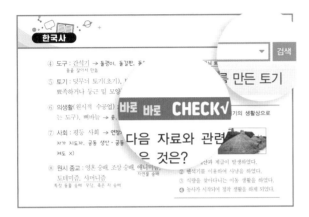

검색

어렵고 익숙하지 않은 용어는 따로 찾을 필요 없이 바로 확인할 수 있도록 설명했어요.

바로 바로 CHECK

핵심 내용을 얼마나 정확히 이해하였는지 스스로 점검해 보며 실력을 확인하는 시간을 가져 보세요.

심화학습

시험에 나올 수 있는 중요 이론과 보충 내용을 통해 이해의 깊이를 높일 수 있도록 하였어요.

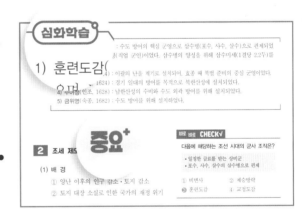

중요

기출문제를 바탕으로 교과 내용을 분석하여 자주 출제된 부분에는 중요 표시를 하였어요.

실전예상문제

실제 출제된 기출문제와 적중률이 높은 예상문제를 통해 실력을 점검해 보세요.

정답 및 해설

'왜 정답이 아닌지' 상세하게 설명한 해설을 통해 이론 학습에서 놓친 부분을 한 번 더 살펴보세요.

차 례

Chapter 04 국제 질서의 변동과 근대 국가 수립 운동

Chapter 05 일제 강점과 민족 운동의 전개

Chapter 06 대한민국의 발전과 현대 세계의 변화

CHAPTER

01

우리 역사의 형성과
고대 국가의 발전

우리 역사의 형성과 고대 국가의 발전

 이 단원은 선사 시대와 역사 시대를 구분하는 기준으로 시작해 각 시대별 특징, 유물·유적에 대해서는 반드시 암기하고 정리해 두어야 합니다. 또한, 우리나라 최초의 국가인 고조선과 철기 시대의 여러 국가들의 특징 및 풍습, 제천행사 등은 자주 출제되므로 정확한 내용을 숙지해두는 것이 좋습니다. 또한, 고대에서는 삼국의 정치 형태와 각 국가별 전성기 때의 영토 확장 범위를 묻는 문제가 자주 출제되며, 발해의 고구려 계승 의식을 정확히 파악해야 합니다.

01 선사 시대 생활과 여러 나라의 성립

1 선사 시대의 생활

(1) 구석기 시대

① 시작 : 약 70만 년 전

② 시기 구분 : 돌을 다듬는 수법에 따라 세 시기로 구분한다.

> 잠깐
> **선사 시대와 역사 시대의 구분**
> • 선사 시대 : 문자 사용 ×
> • 역사 시대 : 문자 사용 ○

  ㉠ 전기 : 한 개의 석기를 여러 가지 용도로 사용하였다. → 주먹도끼, 찍개

  ㉡ 중기 : 한 개의 석기가 하나의 용도로 사용되었다. → 긁개, 밀개, 자르개

  ㉢ 후기 : 잔석기와 이음 도구를 활용하였다.
  → 슴베찌르개, 창, 활

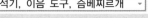

> | 잔석기, 이음 도구, 슴베찌르개 ▼ | 검색 |
> • **잔석기** : 중석기 시대에 주로 사용되었던 세모꼴 형태의 작은 뗀석기
> • **이음 도구** : 석기를 효율적으로 사용하기 위해 나무나 뼈에 이어 붙인 도구
> • **슴베찌르개** : 주로 구석기 시대 후기에 사용된 것으로, 슴베(자루)가 달린 찌르개로서 창의 기능을 함

③ 경제 : 사냥, 채집, 수렵, 어로 생활

④ 주거 : 이동 생활, 무리 생활 → 동굴이나 강가의 막집

⑤ 도구 : 뗀석기
　　　　돌을 거의 그대로 사용

⑥ 사회 : 평등 사회 → 공동 생산, 공동 분배의 공동체적 생활

> **바로 바로 CHECK✓**
> **구석기 시대에 대한 설명으로 적절한 것은?**
> ❶ 뗀석기를 사용하였다.
> ② 농경 생활이 시작되었다.
> ③ 거친 무늬 거울이 만들어졌다.
> ④ 제정 일치 사회로 지배자가 존재하였다.

⑦ 유적지 : 연천 전곡리, 함북 웅기 굴포리, 평남 상원 검은모루 동굴, 공주 석장리 등

⑧ 예술 활동 : 돌이나 동물의 뼈, 뿔을 이용하여 조각품을 제작하였다. → 사냥감의 번성을 비는 주술적 의미

심화학습 우리 민족의 기원

1) 민족의 계통 : 인종(황인종 · 몽골인종), 언어(알타이 어족)
2) 민족의 형성 : 우리나라에 구석기 시대부터 사람이 살기 시작하였다. → 민족의 기틀 형성(신석기 시대 ~ 청동기 시대)
3) 우리 민족의 활동 무대 : 요령성, 길림성을 포함한 만주 지방과 한반도
4) 특징 : 한민족 형성, 독자적 농경 문화 이룩
5) 한반도의 형성
   ① 빙기 : 해수면 하강으로 중국 대륙, 한반도, 일본 등이 모두 육지로 연결되었다.
   ② 간빙기 : 해수면 상승으로 지각 변동이 일어나면서 오늘날의 지형이 형성되었다.

---

(2) 중석기 시대

① 시기 : 구석기 시대에서 신석기 시대로 넘어가는 과도기 단계

② 특 징

ㄱ 빙하기가 지나고 기후의 온난화가 시작되었다.

ㄴ 큰 짐승 대신 작고 빠른 짐승의 등장 : 토끼, 여우, 새 등

(3) 신석기 시대 중요⁺

① 시작 : 기원전 8000년경

② 경제 : <u>농경(조, 피)과 목축의 시작</u> + 사냥, 채집, 수렵, 어로
　　　　　신석기 혁명

③ 주거 : 정착 생활, 씨족 사회, 부족 사회, 혈연 사회 → 큰 강 유역, 해안가의 움집

※ 움집의 형태 : 바닥은 원형이나 둥근 네모꼴, 화덕이 중앙에 위치, 움이 깊음

④ 도구 : 간석기 → 돌괭이, 돌갈판, 돌화살, 돌창
　　　돌을 갈아서 만듦

⑤ 토기 : 덧무늬 토기(초기), 빗살무늬 토기(대표적,
　　뾰족하거나 둥근 밑 모양) → 식량 저장

⑥ 의생활(원시적 수공업) : 가락바퀴(실 뽑는
　　도구), 뼈바늘 → 옷, 그물 제작

⑦ 사회 : 평등 사회 → 연장자나 경험이 많은
　　자가 지도자, 공동 생산·공동 분배(사유 재산
　　제도 X)

⑧ 원시 종교 : 영혼 숭배, 조상 숭배, 애니미즘,
　　　　　　　　　　　　　　　　자연물 숭배
　　토테미즘, 샤머니즘
　　특정 동물 숭배　무당, 죽은 자 숭배

덧무늬 토기　　　　　　　▼　　검색

토기 표면에 진흙을 덧붙여 띠를 만든 토기

바로 바로 CHECK√

다음 자료와 관련된 시기의 생활상으로
옳은 것은?

① 사유 재산과 계급이 발생하였다.
② 뗀석기를 이용하여 사냥을 하였다.
③ 식량을 찾아다니는 이동 생활을 하였다.
❹ 농사가 시작되어 정착 생활을 하게 되었다.

심화학습 한반도의 구석기·신석기 문화

1) 구석기(뗀석기)

[외날찍개]

[슴베찌르개]

2) 신석기

[신석기 시대의 움집]

[가락바퀴]

[간석기]

[빗살무늬 토기]

[구석기·신석기 시대 유적지 지도]

⑨ 예술 : 흙으로 빚어 구운 얼굴 모습, 동물의 모양을 새긴 조각품, 조개껍데기 가면 등을 제작하였다.

⑩ 유적지 : 제주도 고산리(가장 오래됨), 서울 강동 암사동, 강원 양양 오산리 등

2 청동기와 철기의 보급

(1) 청동기 시대 중요+

① 시작 : 기원전 2000년경 ~ 기원전 1500년경

② 경제 : 벼농사 시작, 밭농사 중심 → 농경 확대
벼 · 보리 · 콩 · 조 · 피 · 수수 등

③ 주거의 변화 : 움집 → 야산, 구릉지

※ 움집의 형태 : 규모 커짐, 화덕이 가장자리로 이동, 직사각형이나 원형의 지상가옥화, 배산임수의 취락 형태

④ 도 구

㉠ 청동기(무기, 장신구) : 지배층 사용 **예** 비파형 동검, 거친무늬 거울

㉡ 간석기(농업, 생활도구) : 피지배층 사용 **예** 맷돌(곡물 가공), 반달돌칼(추수 도구), 바퀴날 토기 등

※ 청동 농기구는 없다(돌, 나무 등 사용).

⑤ 토기 : 민무늬 토기, 미송리식 토기 등

[민무늬 토기]

[미송리식 토기]

⑥ 사회 : 계급 사회

㉠ 배경 : 농업 생산력 증대 → 잉여 생산물 발생, 인구 증가 → 사유 재산 제도 → 빈부 격차 → 계급 발생
지배, 피지배 계층으로 분화

㉡ 결과 : 선민사상을 바탕으로 주변 지역 정복 → 군장(족장) 출현, 제정일치 사회
군장이 종교적 의식도 주관

> **참깐**
> (신석기) (청동기)
> 농경 시작 ⇒ 문명 발생
> 벼농사 X 벼농사 O

> **배산임수(背山臨水)** ▼ 검색
> 뒤에는 산이 있고, 앞에는 물이 흐르는 마을의 입지로, 겨울철 차가운 북서풍을 막아주고, 여름에는 통풍이 잘 되는 전통적 명당 자리

> **선민사상** ▼ 검색
> 우세한 부족들은 스스로를 하늘의 자손이라고 믿음

⑦ 무덤 : 고인돌, 돌널무덤 → 무덤 규모를 통해 지배층의 정치
권력과 경제력 반영

⑧ 예술 : 울산 반구대 바위그림, 고령 양전동 바위그림
→ 풍요로운 생산 기원

[고인돌]

(2) 철기 시대

① 시작 : 철기의 보급(기원전 5세기) → 본격적으로 사용(기원전 1세기)

② 유물

㉠ 철제 농기구(삽, 괭이, 낫 등) : 농업 생산량 급증, 인구 증가

㉡ 철제 무기(칼, 창, 화살촉 등) : 정복 활동 활발, 부족 간 교역 확대, 새로운 국가 출현

부여, 고구려, 옥저, 동예, 삼한

㉢ 청동기는 의식용 도구로 변화하였다.

㉣ 토기 생산 기술이 발달하여 다양한 토기가 제작되었다.

③ 무덤 : 독무덤(영산강 유역), 널무덤(낙동강 유역)

④ 사회 : 직업 전문화, 사회 계층화 현상 심화

⑤ 국제 교류 : 중국과 활발한 교류

㉠ 교류의 증거 : 중국 화폐의 발견 → 명도전, 반량전, 오수전

㉡ 한자 사용의 증거 : 붓의 발견 → 창원 다호리 붓 유적

심화학습 ▶ 독자적 청동기 문화의 발달(후기 청동기 ~ 초기 철기 시대)

1) 비파형 동검(북방식) → 세형 동검(한국식 동검)
2) 거친무늬 거울 → 잔무늬 거울
3) 거푸집 발견 : 청동 제품을 독자적으로 제작한 증거

[비파형 동검]

[세형 동검]

[거친무늬 거울]

[잔무늬 거울]

[거푸집]

3 최초의 국가, 고조선 중요+

(1) 고조선의 건국

① **건국(기원전 2333)** : 군장(족장)이 다스리는 여러 부족들을 통합하여 청동기 문화를 바탕으로 단군왕검이 건국하였다.

② **세력 범위** : 만주 요령 지방을 중심으로 한반도 서북부까지 발전하였다.

　※ 근거 : 비파형 동검, 고인돌(북방식), 미송리식 토기 출토 분포

[고조선의 세력범위]

③ **단군의 건국 이야기를 통해 본 당시의 사회 모습**

　→ 삼국유사에 최초 기록

　㉠ 환인, 환웅 : 선민사상을 의미한다.

　㉡ 풍백, 우사, 운사 : 농경 사회였음을 의미한다.
　　　바람, 비, 구름의 주관자

　㉢ 곰, 호랑이 : 동물을 숭배했던 토테미즘을 의미한다.

　㉣ 웅녀와 환웅의 결합 : 토착민과 유이민 세력의 결합을 의미한다.

　㉤ 단군왕검 : 제정일치 사회를 의미한다. → 단군은 '제사장', 왕검은 '정치적 지배자'라는 뜻

　㉥ 건국 이념 : 홍익인간
　　　널리 인간을 이롭게 한다

④ **변천 과정**

　㉠ 건국 : 단군왕검(기원전 2333)

　㉡ 발전 : 연과 대립할 만큼 성장하여 넓은 지역 통치(만주, 한반도 북부) → 부왕·준왕 등 강력한 왕 등장, 왕위 세습, 관직 설치(왕 밑에 상, 대부, 장군)

　㉢ 위만 집권(기원전 194) : 준왕을 몰아내고 위만(이주민 세력)이 고조선 왕이 되었다.

　　※ 특징 : 본격적으로 철기 문화 수용, 한(중국)과 진(한반도 남쪽) 사이에서 중계 무역으로 번성

알아두면 점수따는 역사이야기　　　　　　　　　　　　　　　　　위만 조선의 의미

　위만은 고조선으로 들어올 때에 상투를 틀고 조선인들의 옷을 입고 있었다. 그리고 왕이 된 뒤에도 나라 이름을 그대로 조선이라 하였고, 그의 정권에는 토착민 출신으로 높은 지위에 오른 자가 많았다. 따라서 위만의 고조선은 단군의 고조선을 계승한 것이라 볼 수 있다.

ㄹ 멸망(기원전 108) : 한나라의 침략으로 멸망 → 한의 고조선 지배(4군현 설치) → 엄한 율령 시행(법 조항이 60여 개로 늘어남)

| 한 군현 | ▼ | 검색 |

한의 무제가 고조선을 멸망시키고 설치한 4개의 행정 구역

(2) 고조선의 사회 모습

① 계급 사회 : 지배층은 정치·군사 업무를 담당하고, 피지배층은 생산을 담당하였다.

② 8조법 제정(현재 3개 조항만 남음) : 사회 질서 유지 노력

ㄱ 사람을 죽인 자는 사형에 처한다. → 개인의 생명과 노동력 존중, 형벌 발생

ㄴ 남을 다치게 한 자는 곡물로써 갚는다. → 사유 재산제, 농경 사회

ㄷ 도둑질한 자는 잡아다 종으로 삼는다. 용서를 받으려면 많은 돈을 내야 한다.
→ 계급 사회, 화폐 사용, 사유 재산제

※ 8조법을 통해 당시의 사회 모습을 추측할 수 있다.

4 철기 문화와 여러 나라의 성장

(1) 부 여 중요

① 위치 : 만주 쑹화 강 유역의 평야 지대를 중심으로 성장하였다.

② 경제 : 밭농사와 목축 발달(반농반목), 특산물
말, 주옥, 모피

③ 정 치

ㄱ 5부족 연맹 왕국으로 왕권이 미약하였다(국왕 선출). → 흉년이 들면 왕에게 책임을 물음

ㄴ 왕(중앙) 아래 마가, 우가, 저가, 구가 등이 각자의 영역(사출도)을 다스렸다.

| 순장, 껴묻거리 | ▼ | 검색 |

• 순장 : 왕이 죽으면 많은 사람들을 함께 묻는 풍습
• 껴묻거리 : 죽은 자를 매장할 때 함께 묻는, 고인이 생전에 썼던 물건

④ 풍속 : 장례(순장·껴묻거리), 형사취수제, 흰 옷을 즐겨 입음, 우제점복
소의 발굽을 보고 점을 침

| 형사취수제 | ▼ | 검색 |

형이 죽으면 형수를 아내로 맞음 → 노동력 중시

⑤ 법률 : 4조목 → 고조선의 8조법과 비슷(엄격한 법률)

ㄱ 살인한 자는 사형에 처하고 가족은 노비로 삼았다.

ㄴ 1책 12법 : 남의 물건을 훔친 자는 12배로 배상하였다.

ㄷ 간음한 자와 투기가 심한 부인은 사형에 처하였다.

⑥ 제천 행사 : 영고(12월) → 수렵사회 전통

⑦ 의의 : 고구려와 백제 건국 세력의 원류가 되었다.

> 제천 행사   [검색]
>
> 하늘을 숭배하고 제사하는 의식으로 대부분 농사의 풍요를 기원하고 추수를 감사하기 위한 것

(2) 고구려

① 위치 : 만주 압록강 지류인 동가강 유역 졸본 지방에서 주몽이 건국하였다.

② 경제 : 산악 지대에 위치(농토 부족)

→ 정복 활동과 약탈 경제에 의존

③ 정 치

ㄱ 5부족 연맹 왕국으로 왕권 미약 : 왕 밑에 대가들이 독자적 지위를 유지하였다.

ㄴ 제가 회의(귀족 회의) : 중대한 범죄자를 사형에 처할 때 대가들이 모여 결정하였다.

④ 풍속 : 서옥제(데릴사위제), 형사취수제, 무예 숭상,
_{활쏘기, 말타기}

사냥 · 씨름대회, 조상신 숭배
_{주몽, 유화 부인의 제사를 지냄}

⑤ 제천 행사 : 동맹(10월)

[여러 나라의 위치]

(3) 옥저와 동예

① 옥저와 동예의 공통된 특징

ㄱ 위치 : 한반도 북부 동해안 → 옥저는 함경도, 동예는 강원도 북부 동해안

ㄴ 정치 : 읍군 · 삼로(군장)가 자기 부족을 다스렸다(왕이 없음). → 군장 국가

ㄷ 고구려의 압력으로 크게 성장하지는 못했으나, 언어 · 풍습은 대체로 고구려와 비슷하였다.

② 옥 저

   ㉠ 경제 : 해산물 풍부(소금 · 어물), 토지 비옥(농사 잘 됨)
       <u>고구려에 공납으로 바침</u>

   ㉡ 풍속 : 민며느리제(혼인), 가족 공동 무덤(골장제)

③ 동 예 **중요⁺**

   ㉠ 경제 : 해산물 풍부, 토지 비옥, **특산물**, 방직 기
      술 발달   단궁(활), 과하마(조랑말),
             반어피(바다표범 가죽)

   ㉡ 풍속 : 족외혼(혼인), 책화, 무천(10월, 제천 행사)

> **민며느리제, 책화** ▾ 검색
>
> • **민며느리제** : 장래에 혼인할 것을 약속
> 하면 여자가 어렸을 때 남자 집에 가서
> 성장한 후에 남자가 예물을 치르고 혼
> 인을 하는 일종의 매매혼 → **노동력 중시**
> • **책화** : 씨족마다 정해진 생활권을 침범
> 할 경우 노비, 소, 말로 변상하는 것

(4) 삼 한

① 삼한 : 마한, 변한, 진한

   ㉠ 위치 : 한강 이남 지역(한반도 남부)에 건국 → **고조선 유이민 + 토착 세력**

   ㉡ 주도 세력 : 삼한 중 세력이 가장 큰 마한의 목지국 지배자가 마한왕으로 추대되어 삼
      한 전체의 주도 세력이 되었다.

② 정치 : 제정분리 사회

   ㉠ 정치적 지배자 : 군장(신지, 읍차, 견지, 부례)

   ㉡ 제사장(천군) : <u>소도 관할(신성 지역)</u>, 제천 행사 담당, 솟대
      군장의 세력이 미치지 못함   소도에 경계의 상징으로 세운 장대

③ 경 제 **중요⁺**

   ㉠ 농경 사회 : 벼농사, 철제 농기구 사용, 두레 조직
          저수지 발달   공동체적 전통

   ㉡ 철 생산(변한) : 마한 · 낙랑 · 왜 등에 수출하였고, 철을 화폐처럼 사용하였다.

④ 제천 행사 : 계절제(5월, 10월)

알아두면 점수따는 역사이야기   「삼국지 위지 동이전」의 기록

• 고구려에는 큰 산과 깊은 골짜기가 많고 평원과 연못이 없어서 계곡을 따라 살며 골짜기 물을 식수로 마셨다. 좋은 밭이
없어서 힘들여 일구어도 배를 채우기는 부족하였다. 사람들의 성품은 흉악하고 급해서 노략질하기를 좋아하였다.

• 부여에는 구릉과 넓은 못이 많아서 동이 지역 가운데서 가장 넓고 평탄한 곳이다. 토질은 오곡을 가꾸기에는 알맞지만
과일은 생산되지 않았다. 사람들의 체격이 매우 크고 성품이 강직 용맹하며 근엄하고 후덕하여 다른 나라를 노략질하
지 않았다.

• 옥저는 큰 나라 사이에서 시달리고 괴롭힘을 당하다가 마침내 고구려에게 부속되었다. 고구려는 그 나라 사람 가운데
대인을 뽑아 사자로 삼아 토착 지배층과 함께 통치하게 하였다. 동예는 대군장이 없고 한대 이후로 읍군, 삼로 등의
관직이 있어서 하호를 통치하였다. 예의 풍속은 산천을 중요시하여 산과 내마다 구분이 있어 함부로 들어가지 않는다.

여러 나라의 정치 발전 단계

고조선	부여 · 고구려	옥저 · 동예	삼한
군장 사회	연맹 왕국	군장 사회	소국 연맹체

※ 연맹 왕국 : 군장(족장)이 다스리는 여러 소국이 하나의 연맹국을 중심으로 연맹체를 구성하고, 연맹의 대표를 선출하는 국가 발전 단계

02 삼국과 가야의 발전 및 대외관계

1 중앙 집권적 고대 국가

(1) 중앙 집권 국가의 조건

① 왕권 강화 : 부자(父子) 상속제 확립

② 영토 국가 : 활발한 정복 활동을 통한 영토 확장

③ 율령 반포 : 법, 제도 등 통치 체제 정비 → 관등제, 관복, 신분제

④ 불교 수용 : 국민의 정신적 통일

(2) 순 서

① 국가의 발달 과정 : 군장 국가 → 연맹 왕국 → 중앙 집권 국가

② 중앙 집권 국가 체제의 기틀 마련 순서 : 고구려 → 백제 → 신라

2 삼국의 성립

(1) 고구려

① 주몽(기원전 37) : 압록강 지류인 동가강 유역에 고구려를 건국하였다.

ㄱ 구성 : 부여계 유이민 + 압록강 유역 토착민

ㄴ 수도 천도(유리왕 때) : 졸본성 → 국내성

② 태조왕(2세기 초) : 중앙 집권 국가의 기틀 마련

    ㉠ 왕권 강화 : 계루부 고씨의 독점적 왕위 세습

    ㉡ 영토 확장 : 활발한 정복 활동 → **옥저·동예 정복, 요동 진출 노력**

③ 고국천왕(2세기 후반) : 5부족을 5부로 개편, 왕위의 부자 상속(왕권 강화), 진대법 실시

진대법	▼	검색

고국천왕 때, 봄에 곡식을 빌려주었다가 가을에 추수한 것으로 갚게 함(구휼 제도)
→ 가난한 농민 구제(노비 몰락 방지), 귀족 세력 억압, 국가 재정 확보

④ 미천왕(4세기 초) : 대동강 유역 확보, 요동으로 세력 확대

⑤ 고국원왕(4세기 중반) : 백제 근초고왕의 침입으로 전사하였다. → **국가적 위기**

⑥ 소수림왕(4세기 후반) : 율령 반포, 불교 수용, 태학 설립 → **중앙 집권 체제 완성**

(2) 백 제

① 온조(기원전 18) : 마한의 한 나라인 백제국에서 시작하였다.

    ㉠ 구성 : 고구려계 유이민 + 한강 유역 토착 세력

    ㉡ 수도 : 한강 '위례성(한성)'

② 고이왕(3세기 중엽) : 중앙 집권 국가의 기틀 마련

    ㉠ 영토 확장 : 목지국 병합 → **한반도 중부 지역 차지(한강 유역 장악)**

    ㉡ 율령 반포 : 관등제·관복제 정비, 주요 법령 제정

③ 근초고왕(4세기 중반) : 전성기

    ㉠ 왕권 강화 : 왕위의 부자 상속 확립

    ㉡ 영토 확장 : 평양성 공격, 황해도 일부 ~ 마한 전 지역 확보

    ㉢ 해외 진출 : 중국의 요서·산동 지방, 일본의 규슈 지방 진출

    ㉣ 칠지도를 왜왕에게 하사하였다.

알아두면 점수따는 역사이야기   고구려계 유이민이 백제를 건국했다는 근거

• 백제의 건국 설화 : 온조가 주몽의 아들임

• 백제 왕실을 '부여 씨'라고 칭하였다.

• 서울 석촌동 돌무지 무덤(백제의 초기 고분)이 고구려 무덤 양식(장군총)과 유사하다.

④ 침류왕(4세기 후반) : 중국의 동진으로부터 불교를 수용하였다(384). → 왕실의 권위 높임

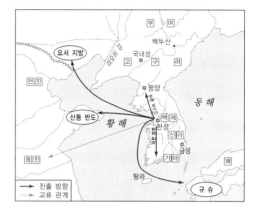

[백제 전성기 지도(4세기)]

바로 바로 CHECK✓

다음 사실과 관련하여 4세기 백제의 전성기를 이룬 국왕은?

• 마한 세력 정복
• 요서, 산동, 규슈 지방으로 진출

❶ 근초고왕　　　② 침류왕
③ 동성왕　　　　④ 무령왕

(3) 신 라

① 박혁거세(기원전 57) : 진한의 사로국에서 경주 지역 토착민과 유이민 집단이 결합하였다.
　㉠ 박·석·김 교대 왕위 계승 → 박혁거세, 석탈해, 김알지 후손 미추왕
　㉡ 수도(기원전 37) : 금성(경주)

② 내물왕(4세기 후반) : 중앙 집권 국가의 기틀 마련
　㉠ 왕권 강화 : 김씨의 왕위 독점 세습, 마립간(대군장) 칭호 사용
　㉡ 영토 확장 : 낙동강 유역의 진한 정복
　㉢ 고구려 광개토 대왕의 도움으로 왜군을 격퇴하였다. → 호우명 그릇
　㉣ 왕호 변천 순서

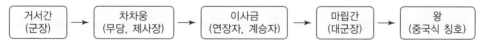

| 거서간 (군장) | → | 차차웅 (무당, 제사장) | → | 이사금 (연장자, 계승자) | → | 마립간 (대군장) | → | 왕 (중국식 칭호) |

심화학습) 호우명 그릇

경주 호우총에서 발굴된 것으로, 이 그릇 밑바닥에 '乙卯年國罡上廣開土地好太王(을묘년국강상 광개토지호태왕)'이라는 글씨가 새겨져 있어 당시 신라와 고구려의 관계를 보여 준다.

3 삼국의 정치적 항쟁

(1) 고구려의 전성기

① 광개토 대왕(4세기 후반 ~ 5세기 초)

 ㉠ 삼국의 세력 다툼 본격화(광개토 대왕 즉위 이후)

 ㉡ 영토 확장(정복왕) : 일생동안 64개의 성과 1,400여 촌락을 차지하였다.
  • 북 : 만주 대부분 + 요동 반도 차지 → 거란, 후연, 부여, 말갈 격파
  • 남 : 백제 공격(한강 이북 지역 차지), 신라 원조(왜군 격퇴) → 금관 가야 쇠퇴

 ㉢ 광개토 대왕릉비 : 장수왕이 광개토 대왕의 업적을 기록한 비석을 세웠다.

 ㉣ 자주 의식 표현 : 연호 '영락'을 사용하였고, 자신을 '성왕·태왕'으로 부르게 하였다.

② 장수왕(5세기)

 ㉠ 수도 : 평양성 천도(427) → 천도 이유 : 왕권 강화, 넓어진 국토의 효율적 관리

 ㉡ 남진 정책 : 한강 유역 차지, 백제와 신라를 압박 → 나·제 동맹(433) 체결에 영향

 ㉢ 한강 장악(475) : 한반도 중부 지방까지 진출하였다(아산만 ~ 소백산맥 ~ 영일만).

 ㉣ 중원 고구려비(충북 충주) : 장수왕의 업적 기록, 고구려의 한강 유역 진출

③ 문자명왕(5세기 후반 ~ 6세기 초) : 부여 완전 병합 → 최대 영토 확보

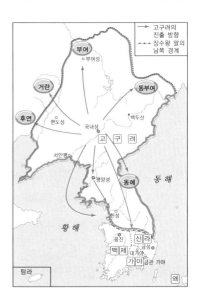

[고구려 전성기 지도(5세기)]

알아두면 점수따는 역사 이야기   광개토 대왕

(영락) 9년(399) 기해에 백제가 서약을 어기고 왜와 화통하므로, 왕은 평양으로 순수해 내려갔다. 신라가 사신을 보내 왕에 (광개토 대왕 때 신라되던 연호) 게 말하기를, "왜인이 그 국경에 가득 차 성을 부수었으니, 노객은 백성된 자로서 왕에게 귀의하여 분부를 청한다."고 하였 다. …… 10년(400) 경자에 보병과 기병 5만을 보내, 신라를 구원하게 하였다. 성이 곧 귀순하여 복종하므로, 순라병을 두어 (신라 내물왕 통치) 지키게 하였다.   - 「광개토 대왕릉 비문」

(2) 백제의 중흥 시도

① 비유왕(5세기) : 눌지왕과 나·제 동맹을 체결하였다(433).

② 개로왕(5세기) : 고구려의 장수왕에 맞서 싸우다 전사하였다. → 고구려에 한강 유역을 빼앗김

③ 문주왕(5세기) : 웅진성(공주)으로 천도(475), 왕권 약화, 귀족 간 분열, 국력 약화

④ 동성왕(5세기 후반) : 국력의 회복에 힘씀, 나·제 동맹 강화
　　　　　　　　　　　　　　　　　　신라 왕실과 혼인 동맹

⑤ 무령왕(6세기 초)

　㉠ 지방의 요지(22담로)에 왕족 파견 : 지방 통제 강화, 왕권 강화

　㉡ 중국 남조 양나라와의 수교 : 문화 교류 및 발전

　㉢ 고구려에 대한 적극적인 공세로 점차 국력을 회복하였다.

⑥ 성왕(6세기 중반) : 백제의 중흥 노력

　㉠ 수도 천도(538) : 웅진성(공주) → 사비성(부여)

　㉡ 국호 변경 : 백제 → 남부여

　㉢ 행정 조직 정비 : 중앙 22개 실무 관청, 수도 5부·지방 5방

　㉣ 문화 발전 : 불교 장려, 중국·왜 문물 교류, 일본에 불교 전파(노리사치계, 552)

　㉤ 경과 : 한강을 일시적으로 회복(진흥왕과 연합, 551) → 신라의 배신 → 관산성 전투 패배(성왕 전사) → 중흥 좌절, 나·제 동맹 결렬

(3) 신라의 전성기

① 눌지왕(5세기) : 나·제 동맹 체결, 왕위 부자 상속제 확립, 고구려에서 불교 도입

② 지증왕(6세기 초)

　㉠ 국호 '신라', 중국식 왕호 '왕' 칭호 사용, 우경 보급

　㉡ 이사부를 보내 우산국(울릉도), 독도 정벌

　㉢ 지방 행정 조직 정비 : 주·군 제도, 지방관 파견

③ 법흥왕(6세기 전반)

　㉠ 제도 정비 : 율령 반포, 17관등과 관리의 공복 제정, 골품제 정비, 병부 설치, 화백 회의 의장 (상대등) 설치
　　　　　　　　　　　　　　　　　　군사권 장악

[신라 전성기 지도(6세기)]

  © 불교 공인(이차돈의 순교) : 국민의 정신적 통일을 꾀하였다.

  © 독자적 연호 사용 : '건원' → 중국과 대등한 자주 의식을 표현

  © 영토 확장 : 김해의 금관가야 정복(532)

 ④ **진흥왕**(6세기 중엽) : 전성기

  ○ 화랑도 개편 : 인재 양성, 삼국 통일에
   공헌

  © 불교 장려 : 황룡사 건축, 대규모 불교
   집회 개최

  © 연호 '개국'을 사용하였고, 본인을 '태
   왕·짐'이라 하였다. → 자주 의식 표출

  © 영토 확장 : 한강 유역 차지, 대가야 정복(562), 함경도 진출 → 단양 적성비와 4개의 진흥
  왕 순수비 건립

> **신라의 한강 유역 차지의 의미**
> 한반도 주도권 장악(한강 유역의 경제력 장악), 고구려·백제의 연결 차단, 중국과 직접 교류(당항성) ⇒ 삼국 통일의 기틀 마련

심화학습 **신라의 화랑도(일종의 청소년 수련 단체)**

1) 구성 : 화랑(진골 귀족 자제) + 낭도(귀족, 평민 포함) → 계층 완화 구실

2) 특징 : 원광법사의 '세속오계', 군사 훈련, 임신서기석, 삼국 통일에 기여
   사군이충, 사친이효, 교우이신, 임전무퇴, 살생유택

3) 임신서기석 : 신라의 두 화랑이 학문에 힘쓸 것과 신라에 충성할 것을 맹세하는 내용이 새
  겨진 비석으로, 화랑이 유학을 공부하였음을 추론하는 근거가 된다.

---

(4) 철의 나라 가야(연맹 왕국)

 ① **성립** : 낙동강 하류의 옛 변한 땅에서 건국(김수로), 철기 문화 → 6가야 연맹

 ② **주도** : 금관가야(초기, 2~3세기) → 대가야(후기, 5세기 이후)

  ○ 금관가야(낙동강 하류, 김해)

   • 전기 가야 연맹을 주도하였다.

   • 철의 생산과 교역 활동(해상 활동 유리)을 기반으로 성장하였다.

   • 쇠퇴 : 4세기 후반, 광개토 대왕 군대의 침략

   • 신라 법흥왕에 의해 멸망하였다(532).

   ⓛ 대가야(낙동강 서쪽, 고령)

    • 후기 가야 연맹을 주도하였다.

    • 질 좋은 철광을 보유하였고, 좋은 농업 입지의 조건을 갖추었다.

    • 신라 진흥왕에 의해 멸망하였다(562).

③ 가야 문화 : 우수한 철기(철제 갑옷·투구),
가야 토기, 음악

 → 신라와 일본의 고대 문화에 영향을 미침

④ 중앙 집권 국가로 발전하지 못한 까닭

  ㉠ 백제와 신라의 중간에서 두 나라의 압
력을 계속 받았다.

  ㉡ 각 소국들이 독자적인 정치 기반을 유
지하여 지배력을 집중시키지 못했다.

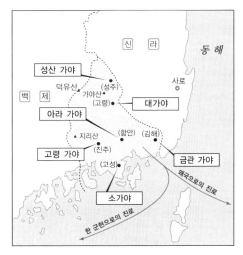

[가야 연맹]

심화학습 한강 유역

1) 한강 유역의 확보 순서

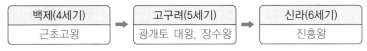

백제(4세기)		고구려(5세기)		신라(6세기)
근초고왕	→	광개토 대왕, 장수왕	→	진흥왕

2) 한강 유역이 가지는 의미

 ① 한반도의 중심

 ② 인적, 물적 자원 풍부 : 인구가 많고, 농경에 유리

 ③ 중국과의 교류 유리(직접적 교통로)

 ④ 삼국 항쟁의 중심지, 삼국 통일의 거점

4 삼국의 통치 체제

(1) 통치 체제

구 분		고구려	백 제	신 라
중심 세력		왕족 계루부 고씨와 5부 출신 귀족	왕족 부여씨와 8개 귀족 가문	김씨 왕위 계승과 귀족
귀족 회의		제가 회의	정사암 회의	화백 회의(만장일치)
수 상		대대로	상좌평	상대등
관등 조직		10여 관등	16관등	17관등, 골품제
행정 구역	수도	5부	5부	6부
	지방	5부	5방, 22담로	5주
지방 장관		욕살	방령	군주

귀족 회의, 지방 장관 ▾ 검색

- **귀족 회의**(귀족 대표자 회의) : 국가의 중대사를 결정하거나, 수상을 선출하는 등 왕권을 견제하는 역할을 하였다.
- **지방 장관** : 중앙에서 파견되어 행정·군사 업무를 담당하였다.

바로 바로 **CHECK√**

다음 제도들의 공통점은?

- 제가 회의
- 정사암 회의
- 화백 회의

① 불교 강화를 위한 회의체이다.
❷ 삼국의 대표적인 귀족 회의체이다.
③ 조세제도 확충을 위한 회의체이다.
④ 백성들의 생활 안정을 위한 회의체이다.

알아두면 점수따는 역사이야기　　　　　　　　　　　삼국의 귀족 회의

- (고구려) 감옥이 없는데 범죄자가 있으면 제가(諸加)들이 모여서 논의하여 사형에 처하고 처자는 노비로 삼는다.
　　　　　　　　　　　　　　　　　　　　　　　　　　　　　　　　　　－「삼국지」

- (백제) 호암에서 정사암이라는 바위가 있다. 국가에서 재상을 뽑을 때 후보자 3, 4명의 이름을 써서 상자에 넣어 바위 위에 두었다. 이름 위에 도장이 찍혀 있는 자를 재상으로 삼았다.　　　　－「삼국유사」

- (신라) 큰일이 있을 때에는 반드시 여러 사람의 의견을 따른다. 이를 화백이라 부른다. 한 사람이라도 반대하면 통과하지 못하였다.　　　　　　　　　　　　　　　　　　　　　　　　　　　　　　－「신당서」

➡ 고구려의 제가 회의, 백제의 정사암 회의, 신라의 화백 회의에서 귀족들은 국가의 중대사를 의논하고 귀족들의 대표를 뽑았다. 삼국은 중앙 집권 체제를 정비하면서 왕권을 강화하고 부족장 세력을 중앙 귀족으로 편입하였으나, 귀족들은 이러한 회의를 통해 왕권을 견제하였다.

(2) 삼국의 신분

① 귀족 : 지배층, 정치적·경제적 독점

　　→ 경제적 기반(토지, 노비)

② 평민 : 대부분 농민, 무거운 조세 부담으로
어려운 생활 영위

③ 천민 : 대부분 노비(최하층민), 비자유민, 재산
으로 취급 → 매매·상속의 대상, 세금 부과의 의무 없음

> **잠깐**
> **신분 사회의 성립**
> 중앙 집권화 과정에서 여러 부족을 통합하
> 면서 서열에 따라 신분이 형성 → 혈통에 따
> 른 신분 세습(능력보다 혈통을 중시)

(3) 신라의 골품제

① 성립 : 중앙 집권화 과정에서, 지방의 부족장들을 세력의 크기에 따라 등급을 두어 중앙
귀족으로 편입하는 과정에서 성립하였다.

② 기능 : 신라인의 사회 활동과 정치 활동 및 일상생활까지 골품에 따라 규제한 엄격하고
폐쇄적인 신분 제도　　　가옥 구조, 결혼, 의복 등

　㉠ 왕족

　　• 성골 : 진덕 여왕까지 왕위를 계승하였다.

　　• 진골 : 무열왕 이후부터 왕위를 계승하였으며,
최고 귀족으로 중요한 관직을 독점하였다.

　㉡ 귀족

　　• 6 ~ 4두품이 해당한다.

　　• 6두품 : 6등급 아찬까지만 승진이 가능하며,
학문과 종교 분야에서 주로 활동하였다.

　㉢ 평민 : 3두품 이하부터 해당한다.

등급	관등명	골품				공복
		진골	6두품	5두품	4두품	
1	이벌찬					자색
2	이 찬					
3	잡 찬					
4	파진찬					
5	대아찬					
6	아 찬					비색
7	일길찬					
8	사 찬					
9	급벌찬					
10	대나마					청색
11	나 마					
12	대 사					황색
13	사 지					
14	길 사					
15	대 오					
16	소 오					
17	조 위					

[골품과 관등표]

알아두면 점수따는 역사이야기　　　　　　　　골품제의 생활 규제

　4두품에서 백성에 이르기까지는 방의 길이와 너비가 15척을 넘지 못한다. 느릅나무를 쓰지 못하고, 우물 천장을 만들지 못하며, 당기와를 덮지 못하고, 짐승 머리 모양의 지붕 장식이나 높은 처마 …… 등을 두지 못하며, 금은이나 구리 …… 등으로 장식하지 못한다. 섬돌로는 산의 돌을 쓰지 못한다. 담장은 6척을 넘지 못하고, 또 보를 가설하지 않으며 석회를 칠하지 못한다. 대문과 사방문을 만들지 못하고 마구간에는 말 2마리를 둘 수 있다.　　　　　　　　　　　－「삼국사기」

5 신라의 삼국 통일 중요+

(1) 고구려와 수·당의 전쟁

① 살수 대첩(612) : 고구려(영양왕)의 요서 지방 선제 공격 → 수 문제의 침략(고구려 승리)
→ 수 양제의 침략 → 살수 대첩 → 수 멸망(무리한 전쟁으로 국력 소모, 내란)
_{을지문덕 활약, 살수에서 수 군대 격퇴}

② 안시성 싸움(645)

㉠ 고구려·당의 관계 : 당 건국 초기(친선 관계) → 당 태종 즉위 이후(적대 관계)

㉡ 천리장성 축조 : 랴오허강 주위의 국경선에 당 공격 대비를 위해 쌓음

㉢ 연개소문 정변 : 천리장성 축조 감독, 요령 지방 군사력 장악 → 정권 장악

㉣ 과정 : 연개소문 정변을 구실로 당 태종 침입 → 당군이 요동성, 백암성 함락 →
안시성 싸움
_{성주 양만춘과 백성들의 저항으로 당군 격퇴}

③ 고구려 승리의 의의 : 중국의 침략을 저지함으로써 민족의 방파제 역할을 하였다.

(2) 백제와 고구려의 멸망

① 동아시아 국제 정세(6세기 말 ~ 7세기 초)

남북 세력		동서 세력
돌궐, 고구려, 백제, 왜	⟷	신라, 수·당

② 나·당 동맹의 체결(648) : 신라의 김춘추가 당과 체결 → 나·당 연합군 결성

③ 백제 멸망(660)

㉠ 배경 : 의자왕의 사치, 정치 질서의 문란, 오랜 전쟁으로 국력 소모

㉡ 멸망 : 황산벌 전투 → 사비성 함락 → 백제 멸망
_{김유신, 소정방이 이끈 나·당 연합군이 계백이 이끄는 백제군을 물리침}

④ 고구려 멸망(668)

㉠ 배경 : 계속된 전쟁으로 국력 약화, 연개소문 사후 지도층의 내분

㉡ 멸망 : 나·당 연합군의 침입 → 평양성 함락 → 고구려 멸망

⑤ 이후, 백제·고구려의 부흥 운동이 일어났으나 실패로 끝났다.

(3) 신라의 삼국 통일

① 나·당 전쟁 : 당의 한반도 지배 야욕 → 나·당 전쟁 승리 → 신라의 삼국 통일
　　　　　　　　　　　　매소성 전투, 기벌포 전투

② 삼국 통일(676)

　㉠ 의의 : 우리 민족 최초의 통일, 새로운 민족 문화 형성, <u>신라인의 자주적 통일</u>
　　　　　　　　　　　　　　당을 물리침

　㉡ 한계 : 불완전한 통일(대동강 이남 ~ 원산만), 외세(당)에 의존한 통일

[나·당 전쟁의 전개]

바로 바로 CHECK√

신라의 삼국 통일에 대한 역사적 의의로 볼 수 없는 것은?

① 우리 민족의 자주성을 엿볼 수 있다.

② 일부 영토를 상실한 한계성을 지닌다.

③ 우리 민족 문화 발전의 토대를 마련하였다.

❹ 외세의 힘을 빌리지 않은 독자적 통일이었다.

---

6 삼국의 문화

(1) 삼국의 학문과 과학

① 유학 교육

　㉠ 고구려 : 중앙(태학), 지방(경당)

　㉡ 백제 : <u>박사 제도</u>
　　　　　오경박사, 의학박사, 역박사

　㉢ 신라 : 임신서기석

② 천문학 : 신라(첨성대), 고구려(천문도) → 점성술, 농업과 관련(하늘과 연결된 왕의 권위와 관련)

③ 금속 기술 : 백제(칠지도, 금동 대향로), 신라(금 세공 기술 – 금관)

(2) 삼국의 문화와 예술

① 불교의 수용

    ㉠ 수용 시기 : 중앙 집권 국가 체제 정비기 → 고구려(4세기 소수림왕 때), 백제(4세기 침류왕 때), 신라(5세기 눌지왕 때 수용·6세기 법흥왕 때 불교 공인)

    ㉡ 수용 주체 : 왕실 주도 → '왕은 곧 부처'라는 사상이 왕실의 권위를 뒷받침함

    ㉢ 역할 : 왕권 강화, 백성의 정신 통일, 고대 문화 발달, 호국적 성격

② 도교의 전래

    ㉠ 특징 : 산천 숭배, 신선 사상과 결합하여 귀족 사회를 중심으로 널리 퍼졌다.

        → 무위자연, 불로장생

    ㉡ 유물 : 고구려의 사신도, 백제의 산수무늬 벽돌, 백제의 금동 대향로 등

③ 삼국의 문화

구 분	고구려	백 제	신 라
불 상	연가 7년명 금동 여래 입상	서산 마애 삼존불(백제의 미소)	경주 배리 석불 입상
탑	목탑 → 현존 ×	미륵사지 5층 석탑, 정림사지 5층 석탑	분황사 석탑, 황룡사 9층 목탑

고 분	• 초기 : 돌무지 무덤(장군총)
	  → 벽화 ×
	• 후기 : 굴식 돌방무덤(무용총, 강서고분 현무도)
	  → 입구 ○, 벽화 ○
		• 한성 시기 : 계단식 돌무지 무덤
		  (서울 석촌동 돌무지 무덤)
		  → 고구려와 유사
		• 웅진 시기 : 벽돌무덤(무령왕릉), 굴식 돌방무덤
		  → 중국 영향
		• 사비 시기 : 굴식 돌방무덤
		  (부여 능산리 고분)
			• 초기 : 돌무지 덧널무덤
			  (천마총, 금관총)
			  → 껴묻거리가 많음, 도굴이 힘듦
			• 6세기 말 : 굴식 돌방무덤

(3) 삼국의 문화 전파

① 중국, 서역과 교류하였다.

　　※ 근거 : 씨름총에 그려진 서역인의 모습, 황남 대총에서 발굴된 서역의 유리 그릇 등

② 일본 전파 **중요⁺** : 일본의 아스카 문화 형성에 영향을 주었다.

　　㉠ 고구려

　　　• 담징 : 종이 · 먹 제조법 전수, 호류사 금당벽화

　　　• 혜자 : 쇼토쿠 태자의 스승

　　　• 수산리 고분벽화 : 다카마쓰 고분 벽화에 영향을 줌

　　㉡ 백제(영향력 가장 큼)

　　　• 아직기 · 왕인 : 한자 보급, 유교 경전 가르침

　　　• 노리사치계 : 불교 전파

　　㉢ 신라 : 배 만드는 기술, 둑 쌓는 기술 전파

　　㉣ 가야 : 제철 기술, 토기 제작 기술 → 일본의 '스에키 토기'에 영향을 줌

[삼국 문화의 일본 전파]

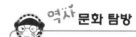 문화 탐방

고구려

[장군총]

[무용총 수렵도]

중요⁺

백 제

[계단식 돌무지 무덤(석촌동 무덤)]

[무령왕릉]

[칠지도]

[서산 마애 삼존불]

[산수무늬 벽돌]

[백제 금동 대향로]

신 라

[첨성대]

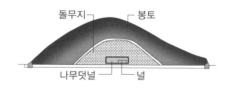

[돌무지 덧널무덤]

03 남북국 시대의 발전

1 통일 신라

(1) 전제 왕권의 강화

① 통일 이후의 변화 : 영토 · 인구 증가, 민족의식 형성, 대외 관계 안정, 왕권 강화

② 전제 왕권의 확립(6두품은 정치적 조언자)

　㉠ 무열왕 : 최초 진골 출신 왕(김춘추)

　　→ 이후 무열왕의 직계 후손 왕위 독점

전제 왕권 ▼	검색
왕이 모든 권력을 장악하여 왕의 뜻대로 정치하는 것	

　㉡ 문무왕

　　• 나 · 당 전쟁에서 승리 → 삼국 통일 완성(676)

　　• 대왕암(수중릉) : '죽은 후에도 동해의 용이 되어 신라를 지키겠다.'

　㉢ 신문왕

　　• 진골 세력들의 반란을 진압하였다.　예 김흠돌의 난

　　• 중앙 집권 체제 정비(여러 제도 정비) : 9주 5소경, 9서당 10정, 국학 설립, 관료전 지급, 녹읍 폐지 등 → 전제 왕권 확립

> **잠깐**
> • 녹읍 : 수조권 ○, 노동력 수취 ○
> • 관료전 : 수조권 ○, 노동력 수취 ×

심화학습 신라 시대의 구분

상 대	중 대		하 대	
통일 전	삼국 통일 이후		신라 말	
·	왕권 ↑	귀족 ↓	왕권 ↓	귀족 ↑
	집사부 ↑	화백회의 ↓	집사부 ↓	화백회의 ↑
	시중 ↑	상대등 ↓	시중 ↓	상대등 ↑
	관료전 ○	녹읍 폐지	관료전 ×	녹읍 부활

(2) 새로운 제도의 마련

목적 : 넓어진 영토의 효율적 통치

① 정치 제도

㉠ 중앙 행정조직 : 집사부 중심의 운영으로, 시중(집사부 장관)의 권한이 강화되었다.

　→ 왕권 강화, 화백 회의·상대등의 권한 약화

㉡ 지방 행정 조직

　• 9주

　　– 전국을 9주로 구분하였다. → 옛 신라 지역 3주, 옛 고구려 지역 3주, 옛 백제 지역 3주

　　– 주 밑에는 군·현을 설치하여 지방관을 파견하였다.

　　– 말단 행정 구역인 촌은 토착세력인 촌주가 다스리게 하였다.

　• 5소경

　　– 특별 행정 구역으로, 군사와 행정의 요지에 설치하였다.

　　– 기능 : 수도(금성)의 편재성 보완, 지방 세력의 성장 감시, 지방 문화 육성

② 군사 제도(9서당 10정)

㉠ 9서당(중앙군) : 수도와 궁궐을 담당하였다.

| 신라인 | + | 고구려인 | + | 백제인 | + | 말갈인 | = | 민족
융합 |

㉡ 10정(지방군) : 지방의 각 주에 1개의 군단인 정을 배치하였다. → 한주(국방상 요지)에만 2개의 정 배치

③ 토지 제도 : 국가 수입 증대와 귀속의 경제력 기반 약화를 위해 실시하였다.

㉠ 귀족 : 관료전 지급, 녹읍 폐지(신문왕) → 신라 말, 귀족의 반발로 녹읍 부활(경덕왕)

㉡ 농민 : 농민들에게 정전 지급, 국가에 조세 납부(성덕왕)

[통일 신라의 행정구역(지방 행정 조직)]

④ 신라의 민정문서(촌락문서) **중요⁺**

ㄱ 목적 : 조세 부과, 노동력 징발, 생산 자원 파악

ㄴ 작성자 : 촌주가 3년마다 조사하여 직접 작성하였다. → **촌주가 3 ~ 4개의 촌을 관할**

ㄷ 내용 : 촌락마다 토지의 크기, 인구(성별 및 연령 구분), 소와 말의 수, 특산물 등을 조사하여 기록하였다.

> **바로 바로 CHECK√**
>
> 다음에서 설명하고 있는 통일 신라의 자료는?
>
> > 촌락의 크기, 인구 수, 소와 말의 수, 토산물 등을 조사하여 조세, 공물, 부역 등을 거두었으며, 변동사항을 조사하여 3년마다 다시 작성하였다.
>
> ① 양안   ② 향안
> ❸ 민정 문서   ④ 노비 문서

- 호구(가구 수) : 사람의 많고 적음에 따라 9등급으로 구분하였다.
- 인구 : 남녀별로 구분하고, 16 ~ 60세 남자의 연령을 기준으로 나이에 따라 6등급으로 구분하였다.

⑤ **상수리 제도** : 지방 세력의 성장을 감시하기 위해 지방 세력가, 혹은 그의 자식을 일정 기간 동안 수도(금성)에 머무르게 한 제도

2 발해 **중요⁺**

(1) 발해의 건국

① 건국(698) : 대조영(만주 동모산 근처) → **남북국 시대(통일 신라, 발해) 성립**
② 주민 구성 : 지배층(소수의 고구려인) + 피지배층(다수의 말갈인)
③ 독자적인 연호 사용 : 당과 대등한 나라임을 강조 → **왕권 강화**
④ 만주 지역이 우리 민족의 활동 무대로 남았다.

(2) 고구려 계승 의식

① 무덤 양식 : 굴식 돌방무덤, 모줄임 천장 구조
② 온돌 장치, 기와 · 벽돌 무늬, 치미, 불상(이불 병좌상)
③ 일본 외교문서 : 발해를 고(구)려, 발해왕을 고(구)려왕으로 칭하였다.
④ 지배층 : 고구려인

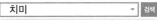

> 치미 ▼ 검색
> 고대 목조건축에서 용마루의 양 끝에 높게 부착하던 장식 기와

(3) 발해의 발전

① 대외 관계 : 초기엔 당·신라와 적대 관계, 돌궐·일본과는 친선 관계

　　→ 점차 신라·당과 친선 관계

② 무왕(8세기 초) : 당의 산둥 지방 공격(무력 대립), 돌궐·일본과 친선

③ 문왕(8세기 후반) : 당의 문물 수용(친선 도모), 상경 천도, 국가 체제 정비, 신라와 상설 교통로(신라도) 개설

④ 선왕(9세기 초) : 발해의 전성기, 중국에서 '해동성국(海東盛國)'이라 불림, 최대 영토 확장

　　고구려의 옛 영토 거의 회복

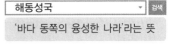

해동성국 　　　　　▼ 검색
'바다 동쪽의 융성한 나라'라는 뜻

⑤ 멸망 : 귀족들의 권력 투쟁으로 국력 약화(9세기 후반) → 거란족에 의해 멸망(926)

(4) 발해의 정치 제도

① 특징 : 당의 제도(3성 6부)를 모방하였으나, 운영 방식은 독창적이었다.

② 중앙 정치 : 3성 6부제를 수용하였다.

　　㉠ 정당성 중심의 운영 : 최고 행정 기관, 6부 관장

　　㉡ 중정대 : 관리 감찰 기구

③ 지방 행정 : 5경 15부 62주

　　㉠ 전략적 요충지에 5경을 설치하였다. → 상경, 동경, 서경, 남경, 중경

　　㉡ 촌락은 토착 세력가(말갈인)가 통치함으로써 지배층과 말갈족의 조화를 꾀하였다.

[발해의 영역]

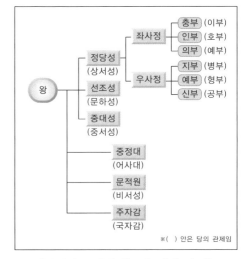

[발해의 중앙관제(중앙 정치 제도)]

(5) 발해의 문화

① 고구려의 영향 : 발해 석등, 돌사자상(정혜 공주 묘 앞), 굴식 돌방 무덤(정혜 공주 묘)

② 무 역

    ㉠ 수출 : 모피류(담비 가죽), 인삼, 말

    ㉡ 수입 : 금·은 그릇, 비단, 책 → 귀족 수요품

    ㉢ 발해관 설치

③ 불교 : 문왕이 불교를 적극적으로 장려, 상경 부근에 10여 개의 사원

④ 유학 : 주자감 설치(교육), 6부 명칭, 당의 빈공과에 다수 합격

⑤ 당의 영향

    ㉠ 영광탑(벽돌탑), 3성 6부제, 벽돌 무덤

    ㉡ 수도 상경성 건설 : 외성·내성·주작대로 → 당의 장안성 모방

[발해 석등]
(흑룡강성 영안)

[돌사자상]

바로 바로 CHECK√

발해에 대한 설명으로 옳지 않은 것은?

❶ 당, 신라와는 외교를 단절하였다.

② 고구려 출신 대조영이 건국하였다.

③ 고구려를 계승한 우리 민족의 국가였다.

④ 중국인들은 발해를 '해동성국'이라 불렀다.

---

(6) 발해의 경제

① 농업 : 밭농사 중심, 목축업(말이 수출품)

② 상공업 : 상경과 교통 요충지에 상업 발달

심화학습 발해의 건국 및 대외 관계

건 국	대조영, 고구려 유민		
민족 구성	고구려인(지배층) + 말갈인(피지배층)		
고구려 계승 의식	• 대일 외교 문서(고려국왕 칭함), 지배층(고구려인) • 고구려 문화 계승 : 굴식 돌방 무덤, 불교 양식, 온돌 장치		
왕권 강화	독자적 연호 사용(중국과 대등)		
대외 관계	당	• 8세기 초 : 무력 대립, 산둥 반도 공격 • 8세기 후반 이후 : 친선 도모 • 해동성국	
	일 본	우호 관계(신라 견제 이유)	
	신 라	원만하지 못함(교류 미약)	

3 신라 말의 동요와 후삼국의 성립

(1) 전제 왕권 붕괴

① 진골 귀족 간의 권력 다툼 : 혜공왕 피살(8세기 말) 이후 왕위 쟁탈전 전개
→ 이후 150여 년간 20명의 왕 교체

② 지방의 반란 : 중앙의 왕위 다툼과 관련
→ 김헌창의 반란, 장보고의 반란

③ 결과 : 왕권 약화, 사회 혼란, 국가의 지방 통제력 약화, 골품제 동요

> **잠깐**
>
> **장보고** 중요
> • 성장 : 청해진(완도) 설치, 해적 소탕, 중계 무역(중국 · 일본) 주도, 법화원 건립(산둥 반도) → 서남해 일대의 해상권 장악 → 왕위 쟁탈전 가담
> • 반란 : 자신의 딸을 왕비로 만들려다 실패하자 난을 일으킴

(2) 새로운 세력의 등장

① 등장 배경 : 왕위 쟁탈전 심화 → 골품제의 동요 → 중앙정부의 통제력 약화 → 6두품, 지방 호족 세력이 주도

② 6두품과 호족

ㄱ 6두품 : 진골 위주의 사회 체제에 반발, 골품 제도의 모순 비판 → 새로운 사회 건설 추구

ㄴ 지방 호족 : 신라 정부에 도전

• 촌주 출신, 낙향 귀족 출신, 해상 세력, 군진 세력이 등장하여 지방 행성을 장악하면서 독자적 세력을 형성하였다. → 사병과 대토지 소유

• 선종 승려와 6두품 지식인을 포섭하였다.

> **바로 바로 CHECK√**
>
> 다음에서 설명하고 있는 신라의 신분은?
>
> • 신라 중대 : 국왕을 보좌하고 왕권 강화에 기여
> • 신라 하대 : 골품제 사회를 비판하면서 새로운 정치 이념 제시
>
> ① 성골　　　　② 진골
> ❸ 6두품　　　④ 5두품

(3) 농민 봉기

① 시기 : 진성여왕 때 극심(9세기 말) → 최치원이 개혁안을 제시했으나 수용 안 됨

② 원인 : 농민 생활 파탄 → 유랑민이나 도적떼에 가담

ㄱ 중앙 귀족들의 부패, 사치, 향락으로 국가 재정 궁핍 → 중앙 정부의 과도한 세금 독촉

ㄴ 흉년, 자연재해, 전염병의 발생

③ 경과 : 조세 납부 거부, 지방 관청 습격 → 반란군으로 변모 **예** 적고적(赤袴賊)

④ 주요 봉기 : 원종·애노의 난

⑤ 결과 : 중앙 정부의 지방 통제력 상실, 지방 호족 성장 → 농민의 지지를 받아 호족의 세력 확대

(4) 후삼국 시대(신라, 후백제, 후고구려)

① 후백제 건국(900) : 견훤이 황해안 해상 세력과 도적 세력을 기반으로, 완산주(전주)를 도읍으로 하여 전라도와 충청도 일대에 건국하였다.

② 후고구려 건국(901) : 궁예가 왕건 부자의 도움으로, 송악(개성)을 도읍으로 하여 강원도와 경기도 일대(중부 지방 일대)에 건국하였다.
 반신라적

[후삼국의 형세]

4 통일 신라의 사회와 문화 중요+

(1) 통일 신라의 사회

① 귀족 : 노비와 사병 소유, 당·아라비아에서 사치품 수입, 금입택(저택) 소유

※ 금성(수도)은 정치와 문화의 중심지로서 귀족이 모여 사는 대도시로 번성하였다.

② 농민 : 조세 부담, 토지 수탈과 고리대 성행
 전세·공물·부역
 → 소작농이나 노비, 유랑민으로 전락

(2) 활발한 대외 교류

① 당과 서역의 문물 수용, 무역 번성 → 울산항(국제 무역항, 아라비아 상인까지 왕래)

② 신라인의 당 진출(산둥반도) : 신라방·신라촌(마을), 신라원(절), 신라소(감독 관청)

③ 유학생(숙위학생) : 주로 6두품 출신, 당의 과거
 김운경, 최치원
(빈공과) 합격 → 골품제 모순 비판

[남북국 시대의 무역로]

(3) 불교 예술
귀족 문화를 중심으로 발달

① 불국사, 석굴암(인공 석굴) : 불교 세계의 이상 구현

② 석탑 : 불국사 3층 석탑(석가탑), 다보탑, 감은사지 3층 석탑, 진전사지 3층 석탑

③ 목판 인쇄술 : 무구정광대다라니경(세계 최고 목판 인쇄술) → 불국사 3층 석탑에서 발견

④ 석등 : 법주사 쌍사자 석등

⑤ 종 : 성덕대왕 신종(에밀레종), 상원사 동종

⑥ 승탑 : 쌍봉사 철감선사 승탑(신라 말 선종)

⑦ 고분 : 화장 유행, 김유신 묘(둘레돌, 12지상)

⑧ 승려 : 의상(화엄종 개창), 혜초(「왕오천축국전」 저술), 원효(불교 대중화)

(4) 유학의 보급과 학문 발달

① 국학 : 신문왕 때 실시

② 독서 삼품과 : 원성왕 때 실시 → 진골의 반대로 제대로 시행하지 못함

③ 유학자 : 강수(외교문서), 설총(이두 정리), 김대문(「화랑세기」), 최치원(「계원필경」)

역사 문화 탐방

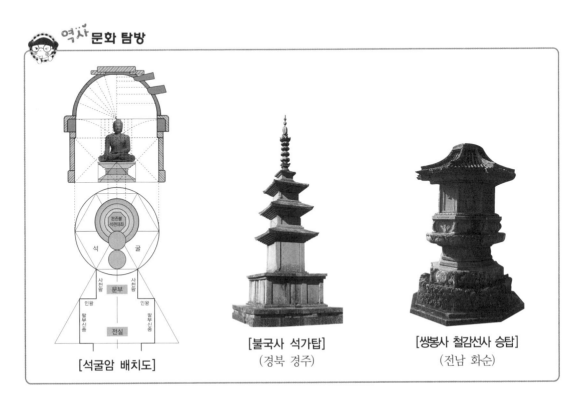

[석굴암 배치도]

[불국사 석가탑]
(경북 경주)

[쌍봉사 철감선사 승탑]
(전남 화순)

(5) 통일 신라 말기의 새로운 사상

① 선 종

구 분	교 종	선 종
종 파	5교	9산
특 징	경전, 교리	정신 수양, 참선 → 해탈, 깨달음
후 원	왕실, 귀족	호족, 백성
발달 시기	통일 후(안정기)	신라 말(혼란기)
경 향	전통적 권위 인정	전통적 권위 부정
미 술	3층 석탑(조형미)	승탑(부도)

[5교 9산]

② 풍수지리설

　㉠ 산세나 지형이 인간의 길흉화복에 영향을 끼친다는 사상으로, 신라 말 승려 '도선'이 도입하였다. → 명당 찾기 : 궁궐, 도읍, 무덤 등 위치 선정

　㉡ 경주 중심의 지리 개념에서 벗어나 지방의 중요성을 자각하는 계기가 되었다.
　　→ 호족 세력 강화 이용

③ 유교 : 6두품에 의해 정치 이념으로 발달하였다.

(6) 통일 신라의 경제

① 수취 제도 : 조세, 공물, 역 부과
② 상업 : 서시와 남시 설치 → 시전을 두어 감독

01 다음 구석기와 신석기 시대를 비교한 표에서 맞는 것은?

구 분	구석기 시대	신석기 시대
① 도 구	간석기	뗀석기
② 생 활	사냥	농경
③ 주 거	움집	동굴
④ 사 회	평등 사회	계급 사회

02 다음 유물을 통하여 추정해 볼 수 있는 생활 모습은?

① 동굴에서 살았다.
② 계급이 발생하였다.
③ 이동하면서 짐승을 사냥하였다.
④ 옷이나 그물을 만들어 사용하였다.

[가락바퀴]

03 다음 내용과 관계있는 시대는?

> 농경과 목축을 시작하여 식량을 생산하는 경제 활동을 전개함으로써 인류의 생활 양식은 크게 변화하였다.

① 구석기   ② 신석기
③ 청동기   ④ 철기

04 다음 유물이 사용된 시대의 생활 모습과 관계 깊은 것은?

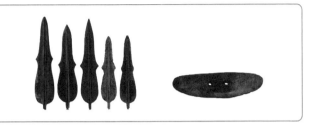

① 농경 생활이 시작되었다.
② 뗀석기를 사용하여 사냥하였다.
③ 동굴이나 바위 그늘에서 살았다.
④ 사유 재산과 계급의 분화가 나타났다.

04
왼쪽 그림은 비파형 동검, 오른쪽 그림은 반달 돌칼로, 청동기 시대의 유물이다. 청동기 시대에는 농업의 발달로 인한 사유 재산 제도와 계급의 분화가 나타났다.

※ 청동기 시대의 유물
　비파형 동검, 거친무늬 거울, 반달 돌칼, 홈자귀, 바퀴날 도끼, 민무늬 토기, 미송리식 토기, 붉은 간 토기, 고인돌(계급 사회), 돌널무덤, 돌무지 무덤 등

05 다음에서 설명하는 국가는?

> • 군장이 다스리는 여러 부족들을 통합하여 건국
> • 널리 인간을 이롭게 한다는 홍익인간의 건국이념
> • 당시의 사회상을 알려주는 8조법 마련

① 백제　　　　　　② 신라
③ 고조선　　　　　④ 고구려

05
최초의 국가 고조선은 청동기 문화를 바탕으로 성립되었다.

06 다음 중 철기 보급으로 인한 사회 변화가 <u>아닌</u> 것은?

① 철제 무기와 철제 농기구를 사용하게 되었다.
② 부족 간의 전쟁으로 인구는 감소하였다.
③ 농업 생산량이 늘어났고, 국제 교류도 있었다.
④ 직업의 전문화와 사회의 계층화가 더욱 뚜렷해졌다.

06
② 철제 농기구의 사용으로 농업 생산량이 증가하여, 인구도 크게 증가하였다.

ANSWER
04. ④　**05.** ③　**06.** ②

07 다음 유물과 관련 있는 나라는?

① 고조선　　　　② 고구려

③ 백제　　　　　④ 가야

07
고조선의 영토는 요령 지방을 중심으로 성장하여 한반도까지 발전하였다.

※ 이 곳에서 발견되는 비파형 동검, 미송리식 토기, 고인돌의 분포 지역과 일치한다.

08 다음 내용과 관련이 있는 나라는?

- 제천 행사 – 동맹
- 풍속 – 서옥제, 형사취수제
- 위치 – 산악 지대, 약탈경제

① 부여　　　　　② 고구려

③ 동예　　　　　④ 삼한

08
만주 압록강 지류인 동가강 유역 졸본 지방에서 주몽이 건국한 고구려는 산악 지대에 위치하여 농토가 부족해 약탈경제에 의존하였다.

09 다음에서 설명하는 국가는?

- 김해, 마산 지역이 중심
- 철을 많이 생산하여 마한, 낙랑, 왜 등으로 수출함

① 부여　　　　　② 고구려

③ 옥저　　　　　④ 변한

09
변한은 철이 많이 생산되어 마한, 낙랑, 왜 등에 수출하였고, 교역에서 화폐처럼 사용하였다.

ANSWER
07. ①　08. ②　09. ④

10 기출 다음에서 설명하는 제천 행사를 개최한 국가는?

> '영고'라는 제천 행사는 매년 12월에 개최되었는데, 이는 수렵사회의 전통을 보여주는 것이다.

① 고조선　　　　② 부여
③ 진한　　　　　④ 우산국

11 다음 설명에 해당하는 초기 국가는?

> • 정치와 종교가 분리되었다.
> • 저수지가 발달하고 벼농사를 지었다.
> • 5월, 10월에 제천 행사인 계절제를 개최하였다.

① 부여　　　　　② 동예
③ 옥저　　　　　④ 삼한

12 다음과 같은 업적을 남긴 고구려의 왕은?

> • 불교를 수용하였다.
> • 태학을 설립하였다.
> • 율령을 반포하였다.

① 태조왕　　　　② 미천왕
③ 소수림왕　　　④ 고국천왕

10
제천 행사
• 부여 : 영고(12월)
• 고구려 : 동맹(10월)
• 동예 : 무천(10월)
• 삼한 : 계절제(5, 10월)

11
삼한의 특징
• 밭갈이에 가축의 힘을 이용
• 목지국이 영도 세력
• 제정 분리(祭政分離)
• 저수지의 발달과 벼농사
• 철의 생산과 수출

12
고구려 4세기 때의 소수림왕의 업적이다.

ANSWER
10. ② 11. ④ 12. ③

13 다음에서 설명하는 백제의 국왕은?

> • 지방 요지 22담로에 왕족을 파견하여 지방 통제를 강화하였다.
> • 중국 남조의 양나라와 수교하여 문화 교류를 활발히 하였다.

① 성왕   ② 무령왕

③ 침류왕   ④ 동성왕

14 기출 다음과 같은 업적을 이룬 신라의 왕은?

> • 마립간 칭호 사용
> • 김씨에 의한 왕위 계승권 확립

① 지증왕   ② 내물왕

③ 법흥왕   ④ 진흥왕

15 기출 다음 특징을 갖는 국가에 해당하지 <u>않는</u> 것은?

> • 율령 반포를 통한 통치 체제 정비
> • 불교 수용을 통한 집단의 통합 강화
> • 정복 활동을 통한 영토 확대와 왕권 강화

① 가야   ② 백제

③ 신라   ④ 고구려

13

6세기 초 백제의 무령왕은 지방 요지 22담로에 왕족을 파견하고, 중국과 교류하면서 왕권을 강화시키며 점차 국력을 회복하였다.

14

① 지증왕 : 국호(신라), 왕호 사용, 우산국 정벌
③ 법흥왕 : 율령 반포, 불교 공인, 태학 설립, 연호 사용(건원), 금관 가야 정복
④ 진흥왕 : 화랑도 개편, 한강 유역 확보, 대가야 정복, 진흥왕 순수비, 단양 적성비

15

① 가야는 삼국의 각축 속에서 중앙 집권화를 이루지 못한 채 연맹이 해체되어 신라와 백제에 흡수되었다.

ANSWER

13. ②   14. ②   15. ①

16 다음 〈보기〉의 왕들의 공통점은?

> **보기**
> • 광개토대왕   • 진흥왕
> • 근초고왕

① 율령을 반포하여 국가의 기틀을 다졌다.
② 대외적으로 활동하여 영토를 확장시켰다.
③ 나라의 사상적 기반을 위해 불교를 도입하였다.
④ 외국과의 무역 확장으로 나라의 부를 축적하였다.

16
• 율령 반포
  – 고구려 : 4세기 소수림왕
  – 백제 : 3세기 고이왕
  – 신라 : 6세기 법흥왕
• 불교 수용
  – 고구려 : 4세기 소수림왕
  – 백제 : 4세기 침류왕
  – 신라 : 4세기 눌지왕(6세기 법흥왕 때 공인)

17 다음 삼국의 정치제도를 통해 알 수 있는 것은?
기출

> • 제가 회의   • 화백 회의
> • 정사암 회의

① 성리학 수용
② 귀족 회의 구성
③ 강력한 왕권의 성립
④ 피지배층의 정치 참여 확대

17
삼국은 귀족 회의를 통해 나라의 중요한 일을 의논하여 결정하였다.

18 다음에서 설명하고 있는 신라의 제도는?

> • 원시 사회의 청소년 집단에서 유래하였다.
> • 계층 간의 대립과 갈등을 조절 · 완화하는 구실도 하였다.

① 화랑도   ② 골품 제도
③ 기인 제도   ④ 상수리 제도

18
신라의 삼국 통일의 원동력이 되었던 화랑도에 대한 설명이다. 화랑도가 될 수 있는 연령은 대략 13 ~ 15세 정도이다.

※ 화랑도는 화랑과 낭도로 구성되었으며, 화랑은 왕족이나 귀족 자제로만 구성되었고, 낭도는 일반 평민도 참여하였다.

ANSWER
16. ② 17. ② 18. ①

19 신라의 골품 제도에 관한 설명으로 바른 것은?

① 삼국 통일 후 족장 세력을 통합하는 과정에서 성립된 엄격한 신분 제도이다.

② 진골은 득난이라고 불리울 만큼 얻기 힘든 높은 신분이었다.

③ 6두품은 대개 학예와 종교 분야에서 활약하였다.

④ 5두품은 대개 선종의 개창자들로서, 당에 유학한 학생들이 많았다.

19

③ 왕거인, 최치원 등의 6두품 세력들은 신분적 제약으로 정치적인 진출에 제한을 받아, 주로 학문과 종교 분야에서 크게 활동하였다.

20 다음 내용에 해당하는 전투는?

기출

> 645년에 고구려는 대군을 이끌고 침략해 온 당 태종을 격파하여 중국의 한반도 침략을 저지하였다.

① 살수 대첩　　　　② 귀주 대첩

③ 매소성 전투　　　④ 안시성 전투

20

고구려는 645년 안시성 전투에서 양만춘의 지휘 아래 군민이 합심하여 당 태종의 대군을 격퇴하였다.

① 612년 고구려 을지문덕이 수나라의 대군을 격퇴하였다.

② 1019년 고려의 강감찬이 귀주에서 거란의 3차 침입을 격퇴하였다.

③ 675년 신라는 이근행이 이끌었던 당의 20만 대군을 매소성에서 격퇴하였다.

21 다음 글의 주인공은 누구인가?

> 나·당 연합군을 맞아 결사대 5천명으로 황산벌에서 항전하였다. 그는 전쟁터로 가면서 "나라가 살아남을지 알 수 없다. 나라가 망해 나의 처자식이 포로로 잡혀 노비가 될지 모르니, 살아서 욕을 당하느니 차라리 흔쾌히 죽는 게 낫다."라고 하면서 가족을 죽이고 싸우러 나갔다고 한다.

① 김유신　　　　② 소정방

③ 계백　　　　　④ 을지문덕

21

신라군이 황산벌에서 계백의 결사 항전을 물리치면서 백제를 멸망시켰다.

22 다음 삼국의 형세가 지도와 같았을 때 역사적 사실로 가장 적절한 것은?

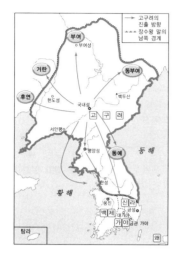

① 살수 대첩　　　　② 나·제 동맹 체결
③ 진흥왕 순수비 건립　　④ 고구려의 율령 반포

23 다음 중 신라가 당을 물리쳐 승리로 이끌었던 전투를 고르면?

① 황산벌 전투　　　　② 매소성 전투
③ 관산성 전투　　　　④ 안시성 전투

24 밑줄 친 '이것'에 해당하는 토지 제도는?

기출

> 신문왕은 왕권을 강화하기 위해 이것을 혁파하고 관료전을 지급하였으나, 경덕왕은 이것을 부활하였다.

① 식읍　　　　② 정전
③ 녹읍　　　　④ 과전법

25 통일 신라 초기에 왕권 강화를 목적으로 실시한 것은?

고난도

① 시중의 세력 강화 ② 6전 제도의 폐지

③ 녹읍제의 부활 ④ 상대등의 권한 확대

26 다음과 같이 설치한 통일 신라의 특별 행정 구역은?

> 수도 금성이 한반도의 남동쪽에 치우쳐 있는 것을 보완하고 지방 세력의 성장을 감시하기 위하여 설치하였다.

① 5소경 ② 3성

③ 5부 ④ 9서당

27 9서당에 대한 설명으로 바른 것은?

① 양계(兩界)에 둔 지방군이었다.

② 삼수병으로 편제되었다.

③ 노비까지 참여한 예비군이었다.

④ 피정복민에 대한 회유, 포섭의 기능을 가졌다.

28 통일 신라의 민정 문서를 통하여 알 수 있는 것이 <u>아닌</u>

고난도 것은?

① 촌락은 혈연 중심의 자연 촌락으로 구성되었다.

② 3년마다 1번씩 통계를 내고 있었다.

③ 정남만을 인구수로 파악하였다.

④ 농민들은 토착적인 촌주를 통하여 국가의 지배를 받았다.

25

① 시중은 수상으로서 왕권을 보좌하고, 전제 왕권의 확립을 위해 노력하였다.

※ 신라 중대 전제 왕권의 강화는 상대등의 권한이 약화되었고 시중의 권한이 강화되었다.

26

5소경은 지역의 균형 발전을 추구하는 한편, 지방 세력의 성장을 감시하려는 목적도 갖고 있었다.

27

9서당은 신라인뿐만 아니라, 고구려·백제·말갈 등의 이국민까지 포함하여 조직한 군사 조직으로, 이는 피정복민에 대한 회유와 포섭의 기능을 가졌다.

28

통일 신라의 민정 문서(신라 장적)

구 분		내 용
작성목적		노동력과 생산 자원의 철저한 편제·관리
작 성 자		촌주가 3년마다 작성
내용	호구 (戶口)	인정(人丁)의 다과에 따라 9등급
	인구 (人口)	연령별·남녀별로 6등급
경제구조		귀족 중심으로 편제
발 견		1933년 일본 동대사 정창원 → 경덕왕 때 제작

ANSWER

25. ① 26. ① 27. ④ 28. ③

29 **기출** 통일 신라 시대에 지방 세력을 통제하기 위해 실시한 제도는?

① 녹읍 제도　　　　　② 기인 제도
③ 사심관 제도　　　　④ 상수리 제도

30 다음에서 설명하는 국가는?

• 중국인들이 '해동성국'이라 부름
• 고구려 장군 출신의 대조영이 건국
• 지배층은 고구려인, 피지배층은 다수가 말갈인

① 부여　　　　　　　② 발해
③ 백제　　　　　　　④ 마한

31 **기출** 다음에서 설명하는 시대 명칭은?

• 통일 신라와 발해가 공존한 시대
• 조선 후기 실학자 유득공이 저술한 '발해고'에서 사용

① 선사 시대　　　　　② 원시 시대
③ 남북국 시대　　　　④ 근대 시대

32 발해의 최고 기관으로, 귀족들이 국가의 중요한 일을 회의를 열어 결정하였던 곳은?

① 문하성　　　　　　② 정당성
③ 중대성　　　　　　④ 중서성

33 발해에 대한 설명으로 틀린 것은?

`고난도`

① 지배 계층은 고구려 유민들이었다.

② 합의 기관으로 정당성을 두었다.

③ 일본과 무역 관계를 맺어 백제를 견제하였다.

④ 지금의 연해주 지방에 걸치는 넓은 영토를 이루었다.

34 발해를 우리 민족사에 포함시켜야 하는 근거로 옳지 <u>않은</u> 것은?

① 고구려 유민들에 의해 건국되었다.

② 발해의 문화는 고구려 문화를 계승하였다.

③ 발해는 고구려 옛 땅의 대부분을 되찾았다.

④ 말단에 있는 촌락은 토착 세력가가 다스렸다.

35 신라 말기에 나타난 사회 변동 사실이 <u>아닌</u> 것은?

① 왕위 쟁탈전

② 골품 제도의 강화

③ 지방 호족의 등장

④ 선종과 풍수지리설 유행

36 9세기 이후 장보고가 해적을 소탕한 후 무역의 중심지로

`기출` 삼았던 곳은?

① 울산　　　　　　② 경주

③ 당항성　　　　　④ 청해진

33

③ 발해는 일본과 무역 관계를 맺어 신라를 견제하였다.

34

촌락의 대부분의 주민은 말갈인이고, 말갈 추장인 수령이 촌락을 다스렸다.

35

② 신라 말기에는 골품 제도가 약화되고 왕의 직계 후손이 끊기면서 왕위 쟁탈전이 심화되었다.

36

장보고는 지금의 완도에 청해진을 설치하고, 무역의 중심지로 삼았다.

ANSWER

33. ③ **34.** ④ **35.** ② **36.** ④

37 완산주에서 후백제를 건국한 인물은?

① 궁예　　　　② 견훤
③ 왕건　　　　④ 장보고

37
① 궁예 : 후고구려 건국
③ 왕건 : 고려 건국
④ 장보고 : 청해진 설치

38 통일 신라의 경제 활동에 대한 설명으로 옳지 않은 것은?

① 국제 무역항으로 벽란도가 번성하였다.
② 장보고는 완도에 청해진을 설치하였다.
③ 동시 외에 서시, 남시를 추가로 설치하였다.
④ 중국에 신라방, 신라소, 신라원 등을 두었다.

38
통일 신라 시대의 최대 무역항은 울산항이다.
① 벽란도는 고려 시대의 국제 무역항으로 크게 번성하였다.

39 인도와 중앙 아시아의 여러 나라를 여행한 후 「왕오천축국전」을 지었던 신라의 승려는?

① 원광　　　　② 원효
③ 의상　　　　④ 혜초

39
혜초의 「왕오천축국전」은 그 당시의 사회, 문화를 가늠할 수 있는 중요한 자료이다.

40 발해에 대한 설명으로 옳은 것을 〈보기〉에서 고른 것은?

┌─ 보기 ─
㉠ 무천이라는 제천 행사를 열었다.
㉡ 고구려 계승 의식을 가지고 있었다.
㉢ 당으로부터 '해동성국'이라 불리었다.
㉣ 화랑도를 국가적인 조직으로 개편하였다.

① ㉠, ㉡　　　　② ㉠, ㉣
③ ㉡, ㉢　　　　④ ㉢, ㉣

40
발 해
고구려 계승 의식을 바탕으로 한 발해는 698년 고구려 장군 출신 대조영이 고구려 유민과 말갈인을 모아 건국하였다. 9세기 선왕 때에는 발해의 전성기로 중국에서 '해동성국'이라고 불렀고, 926년 거란족에 의해 멸망했다.

ANSWER
37. ② 38. ① 39. ④ 40. ③

NOTE

CHAPTER 02

고려 귀족 사회의
형성과 변천

고려 귀족 사회의 형성과 변천

이 단원은 매회 출제 비중이 높은 단원이며, 암기해야 할 부분이 유독 많은 단원이기도 합니다. 고려의 건국과 통치 체제, 왕권 강화 정책, 고려의 지배 세력, 고려의 사회 제도와 경제 생활, 왜적 침입 순서 등을 숙지해두는 것이 좋습니다. 그리고 고려 시대 때 편찬된 역사서와 불상과 석탑 등 고려 시대 예술, 팔만대장경과 같은 과학 기술에 대해서도 공부해야 합니다.

01 고려의 정치와 사회 변동

1 고려의 성립과 체제 정비

(1) 고려의 건국(918)

① 왕건의 성장

   ㉠ 궁예를 축출하고 왕건이 즉위하여 국호는 '고려'라 하고, 수도는 송악으로 정하였다.

   ㉡ 확고한 토착 세력(송악), 민심 수습(세금 감면)을 기반으로 후삼국을 통일하였다.

② 통일 과정

발해 멸망(926) → 신라의 경순왕 투항(935) → 후백제 멸망(936) → 후삼국 통일(936)

③ 태조 왕건의 정책

   ㉠ 북진 정책

   • 서경 중시 : 서경을 전진 기지로 삼음

   • 영토 확장 : 청천강 ~ 영흥만

   • 거란 무시 : 거란에 강경 대응

  ㉡ 호족 세력 포섭 및 견제 정책

회유책	• 혼인 정책 : 호족과의 혼인으로 왕건은 여러 명의 부인을 두게 되어, 왕의 외척이 된 호족 세력들 간에 권력 다툼이 발생하였다. → 왕위 계승 다툼 발생 • 사성 정책 : 지방의 유력한 호족들에게 자신의 성인 '왕(王)씨 성'을 하사하여 그들을 우대해 준 정책
견제책	• 사심관 제도 : 출신지에 대한 권한 행사를 할 수 있는 권리와 함께 책임을 부여한 제도 • 기인 제도 : 호족의 자제를 인질로 서울에 데려다가 지방 행정의 고문 역할을 하게 한 제도

  ㉢ 훈요 10조 : 태조가 후대 왕들에게 남긴 고려의 기본 통치 방향

  ㉣ 민생 안정 정책 : 취민유도 → 세율을 10분의 1로 조세 감면, 흑창 설치

  ㉤ 민족 통합 정책 : 발해인까지 흡수

  ㉥ 불교 장려 : 연등회, 팔관회

  ㉦ 다양한 사상 포용 : 불교, 유교, 풍수지리설, 도교 등

> **취민유도, 흑창**　 　검색
>
> • **취민유도** : 백성에게 조세를 거둘 때 법도가 있어야 한다는 것
> • **흑창** : 고구려의 진대법을 계승하여 춘궁기에 곡식을 나누어 주고 추수 후에 갚게 했던 빈민 구제 기구로, 986년(성종 5)에 의창으로 바뀌었다.

(2) 고려 건국의 의의

 ① 지배 세력의 교체 : 지방 세력(호족), 6두품

 ② 민족 문화 토대 마련 : 고구려, 백제, 신라의 문화 융합 → 다양성, 개방성

 ③ 실질적인 민족 통일 : 옛 삼국 출신과 발해인까지 통합하였다.

알아두면 점수따는 역사이야기　　　　　　　　　　　　　　　　　사심관과 기인 제도

1) 사심관 제도

태조 18년(935) 신라왕 김부(경순왕)가 항복해 오니 신라국을 없애고 경주라 하였다. (김)부로 하여금 경주의 사심(事審)이 되어 부호장 이하의 (임명을) 맡게 하였다. 이에 여러 공신이 이를 본받아 각기 자기 출신 지역의 사심이 되었다. 사심관은 여기에서 비롯되었다.

― 「고려사」

2) 기인 제도

건국 초에 호족의 자제를 뽑아 볼모로 삼고, 또한 출신지의 일에 대하여 자문에 대비하게 하였는데 이를 기인(其人)이라 한다.

― 「고려사」

(3) 왕권 강화 정책 중요⁺

① 광종

       ㉠ 노비안검법의 실시 : 호족들이 불법으로 차지하고 있던 노비를 양인으로 해방하여 호족의 경제 기반이 약화되었다.

       ㉡ 과거 제도의 시행 : 능력 있는 신진 세력을 등용하였다.

       ㉢ 공신·호족 세력 숙청, 공복(관리의 제복) 제정, 황제 칭호, 독자적인 연호 사용 등
　　　　　　　　　　　　　　　　　　　　　　 광덕, 준풍

② 성종 : 최승로의 시무 28조 수용 → 유교 통치 이념 확립, 중앙 집권 체제 강화

       ㉠ 정치 제도를 정비하였다. → 2성 6부제 마련

       ㉡ 전국에 12목을 설치하여 8목에 지방관을 파견하고, 향리 제도를 시행하였다.

       ㉢ 국자감 정비, 과거 제도 정비를 통해 유학을 진흥시키고자 하였다.

       ㉣ 불교 행사를 억제하였다.

심화학습 ── 고려 전기 체제의 정비

태 조	광 종	성 종
• 민생 안전 : 조세 감면 • 호족 통합 : 혼인 정책, 사성 정책 • 북진 정책 : 서경 중시, 영토 확장 • 숭불 정책	• 노비안검법 • 과거 제도 시행 • 호족 억압, 왕권 강화	• 유교 정치 이념 채택 ⇒ 최승로 시무 28조(불교 억압) • 12목 설치 ⇒ 지방관 파견 • 국자감 정비 ⇒ 인재 교육

알아두면 점수따는 역사이야기　　　　　　　　　　　　　　　　　　　최승로의 시무 28조

• 불교를 행하는 것은 몸을 닦는 근본이며 유교를 행하는 것은 나라를 다스리는 근원이니, 몸을 닦는 것은 내생을 위한 것이며 나라를 다스리는 것은 곧 오늘의 할 일입니다. 오늘은 지극히 가깝고 내생은 지극히 먼 것이니, 가까운 것을 버리고 먼 것을 구하는 것은 그릇된 일이 아니겠습니까?

• 국왕이 백성을 다스림은 집집마다 가서 날마다 일을 보는 것이 아닙니다. 그런 까닭으로 수령을 나누어 보내어 가서 백성에게 이익이 되는 일과 손해가 되는 일을 살피게 하는 것입니다. 우리 태조께서 나라를 통일한 후에 수령을 두고자 하였으나, …… 시행할 겨를이 없었습니다. …… 청컨대, 외관(外官)을 두소서. 비록 한꺼번에 다 보낼 수는 없더라도 먼저 10여 곳의 주현에 1명의 외관을 두고, 그 아래에 각각 2 ~ 3명의 관원을 두어서 백성을 다스리는 일을 맡기소서.
　　─ 「고려사절요」

2 고려의 통치 체제

(1) 중앙 통치 체제

① 특징 : 당의 3성 6부제를 수용하였다. → '2성 6부제'로 운영

② 2성 : 중서문하성, 상서성

   ㉠ 중서문하성 : 최고 정치 기구로, 문하시중의 국정을 총괄하였고 정책을 결정하였다.

재 신	2품 이상의 고위 관리
낭 사	3품 이하의 하급 관리 → 간쟁 담당

   ㉡ 상서성 : 정책 집행, <u>6부 관할</u>
               이·호·예·병·형·공 → 실제 정무 담당

③ 도병마사, 식목도감

   ㉠ 역할 : 중서문하성의 재신과 중추원의 추밀이 모여 국가의 중요 정책을 결정하던 회의 기구이다.

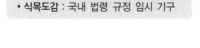

도병마사, 식목도감 ▼ 검색
- **도병마사** : 국방 문제 담당 임시 기구
- **식목도감** : 국내 법령 규정 임시 기구

   ㉡ 특징 : 고려의 독자적 기구, 귀족 정치

④ 중추원 : 군사 기밀(추밀)과 왕명 전달(승선) 담당
                        왕의 비서 업무 담당

⑤ 어사대 : 관리 감찰

⑥ 삼사 : 화폐와 곡식의 출납에 대한 회계 담당

⑦ 대 간

   ㉠ 구성 : 중서문하성의 낭사 + 어사대의 관원

   ㉡ 역할 : 간쟁, 봉박, 서경권을 통해 왕권을 견제하였다.
- 간쟁 : 왕의 잘잘못에 간언하는 것
- 봉박 : 왕의 잘못된 명령을 되돌려 보내는 것
- 서경 : 관리 임명과 법령의 개폐에 동의하는 것

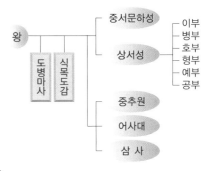

[고려의 중앙관제]

(2) 지방 행정 제도

① 과 정

초 기		성 종		현 종
호족 자치 인정	→	12목 설치, 지방관 파견	→	5도 양계

② 행정 구역 : 5도 양계, 경기 중심

[고려의 행정구역(지방 행정 조직)]

  ㉠ 양계 : 군사 행정 구역, 병마사 파견, 국방
    상 요충지에 진 설치

  ㉡ 5도 : 일반 행정 구역, 안찰사 파견, 주·
    군·현 설치

    • 주현 : 지방관 파견

    • 속현 : 지방관이 파견되지 않으며, 주현
      의 지배 하에 향리가 실제 통치

  ㉢ 3경 : 개경, 서경, 동경(초기) → 후에 동경
    대신 남경(풍수지리설과 관련)

③ 특수 행정 구역 : 향·부곡, 소 → 향리가 통치,
                        농업 종사 국가의 필요 물품 생산
    주민은 평민(천민 ✕), 일반 군현민에 비해 차별 대우

④ 지방 행정 관리 : 향리 → 지방 행정 실무 담당

(3) 군사 제도

① 중앙군 : 직업 군인 → 군인전을 지급받고 그 역은 자손에게 세습(중류층)

  ㉠ 2군 : 왕궁 수비

  ㉡ 6위 : 국경 방어, 수도

② 지방군 : 의무병 → 일반 농민으로 16세 이상의 장정들로 구성

  ㉠ 주현군(5도) : 치안, 잡역

  ㉡ 주진군(양계) : 변경 방어

(4) 교육 · 관리 등용 제도

① 교육 기관 : 국학 − 중앙(국자감), 지방(향교), 사학 − 개경(사학 12도)

② 관리 선발

ㄱ 과거제 : 문과, 잡과, 승과 → **법제적으로 양인 이상 응시 가능, 무과는 실시하지 않음**

  • 문과 : 제술과, 명경과

  • 잡과 : 의과, 율과, 산과 → **기술관**

ㄴ 음서제 **중요⁺** : 왕족, 공신, 5품 이상 고위 관료의 자손(무시험) → 귀족적 특성

---

3 문벌 귀족 사회의 성립과 동요

(1) 문벌 귀족 사회의 성립

① 형성 : 지방 호족, 6두품 출신 → 음서와 과거 제도를 통해 주요 관직 차지, 왕실과의 혼인

② 경제적 기반 : 전시과, 공음전, 고리대 등을 통해 부를 축적하였다.

③ 모순 : 중요 관직 독점 · 세습, 귀족과 관리들의 경제적 수탈, 무거운 조세 부담
→ 신진 세력 불만, 백성 고통 심화

> **공음전** ▾ 검색
>
> 5품 이상의 고위 관료에게만 지급한 토지로 자손에게 세습할 수 있었으므로 음서와 함께 고려 귀족의 세력 기반이 되었다.

> **바로 바로 CHECK✓**
>
> 고려 문벌 귀족 사회의 특성을 보여주는 것은?
>
> ❶ 음서 제도   ② 양계 제도
> ③ 과거 제도   ④ 속현 제도

(2) 이자겸의 난(1126)

① 배경 : 왕실과 거듭된 혼인 관계로 외척 가문인 경원 이씨 가문 성장 → 80여 년간 정권 독점, 이자겸의 권력 독점

② 경과 : 이자겸의 난(왕위 찬탈 반란) → 인종의 이자겸 제거 시도(척준경 회유) → 척준경의 이자겸 제거

③ 결과 : 문벌 귀족 사회의 붕괴 촉진, 왕실 권위 하락

(3) 묘청의 서경 천도 운동(1135) 중요⁺

① 배경 : 문벌 귀족의 정치 독점, 금과 사대의 예를 맺은 것에 대한 불만, 풍수지리설 성행
② 경과 : 인종의 서경 천도 계획 추진 → 개경 세력 반대로 실패 → 묘청의 반란(서경), 국호
(대위국), 연호(천개) → 김부식이 이끄는 관군에 의해 진압
③ 의의 : 고려인의 자주 의식 확인, 문벌 귀족의 정치 독점에 대한 반발

심화학습 〉 개경파와 서경파

구 분	개경파	서경파
중심 세력	김부식(문벌 귀족)	묘청(승려), 정지상(신진 관료)
사 상	유교	풍수지리설, 자주적 전통 사상
역사 인식	신라 계승 의식	고구려 계승 의식
외 교	보수적, 사대적(금과의 평화 관계)	• 진보적, 자주적, 개혁적, 북진 정책(금 정벌) • 황제국 칭호, 독자적 연호 사용 주장(칭제건원)

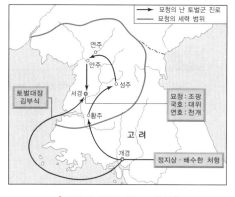

[묘청의 서경 천도 운동]

바로 바로 CHECK✓

고려 시대 묘청의 서경 천도 운동의 배경이 아닌 것은?

① 지역 세력 간의 대립
❷ 무신정권에 대한 반발
③ 문벌 귀족 사회 내부의 분열
④ 고구려 계승 이념에 대한 갈등

알아두면 점수따는 역사이야기

신채호의 서경 천도 운동 인식

그러면 조선 근세에 종교나 학술이나 정치나 풍속이나 사대주의의 노예가 됨은 무슨 사건에 원인하는 것인가. … 나는 한 마디 말로 회답하여 말하기를 고려 인종 13년 서경(평양) 천도 운동, 즉 묘청이 김부식에게 패함이 그 원인으로 생각한다. … 묘청의 천도 운동에 대하여 역사가들은 단지 왕사가 반란한 적을 친 것으로 알았을 뿐인데 이는 근시안적인 관찰이다. 그 실상은 낭가(郎家)와 불교 양가 대 유교의 싸움이며, 국풍파(國風波) 대 한학파의 싸움이며, 독립당 대 사대당의 싸움이며, 진취 사상 대 보수 사상의 싸움이니, 묘청은 전자의 대표요 김부식은 후자의 대표였던 것이다. 묘청의 천도 운동에서 묘청 등이 패하고 김부식이 이겼으므로 조선사가 사대적·보수적·속박적 사상인 유교 사상에 정복되고 말았다. 만약 김부식이 패하고 묘청이 이겼더라면 조선사가 독립적·진취적으로 진전하였을 것이니 이것이 어찌 일천년래 제일대사건이라 하지 아니하랴.
— 신채호, 「조선사 연구초」

(4) 무신 정변(1170) 중요⁺

① 배경 : 무신에 대한 차별 대우, 군인전을 지급받지 못한 하급 군인의 불만, 의종의 실정

② 경과 : 보현원 사건 → 무신정변(정중부, 이의방 등) → 문신 제거, 의종 폐위 → 김보당의 난(문신들의 반란, 의종 복위 시도 실패) → 의종 제거 → 무신 집권자의 권력 쟁탈전 (100년간)

③ 최씨 무신 정권 : 가장 전형적인 무신 정권
  ㉠ 이의민을 제거하고 권력을 장악한 최충헌을 시작으로, 이후 4대가 60여 년간 최씨 정권을 유지하였다.
  ㉡ 개혁에는 소홀하였으며, 정권 유지에만 몰두하였다.

④ 무신 정권의 권력 기반
  ㉠ 정치적 기반
   • 중방 : 무신 정권 초기의 최고 권력 기구
   • 교정도감 : 최씨 정권의 최고 권력 기구
   • 정방 : 최우가 설치한 인사 행정 기구

  ㉡ 군사적 기반
   • 도병 : 경대승이 신변 보호를 위해 설치함 → 최씨 정권기에 더욱 확장
   • 삼별초 : 최우가 설치한 최씨 정권의 군사적 기반 → 좌별초 · 우별초, 신의군

	1170	1174	1179	1183	1196	1219	1249	1257	1258	1268	1270	1271
구 분	이의방	정중부	경대승	이의민	최충헌	최 우	최 항	최 의	김 준	임 연	임유무
정치기구	중 방				교정도감	교정도감 · 정방					
군사기구	·	·	도 방	·	도 방	도방 · 삼별초					

(5) 농민과 천민의 난

① 배 경
  ㉠ 무신 집권자들의 토지 수탈, 과도한 세금 부과
  ㉡ 특수 행정 구역 주민에 대한 차별
    향 · 부곡 · 소 등
  ㉢ 신분 상승에 대한 기대감 고조 : 노비 출신의 무신 집권자 이의민의 등장
  ㉣ 무신들 간의 권력 다툼으로 지방에 대한 정부의 통제력이 약화되었다.

② 농민과 천민의 봉기(하층민의 봉기)

    ㉠ 농민 봉기 : 조위총의 난(서북민들의 봉기), 김사미(운문)와 효심(초전)의 봉기

    ㉡ 망이 · 망소이의 난(공주 명학소) : 무거운 조세 부담과 부역에 반발하였다.

    ㉢ 천민 봉기 : 전주 관노비의 난, 만적의 난
                    지방관의 가혹한 수탈에 반발   개경, 최충헌의 사노비
    → 신분 해방 운동의 성격

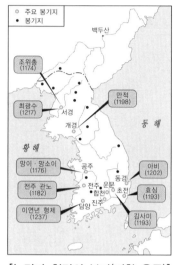

[농민과 천민의 봉기(저항 운동)]

4 대외 관계의 변화 중요⁺

(1) 거란(요)의 침입과 격퇴(10세기 말 ~ 11세기 초)

    ① 원인 : 북진 정책, 친송 정책 → 거란과 대립

        ㉠ 거란 배척 : 태조의 북진 정책, 거란의 외교 제의 거절, 광군 조직(정종)
                                 만부교 사건

        ㉡ 친송 정책 : 경제적 · 문화적 실리 추구

    ② 거란의 침입

        ㉠ 1차 침입(993) : 소손녕 침입 → 서희의 외교 담판
                               강동 6주 획득, 압록강까지 진출

        ㉡ 2차 침입(1010) : 강조의 정변 구실 → 양규의 활약
                                  물러가는 거란군 격파

        ㉢ 3차 침입(1019) : 고려의 강동 6주 반환 거부 → 소배압 침입 → 강감찬의 귀주대첩

    ③ 이후의 대비책 : 나성(개경 주위), 천리장성(압록강 하구 ~ 동해 도련포) 축조

    ④ 결과 : 송, 거란(요), 고려 사이의 세력 균형 → 평화 관계 유지

[서희의 외교 담판과 강동 6주]

(2) 여진족(금)의 침입(12세기)

① 배경 : 고려에 조공을 바치다 여진족 통일 이후 남하 정책 추진 → 고려와 충돌

② 여진족 정벌 : 고려와 여진의 충돌 → 윤관의 별무반 편성 → 여진 정벌(1107) → 동북

신기군, 신보군, 항마군
9성 설치 → 방비의 어려움과 여진족의 간청으로 후에 반환

③ 금(金)의 건국 : 여진족의 금 건국(1115) → 거란(요) 정복 → 송 침입 → 고려에 사대 요구
→ 이자겸이 정권 유지를 위해 금의 요구 수용 → 고려의 북진 정책 중단

(3) 몽골의 침입(13세기)

① 전개 : 강동성 전투(몽골군과 고려군이 연합하여 거란 격퇴) → 몽골과 외교 관계 수립
→ 몽골의 무리한 공물 요구, 몽골 사신 저고여의 피살 → 몽골의 침입(1231) → 최우의
강화도 천도(1232) → 대몽 항전 → 40여 년간 전쟁 지속

김윤후의 처인성 전투(적장 살리타 사살), 충주성 노비의 항쟁, 팔만대장경 조판

※ 강화도 천도 이유 : 개경 인접, 해전에 약한 몽골군에 대비

② 결과 : 최씨 정권 붕괴 → 몽골과의 강화 → 개경 환도 → 원 간섭기

③ 삼별초의 항쟁(1270 ~ 1273)

　㉠ 전개 : 개경 환도 반대 → 배중손의 지휘로 '강화
도 → 진도 → 제주도'로 이동하며 대몽 항쟁 →
여·몽 연합군에 의해 진압

삼별초	▼	검색

최우가 집권하면서 설치한 야별초에서 분리된 좌별초, 우별초와 몽골에 포로로 잡혀갔던 병사들로 조직된 신의군을 말한다. 최씨 무신 정권의 군사적 기반이었다.

　㉡ 의의 : 고려인의 자주 의식을 보여주었다.

④ 몽골 침입의 피해 : 국토의 황폐화, 인명 손실, 문화재 소실

초조 대장경 판목(대구 부인사), 경주의 황룡사 9층 목탑

알아두면 점수따는 역사이야기　　　　　　　삼별초의 항쟁

　최씨 무신정권의 핵심 병력으로 몽골과의 항전에서 가장 용감하게 싸운 삼별초는 정부의 개경 환도를 몽골에 대한 굴욕적인 항복이라 하여 따르지 않았다. 배중손의 지휘 아래 강화도에서 반기를 들었으나 수도 개경이 가까운 강화도에서 오래 버티기 어려움을 느끼고 근거지를 전라남도 진도로 옮겼다. 삼별초의 세력이 강성해지자 정부는 몽골과 연합, 고려 몽골 연합군을 조직하여 진도를 공격해 왔다. 1271년 고려 몽골 연합군에 의해 진도가 함락되면서, 나머지 세력은 김통정의 지휘 아래 제주도로 옮겨 가 항쟁을 계속하였으나 이미 중심 세력을 잃은 삼별초군은 1273년 고려 몽골 연합군에 의해 제주도가 함락됨으로써 전후 4년간에 걸친 삼별초의 대몽 항쟁은 끝이 났다.

(4) 왜구, 홍건적의 침입(14세기 말, 고려 말)

① 홍건적의 침입 : 북쪽에서 개경(수도)까지 침입 → 공민왕의 안동 피란 → 정세운, 이성계, 최영 등 격퇴

② 왜구의 침입 : 남쪽에서 왜구 침입 → 최영(홍산 싸움), 이성계(황산대첩), 최무선(진포대첩), 박위(쓰시마 섬 토벌) 등 격퇴(1376)

③ 새로운 세력의 등장 : <u>신흥 무인 세력</u> 성장
　　　　　　　　　　　　　최영, 이성계 등

5 원 간섭기

(1) 원의 내정 간섭 : 고려의 자주성 손상

① 고려 국왕을 통한 원의 간접 지배, 고려는 원의 부마국

② 왕정 복고 : 국왕, 문신 중심의 정치

③ 정동행성 설치 : <u>일본 원정 목적</u> → 최고 기구, 고려의 내정 간섭 기구
　　　　　　　　　　2차례의 원정은 실패

④ 영토 상실 : 쌍성총관부(철령 이북), 동녕부(자비령 이북), 탐라총관부(제주도) 설치

⑤ 관제·왕실 용어 격하 : 자주성 손상

　㉠ 2성 6부 → 1부(첨의부) 4사

　㉡ 폐하 → 전하, 태자 → 세자

　㉢ 왕의 칭호 앞에 '충(忠)'자를 붙이기

⑥ 내정 간섭 : 정동행성 유지, 다루가치(원의 관리) 파견, 만호부(군사 간섭)

⑦ 경제 수탈 : 금, 은, 베, 인삼, 매(응방 설치), <u>공녀 요구</u>
　　　　　　　　　　　　　　　　　　　　　　조혼 유행

⑧ 영향 : <u>몽골풍 유행</u> ↔ 원에서는 고려양 유행
　　　　　　몽골어, 변발, 몽골식 복장 등

⑨ 고려의 풍습은 인정해 주었다.

(2) 권문세족(친원파) 성장

① 의미 : 종래 문벌 귀족 가문, 무신 집권기 가문, 대다수 원의 세력을 배경으로 삼은 새로운 <u>지배 세력</u> 고려 왕자가 원에 있을 때 함께 생활한 세력으로 군인, 역관, 환관 출신 등

② 성장 : 음서를 통해 고위 관직 독점, 신분 세습

③ 횡포 : 대농장 소유, 백성의 토지 약탈·노비화 → 국가 재정 궁핍

바로 바로 CHECK✓

다음과 관계 깊은 고려의 정치 세력은?

- 많은 토지와 노비 소유
- 주로 음서를 통해 정계 진출
- 원과 결탁하여 성장한 친원 세력

① 호족   ② 문벌 귀족

❸ 권문세족   ④ 신진 사대부

(3) 공민왕의 개혁 정치

① 개혁 정책의 내용과 결과(원·명 교체기, 14세기 중반)

㉠ 내용 중요⁺

반원 자주 정책	• 정동행성 폐지, 관제 복구, 몽골풍 금지 • 영토 회복 : 쌍성총관부 공격 → 철령 이북 영토 회복
왕권 강화 정책	• 친원파(기철) 숙청, 정방 폐지 → 신진 사대부 등용 • 신돈 등용, 전민변정도감 운영 → 불법적인 농장 폐지, 억울하게 노비가 된 자는 양인으로 회복

알아두면 점수따는 역사이야기   공민왕의 개혁

1) 변발과 호복

공민왕이 원의 제도를 따라 변발(辮髮)을 하고 호복(胡服 : 몽골의 옷차림)을 입고 전상(殿上)에 앉아 있었다. 이연종이 간하려고 문 밖에서 기다리고 있었더니 왕이 사람을 시켜 물었다. (이연종이) 말하기를 "임금 앞에 나아서 직접 대면해서 말씀드리기를 바라나이다."라고 하였다. 이미 들어와서는 좌우(左右 : 왕의 측근)를 물리치고 말하기를, "변발과 호복은 선왕(先王)의 제도가 아니오니 원컨대 전하께서는 본받지 마소서."라고 하니, 왕이 기뻐하면서 즉시 변발을 풀어 버리고 그에게 옷과 요를 하사하였다.   ─「고려사」

2) 전민변정도감

신돈이 전민변정도감 두기를 청하였다. 스스로 판사가 되어 전국에 알렸다. "요즈음 기강이 크게 무너져서 탐욕스러움이 풍습이 되었다. 종묘, 학교, 창고, 사원 등은 백성이 대대로 지어온 땅이나 권세가들이 거의 다 빼앗았다. 돌려주라고 판결한 것도 그대로 가지며 양민을 노예로 삼고 있다. …… 이제 그 잘못을 알고 스스로 고치는 자는 묻지 않을 것이나 기한이 지났는데도 고치지 않고 있다가 발각되면 조사하여 엄히 다스릴 것이다."   ─「고려사」

→ 공민왕은 승려였던 신돈을 등용하여 전민변정도감을 설치하고, 권문세족이 불법적으로 빼앗은 토지와 노비를 원래의 주인에게 돌려주거나 양민으로 해방시켰다. 이를 통해 공민왕은 권문세족의 경제적 기반을 약화시키고 국가 재정 기반을 확충하여 왕권을 강화하고자 하였다.

ⓛ 결과
- 실패 : 권문세족의 반발, 개혁 추진 세력(신진사대부) 미약, 홍건적과 왜구의 침입으로 혼란
- 개혁 의의 : 자주적 정신을 보여 주었다.

심화학습) 고려의 대외 침략

거란(10~11세기)	여진(12세기)	몽골(13세기)	원 간섭기(14세기)
			공민왕 개혁
• 친송 북진 정책 • 서희(강동 6주) • 강감찬(귀주대첩)	• 윤관 : 별무반 • 동북 9성	• 강화도 천도 • 팔만대장경 • 삼별초	• 쌍성총관부 탈환 • 정동행성 폐지 • 친원파 숙청 • 전민변정도감 • 신진 사대부 등용

② 신진 사대부의 성장 : 정치와 제도의 개혁을 추구하여, 권문세족과 대립하였다.
- ㉠ 성리학(정치 이념)을 바탕으로 과거를 통해 관리로 진출하였고, 명분과 도덕을 중시하였다.
- ㉡ 대부분 지방 향리, 중소 지주 출신이었다.
- ㉢ 공민왕의 개혁 정치로 중앙 정계에 진출하여 새로운 사회 건설을 주장하였다.
  → 불교와 권문세족 비판
- ㉣ 종류
  - 온건파 사대부(정몽주) : 고려 왕조를 유지한 채, 점진적인 개혁을 주장하였다.
  - 급진파 사대부(정도전) : 새로운 왕조를 세워 사회 문제를 해결할 것을 주장하였다.

③ 성리학

ㄱ 전래

- 인간의 본성과 우주의 근본 원리 문제를 철학적으로 탐구하는 학문으로, 남송의 주희가 집대성하였다.

- 충렬왕 때 안향이 고려에 처음 소개하였다.

- 충선왕이 원의 수도에 '만권당(학술 연구 기관)'을 설치하여 이제현 등의 학자가 교류하였다.

ㄴ 영향

- 신진 사대부가 사회 개혁 사상으로 수용하였다.

- 권문세족의 부패와 불교의 폐단을 비판, 점차 불교 교리 자체를 부정하였다.
  예 정도전의 「불씨잡변」

(4) 고려의 멸망과 조선의 건국

① 명과의 관계 : 초기에는 우호적 → 명의 철령 이북 영토 요구 → 고려의 거부 → 최영과 우왕의 요동 정벌 추진

② 이성계의 요동 정벌 반대(4불가론)

ㄱ 작은 나라가 큰 나라를 공격하는 것은 불가하다.

ㄴ 여름에 군사를 출병하는 것은 불가하다.

ㄷ 왜구가 침략할 가능성이 있다.

ㄹ 지금은 장마철이라 활에 입힌 아교가 풀어져 활의 사용이 힘들고, 군중에 전염병이 돌 우려가 있다.

③ 위화도 회군(1388) : 최영 제거, 우왕 폐위, 정치·군사적 실권 장악

④ 과전법 실시(1391) : 신진 사대부의 경제적 기반 마련

| 과전법 ▼ | 검색 |

권문세족이나 사원의 농장을 몰수하여 경기도의 토지에 한하여 전·현직 관리들에게 수조권을 차등 지급한 토지 제도

⑤ 온건파 사대부(정몽주)를 제거하고, 급진파 사대부(정도전, 조준 등)가 실권을 장악하였다.

⑥ 조선 건국(1392) → 한양 천도(1394)

심화학습 고려의 지배층

구 분	문벌 귀족	권문세족	신진 사대부
출신 배경	공신과 6두품 → 문벌 형성	귀족 가문, 무신, 친원 세력	하급 관리, 향리의 자제 출신
정치적 기반	과거와 음서	음서(도평의사사 독점)	과거(유교적 소양)
경제적 기반	전시과, 공음전 → 농장	대농장	지방의 중소 지주
사상 및 성향	불교, 보수적	불교, 보수적	성리학, 개혁적·진취적
대외 정책	북진 정책 → 보수적(중기)	친원 외교	친명 외교

02 고려의 사회와 경제

1 고려의 사회 구조

(1) 신분 제도

일천즉천법 〔검색〕
부모 중 한 사람이라도 천민일 경우 그 자식도 천민이 됨

① 신분 구조 **중요⁺**

지배층	귀족	지배층(왕족, 5품 이상의 고위 관료) : 음서, 공음전을 통해 정치적·경제적 특권을 누림
	중류층	• 하급 지배층(말단 행정직) : 통치 체제의 하부 구조 담당, 행정 실무 담당 → 직역 세습, 토지 받음 • 향리(지방 행정 실무 담당), 군반(하급 군인), 서리(중앙 관청 실무 관리), 남반(궁중 관리), 기술관 등 • 호장층 : 호족 출신으로 상층 향리, 지방의 실질적 지배자, 하급 향리와 구별
피지배층	양민	• 대부분 농민(백정), 상인, 수공업자 • 조세·공납·역의 의무, 법제적으로 과거 응시 가능 • '향·부곡·소' 주민 : 거주 이전 금지, 많은 세금 부과 → 일반 양민에 비해 차별을 당함
	천민	• 대부분 노비 : 매매·상속·증여 대상, 일천즉천법, 과거 응시 자격 없음 • 공노비 : 공공 기관에 속한 노비 → 입역 노비, 외거 노비로 구분 • 사노비 : 개인과 사원에 예속된 노비 → 솔거 노비, 외거 노비(신공 납부)로 구분

② 제한적인 신분 상승 가능

    ㉠ 부유한 외거 노비가 양민 신분을 획득하는 경우

    ㉡ 군인이 공을 세워 장군이 되는 경우

    ㉢ 지방 향리가 과거에 급제하여 고위 관리가 되는 경우

③ 지배층의 변천

호 족	→	문벌귀족	→	무 신	→	권문세족	→	신진 사대부

> **바로 바로 CHECK√**
>
> **고려 시대 신분 제도에 대한 설명으로 옳은 것은?**
>
> ① 향리는 귀족으로 대농장을 소유하였다.
> ② 귀족들은 가문보다 능력을 중시하였다.
> ③ 백정은 의료 기술을 갖춘 중인 계층이었다.
> ❹ 노비는 재산으로 간주하여 엄격히 관리하였다.

(2) 여성의 사회적 지위

① 여성도 호주가 가능하였고, 딸이 제사를 지내거나 부모를 봉양하는 것이 가능하였다.

② 호적에 성별의 구분 없이 태어난 순서대로 기재하였으며, 재산은 남녀가 균등하게 상속받았다.

③ 여성의 재가도 가능하였다.

④ 일부일처제로, 데릴사위가 많았고 사위가 처가의 호적에 오르기도 하였다.

⑤ 음서, 공음전을 사위·외손자에게 상속할 수 있었고, 친가와 외가의 차이가 없었다.

> **참깐**
>
> 고려 시대의 여성의 사회적 지위는 남성과 거의 동등하였다. 조선 시대에 비하면 상대적으로 높은 편이었다.

---

2 고려의 경제 생활

(1) 토지 제도 중요⁺

① 전시과

    ㉠ 대상 : 관리의 등급(관리 18등급)에 따라 토지(전지)와 임야(시지)를 지급하였다.

    ㉡ 특징 : 수조권만 인정하고, 퇴직·사망 시에는 반납하였다(소유권 ×).

    ㉢ 종류

        • 공음전 : 5품 이상 관료, 세습 가능, 귀족 사회의 특권

        • 내장전 : 왕실 경비를 충당하기 위해 지급

        • 사원전 : 불교 사원에 지급할 토지, 면세·면역의 토지

        • 군인전 : 직업 군인에게 군역의 대가로 지급한 토지, 세습 가능

[전시과의 토지 지급 액수] [단위 : 결]

시기		등급	1	2	3	4	5	6	7	8	9	10	11	12	13	14	15	16	17	18
경종 (976)	시정 전시과	전지	110	105	100	95	90	85	80	75	70	65	60	55	50	45	42	39	36	33
		시지	110	105	100	95	90	85	80	75	70	65	60	55	50	45	40	35	30	25
목종 (998)	개정 전시과	전지	100	95	90	85	80	75	70	65	60	55	50	45	40	35	30	27	23	20
		시지	70	65	60	55	50	45	40	35	33	30	25	22	20	15	10			
문종 (1076)	경정 전시과	전지	100	90	85	80	75	70	65	60	55	50	45	40	35	30	25	22	20	17
		시지	50	45	40	35	30	27	24	21	18	15	12	10	8	5				

② 민 전

　　㉠ 대상 : 백성 소유의 토지

　　㉡ 특징 : 매매, 상속, 증여가 가능하였다(1/10 세금 납부).

(2) 수취 체제

① 조세 : 토지의 비옥도에 따라 3등급으로 구분하여 생산량의 1/10을 수취하였다.

② 공물 : 집집마다 특산물을 부과하였다.

　　각 주현에 부과 → 속현과 향·소·부곡에 할당 → 향리들이 공물 수취

③ 역 : 16 ~ 60세 남자(정남)의 노동력을 무상으로 동원, 군역과 요역으로 이루어졌다.

※ 양안, 호적에 근거하여 수취 체제를 시행하였다.

(3) 고려의 경제

① 농업 기술의 발달 : 중농 정책 시행

　　㉠ 2년 3작 윤작법 : 조, 보리, 콩 등 돌려짓기

　　㉡ 심경법의 이용 : 소를 이용한 깊이갈이의 일반화

　　㉢ 시비법의 발달 : 거름 주는 방법이 발달하여 휴경 기간이 단축되었다.

　　㉣ 일부 남부 지방에 이앙법(모내기법)이 등장하였다.

② 수공업 : 금·은 세공품, 무기, 화폐 등을 생산하였다.

　　㉠ 초기 : 관청 수공업, 소(所) 중심의 수공업

　　㉡ 후기 : 민간 수공업, 사원 수공업

> 관청 수공업　　　　▼　검색
>
> 관청에 등록된 수공업자가 국가에서 필요로 하는 물품을 생산하는 것

③ 상 업

　㉠ 대도시를 중심으로 발달하였다.

　㉡ 왕실과 관청의 수요품을 조달하였다. → 시전 상업 중심

　㉢ 경시서를 설치하여 상행위를 감독하였다.

　㉣ 지방은 농민, 수공업자들이 관아 근처에서 일용품을 판매하였다.

④ 화폐 정책 : 건원중보(성종, 최초의 화폐), 삼한통보, 해동통보, 해동중보, 활구(은병) 제작

　→ 자급자족의 경제 구조 때문에 활발히 유통되지 않음(대신 쌀, 곡식, 삼베로 교환)

⑤ 대외 무역 : 공무역 발달, 대송 무역 중심, 개방적·실리적 무역

　㉠ 국제 무역항 : 벽란도(예성강 입구) 번성, 아라비아 상인과도 무역

　　→ 고려가 '코리아'로 서방에 알려짐

　　수출(금, 비단) - 수입(향료, 수은, 보석, 산호)

　㉡ 송과의 교류 : 고려는 경제적·문화적 이유로, 송은 군사적 목적으로 교류하였다.

수 출	금, 은, 인삼, 화문석, 나전칠기
수 입	비단, 약재, 서적, 자기 등 → 귀족의 수요품

　㉢ 일본 : 수출(인삼, 서적, 식량) - 수입(유황, 수은)

　㉣ 요(거란)·금(여진) : 수출(농기구, 곡식) - 수입(은, 모피, 가죽, 말)

바로 바로 CHECK√

다음에서 고려 시대 농업 기술에 대한 내용을 있는 대로 고른 것은?

㉠ 소를 이용한 깊이갈이 일반화
㉡ 담배와 인삼 등 상품 작물의 재배
㉢ 감자, 고구마 등 구황 작물의 재배
㉣ 일부 남부 지방에서 모내기(이앙법) 시작

① ㉠, ㉡　　❷ ㉠, ㉣
③ ㉡, ㉢　　④ ㉡, ㉣

(4) 농민 안정책(구휼 기관)

① 의창 : 곡식을 빌려줌 → 춘대추납 : 봄에 빌리고 가을에 납부
② 상평창 : 물가조절의 기능
③ 제위보(구제 재단) : 기금을 마련해 이자로 빈민을 구제함
④ 혜민국(약국), 동·서 대비원(환자 치료)

03 고려의 문화 발전

1 고려의 사상

(1) 유교

① 유학 교육

㉠ 관학 : 국자감(중앙), 향교(지방)

㉡ 사학 : 최충의 9재 학당(문헌공도) 등 사학 12도 융성 → 관학이 위축됨

㉢ 관학 진흥책(예종) : 국자감의 전문 강좌(7재), 장학재단(양현고)

② 유학의 발달과 역사서의 편찬 중요+

구 분	고려 초기	고려 중기	고려 후기	고려 말
시 기	거란의 침입	금의 압력	대몽 항쟁, 원 간섭기	원·명 교체기
유 학	자주적, 주체적	보수적, 사대적	민족적 자주의식	성리학의 실천의식
유학자	최승로	최충, 김부식	이규보	정몽주, 정도전
역사서	고려 왕조 실록, 7대 실록	삼국사기 (김부식)	동명왕편(이규보), 삼국유사(일연), 제왕운기(이승휴), 해동고승전(각훈)	사략(이제현)
역사 의식	고구려 계승	신라 계승	고조선, 고구려 계승	성리학적 유교사관

심화학습 역사서의 비교

1) 자주적 역사서

① 동명왕편(이규보) : 고구려의 계승 의식을 표현하였다.

② 삼국유사(일연) : 최초로 단군 신화를 기록하였다.

③ 제왕운기(이승휴) : 단군 조선을 민족 최초의 국가로 기록하였다.

④ 해동고승전(각훈) : 불교 전래 초기부터 고려 전기까지의 승려들에 대해 기록하였다.

2) 삼국사기와 삼국유사

구 분	삼국사기	삼국유사
저 자	김부식(유학자)	일연 스님
관 점	유교적 합리주의 사관	불교적 관점
내 용	• 삼국 시대　　　• 기전체 • 신라 계승 의식 • 우리나라 현존 최고(最古) 역사서	• 고조선 ~ 삼국 시대　• 단군 기록 • 고조선 계승 의식　　• 자주적 사관

(2) 불 교

① 불교 정책

　　㉠ 태조 : 훈요 10조에서 <u>불교 행사</u>를 중시하였다.
　　　　　　　　　　　연등회, 팔관회

　　㉡ 광종 : 승과 설치, 국사・왕사 제도, 사원전 지급 → 국가의 지원

② 불교 통합 운동(문벌 귀족기)

　　㉠ 대각국사 의천을 중심으로 전개됨, 천태종 창시

　　㉡ 교종 중심으로 선종 통합, 교관겸수 강조
　　　　→ 의천 사후 분열

> **교관겸수** ▼ | 검색
>
> '교(敎)'는 교리와 형식을, '관(觀)'은 참선과 수양을 의미하며, 교리와 참선 모두를 수양해야 한다는 뜻이다.

③ 결사 운동과 조계종(최씨 무신집권기)

　　㉠ 결사 운동 : 지눌의 수선사 결사 제창, 요세의 백련결사 → 불교의 세속화 비판

　　㉡ 조계종 : 지눌이 선종을 중심으로 교종 포용, 교리(정혜쌍수, 돈오점수)

　　　• 정혜쌍수 : 참선(선종)과 경전(교종) 공부를 함께 수행

　　　• 돈오점수 : 인간의 마음이 부처라는 것을 깨닫고(선종) 꾸준히 수행(교종)

> **수선사** ▼ | 검색
>
> 보조국사 지눌이 결성한 신앙 결사 단체로, 처음에는 정혜사라 하였다. 송광산에 있는 길상사로 옮긴 뒤 왕명에 의해 송광산을 조계산으로, 정혜사를 수선사로 개칭하였다. 뒤에 송광사로 이름을 바꾸었다.

④ 혜심 : 지눌의 제자, 유불일치설 → 성리학 수용의 사상적 토대 마련

⑤ 원 간섭기 : 불교계의 개혁적 성향 약화, 대토지와 노비 소유, 재산 축적과 승려의 타락 심화

심화학습 　의천과 지눌의 비교

구 분	대각국사 의천	보조국사 지눌
통합기준	교종 중심으로 선종 통합 (문벌 귀족기)	선종 중심으로 교종 통합 (무신 집권기 – 최씨 정권 후원)
종 파	천태종(국청사)	조계종(송광사)
주요 사상	교관겸수	정혜쌍수, 돈오점수

(3) 도교와 풍수지리설

① 도교 : 불로장생 추구, 하늘 제사(초제)

② 풍수지리설 : 산세나 지형이 인간의 길흉화복에 영향을 미친다는 사상(신라 말 도선 도입)

→ 풍수지리설에 입각해 도읍, 묘지, 절터 등을 선정 **예** 훈요 10조, 묘청의 서경 천도 운동(서경 길지설), 조선 건국 합리화(남경 길지설) 등

2 고려의 예술과 과학 기술

(1) 고려 예술의 발달 ^{중요}

① **불상** : 대형 불상을 다양하게 제작, 지역색 반영, 조형미 퇴화

> **예** 광주 춘궁리 철불, 논산 관촉사 석조 미륵보살 입상, 파주 용미리 석불, 부석사 소조 아미타여래 좌상(신라 양식 계승)

② **석탑** : 다층다각탑 유행

⊙ 전기 : 불일사 5층 석탑, 월정사 8각9층 석탑(평창, 송 영향)

ⓒ 후기 : 경천사 10층 석탑 → 원의 영향, 조선의 원각사지 10층 석탑에 영향

③ **승탑** : 고달사지 승탑, 법천사 지광국사 현묘탑

④ **건축**

⊙ 주심포 양식(고려 전기) : 봉정사 극락전, 부석사 무량수전, 수덕사 대웅전

ⓒ 다포 양식(고려 후기) : 성불사 응진전

⑤ **자기**

⊙ 순청자(11세기) : 신라와 발해의 전통과 기술 + 송의 자기 기술

ⓒ 상감청자(12세기) : 상감법 개발(고려에서 개발된 독창적 기법), 전라도 강진, 부안

> **예** 청자상감운학무늬매병, 청자투각칠보향로, 청자참외모양병 등

ⓒ 분청사기(고려 말)

주심포 양식, 다포 양식	검색

- **주심포 양식** : 지붕의 무게를 기둥에 전달하면서 건물을 치장하는 장치인 공포가 기둥 위에만 짜여져 있는 건축 양식이다.
- **다포 양식** : 기둥과 기둥 사이에도 공포를 설치하는 양식으로, 웅장한 지붕이나 건물을 화려하게 꾸밀 때 쓰였다.

⑥ 공예 : 금속공예(청동 은입사 기술), 나전칠기(귀족 사치품)

⑦ 회화 : 불화 발달(혜허의 양류관음도), 공민왕의 천산대렵도

※ 귀족 문화의 발달 : 고려청자, 금속 공예, 나전칠기 발달

(2) 과학 기술의 발달

① 인쇄술의 발달

ⓐ 목판 인쇄술

• 초조 대장경(거란 침입 대비), 교장(의천 제작, 대장경 해석서)

• 팔만대장경 조판(1236 ~ 1251) **중요⁺** : 대장도감 설치, 부처의 힘으로 몽골을 물리치기 위해 강화도에서 조성 사업 시작 → 현재 해인사에서 장경판전을 보관, 유네스코 세계 기록 유산에 등록됨

ⓑ 금속 인쇄술

• 상정고금예문(1234) : 세계 최초, 현존하지 않음

• 직지심체요절(1377) : 흥덕사에서 간행, 현존하는 세계 최고(最古) 금속 활자본, 세계 기록 유산

② 화약 : 최무선(화통도감, 화약 제조) → 왜구 격퇴(진포대첩 등)

③ 의학 : 향약구급방, 의료 업무를 맡은 태의감에서 의학 교육, 의과 시행
　　　　현존 최고 의학 서적

④ 의생활 : 목화 재배 성공으로 의생활에 변화가 일어났다(문익점).

⑤ 역법 : 선명력(당) → 수시력(원)

⑥ 천문학 : 천문과 역법을 담당하는 관청으로 사천대(서운관)를 설치하였다.

⑦ 기술 교육 : 국자감에서 잡학 교육을 하였다.
　　　　　　　　　율학, 서학, 산학

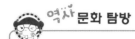

역사 문화 탐방

예술의 발달

[관촉사 석조 미륵보살 입상]

[월정사 8각9층 석탑]

[고달사지 승탑]

[상감청자]

[봉정사 극락전]

[수덕사 대웅전]

인쇄술의 발달

[팔만대장경]

[직지심체요절]

01 다음 중 태조 왕건의 정책이 <u>아닌</u> 것은?

① 발해 유민들을 적극 포섭하였다.

② 민심을 잡기 위해 세금을 감면하였다.

③ 지방 세력을 포섭하기 위해 호족과 혼인하였다.

④ 후백제와는 우호 정책, 신라에는 무력 대립하였다.

01
④ 고려의 외교 정책은 신라에는 우호 정책, 후백제와는 무력 대립하였다.

02 고려의 역대 왕들이 시행한 정책과 목적으로 옳지 <u>않은</u> 것은?

	왕	제 도	내용 및 목적
①	태조	혼인 정책	호족 세력 포섭
②	광종	과거 제도	새로운 인재 채용, 왕권 강화
③	광종	노비안검법	노비 해방, 호족 약화
④	성종	12목 설치	전국에 지방관 파견

02
성종 때는 유교를 정치 이념으로 확립하고 일부 지역에 지방관을 파견하였으나, 지방관을 전국에 파견하지는 못하였다.

03 다음 〈보기〉와 같은 정책을 시행했던 목적은?

> **보기**
> • 기인 제도   • 과거 제도
> • 사심관 제도   • 노비 안검법

① 왕권 강화

② 북진 정책

③ 민족 융합 정책

④ 능력 중심의 사회 추구

03
〈보기〉는 고려의 왕권 강화를 목적으로 시행한 정책으로 태조는 기인 제도와 사심관 제도로 호족의 관리화를 허용하는 등 각계 각층의 정치 세력을 포용하였으며, 광종은 과거 제도와 노비 안검법을 통해 새로운 신진 관료 임용과 신·구 세대의 교체를 꾀하는 등 왕권 강화에 노력하였다.

ANSWER
01. ④ 02. ④ 03. ①

04 다음에서 알 수 있는 국왕의 정책 방향으로 옳은 것은?

기출

> • 연등회, 팔관회 행사 비판
> • 국자감 정비와 과거 출신자 우대

① 유교 정치 이념 강화

② 전제 왕권 강화

③ 의정부 서사제 확대

④ 6조 직계제 추진

04
• 연등회, 팔관회 행사 비판 : 불교 행사 비판
• 국자감 정비와 과거 출신자 우대 : 유학을 위주로 시험을 치름

※ • 왕권 강화 : ②, ④
　• 왕권, 신권의 조화 : ③

05 고려의 중앙 정치 기구에 대한 설명으로 옳지 <u>않은</u> 것은?

① 삼사 – 회계 담당

② 어사대 – 감찰, 풍기 단속

③ 중서문하성 – 중요 정책 심의

④ 중추원 – 고위 관료들의 회의 기구

05
중추원은 왕명 전달 · 군사 기밀 · 궁궐 숙위 등을 담당하는 기관이었으며, 고위 관원들의 회의 기구로는 도병마사가 있었다.

06 고려의 지방 행정 제도에 관한 설명으로 <u>잘못된</u> 것은?

① 모든 군, 현에 수령을 파견하였다.

② 5도에서 중요 지역에는 목을 설치하였다.

③ 양계 지역에는 병마사를 파견하여 관리하였다.

④ 향, 소, 부곡 등의 특수 행정 구역은 거주 이전의 자유가 없었다.

06
고려 시대의 행정 구역으로써 군 · 현은 수령이 파견되는 주현과 파견되지 않는 속현으로 구분되어 있었다.

ANSWER
04. ① **05.** ④ **06.** ①

07 고려와 조선의 지방 제도에 대한 공통점으로 바른 것은?

① 지방관은 자기 출신지에 임명되지 않았다.
② 향, 소, 부곡은 향리가 통치하였다.
③ 전국의 모든 군, 현에 지방관이 파견되었다.
④ 향리는 국가로부터 보수를 받았다.

07
① 고려 시대와 조선 시대는 다같이 상피 제도란 것이 있어서, 지방관은 자기 출신지에 파견되지 못하였다.
②·④는 고려, ③은 조선에 대한 내용이다.

08 다음에서 설명하는 고려의 관리 등용 제도는?

- 과거를 보지 않고 관직에 진출 가능
- 5품 이상 고위 관료 등의 자손이 대상

① 취재　　　　　② 음서
③ 천거　　　　　④ 현량과

08
고려의 음서 제도는 혜택의 폭이 넓었고, 승진에 제한이 없었다. 공음전의 지급과 함께 고려 사회가 귀족 사회였음을 알 수 있다.
① 조선에서 실시된 하급관리 등용 시험으로, 나이가 많거나 재주가 부족한 자들이 응시하였다.
③ 학덕에 의한 추천 제도이다.
④ 조선 중종 때 사림을 등용하기 위해 실시된 제도이다.

09 다음 〈보기〉의 내용이 원인이 되어 일어난 사건은?

과난도

│보기│
- 고구려 계승 이념에 대한 이견
- 귀족 사회 내의 족벌과 지역의 대립
- 자주적 전통 사상과 사대적 유교 사상의 충돌

① 농민과 천민의 항쟁　　② 무신 정변
③ 이자겸의 난　　　　　④ 묘청의 서경 천도 운동

09
① 문신 중심의 지배 체제가 무너지면서 고려 사회의 모순이 노출된 사회 상태 의미
② 무신에 대한 차별 대우, 의종의 향락 생활에 대한 무신의 반감
③ 문벌 귀족 사회의 모순, 경원 이씨의 족벌 정치, 이자겸의 발호 등이 원인

ANSWER
07. ① **08.** ② **09.** ④

10 고려 문벌 귀족 사회가 동요하는 계기가 된 사건은?

① 김보당의 난　　　　② 이괄의 난
③ 이자겸의 난　　　　④ 망이·망소이의 난

11 다음 내용을 배경으로 일어난 고려의 사건은?

> • 의종의 실정(失政)　　• 하급 군인들의 불만
> • 문신 우대와 무신 차별

① 임오군란　　　　② 위화도 회군
③ 무신 정변　　　　④ 삼별초의 항쟁

12 **기출** 다음 고려 시대 역사적 사건들의 공통적인 특징은?

> • 만적의 봉기　　　　• 망이·망소이의 봉기

① 서경 천도 운동
② 하층민의 저항 운동
③ 발해의 부흥 운동
④ 교종과 선종의 통합 운동

13 다음 사실의 배경으로 옳은 것은?

> • 서희의 외교 담판　　• 강동 6주 확보

① 거란의 1차 침입　　② 거란의 2차 침입
③ 여진족의 침입　　　④ 몽골의 침입

10
이자겸의 난(1126)
고려 인종 때 이자겸이 도참설을 내세워 인종을 폐위시키고 스스로 왕위를 찬탈하고자 일으켰던 반란

11
무신 정변(1170)의 배경
지배층의 정치적 분열, 의종의 실정, 문·무 차별에 따른 무신들과 하급 군인들의 불만이 고조되어 나타났으며, 이 과정에서 정중부·이의방 등의 무신들의 정권 장악을 위한 권력 쟁탈전이 벌어졌다. 무신 정변으로 대토지 소유가 증가하였으며, 농민·천민의 대규모 봉기가 일어났다.

12
무신 집권기에 지나친 조세 수취, 특수 행정 구역에 대한 지나친 세금 부과, 고리대를 통한 토지 약탈, 유민이나 도적이 된 백성의 증가 등으로 인해 만적과 망이·망소이 등 하층민의 저항 운동이 활발하게 일어났다.

13
거란의 1차 침입 당시 서희는 외교 담판으로 고려가 고구려를 계승한 국가임을 인정받고 압록강 하류의 땅을 거란으로부터 넘겨받아 강동 6주를 확보하였다.

ANSWER
10. ③　**11.** ③　**12.** ②　**13.** ①

14 몽골군이 침입하자 승려 김윤후와 부곡민들이 적장 살리타를 사살한 전투는?

① 안시성 전투   ② 귀주성 전투
③ 강동성 전투   ④ 처인성 전투

15 다음 내용과 관련된 군사 조직은?

> • 최씨 무신 정권을 유지하기 위한 군사적 기반
> • 진도, 제주도 등지에서 몽골과의 항전 지속

① 별무반   ② 삼별초
③ 별기군   ④ 훈련도감

16 다음 빈칸에 들어갈 알맞은 것은?

> 고려는 화통도감을 설치하여 화약과 화포를 만들었고, 최무선은 화포를 이용하여 (   )과의(와의) 진포 싸움에서 승리하였다.

① 홍건적   ② 왜구
③ 여진족   ④ 거란족

17 공민왕이 실시한 개혁 정책으로 맞지 않는 것은?

① 관제 복구   ② 삼별초 조직
③ 정동행성 폐지   ④ 쌍성 총관부 공략

18 다음에서 찾을 수 있는 공통점은?

> • 묘청의 서경 천도 운동
> • 삼별초의 항쟁
> • 공민왕의 개혁 정치

① 금나라 정벌   ② 신분 해방 운동

③ 고려인의 자주 의식   ④ 무신들의 반란

18

고려인의 자주 의식을 보여준 역사적 사실
• 묘청의 서경 천도 운동 : 금국정벌을 주장
• 삼별초 : 몽골에 항쟁
• 공민왕 : 반원 자주 정책

19 다음에서 설명하는 기구는?

> 원이 일본 원정을 위해 고려에 설치한 기관으로, 일본 원정이 실패한 이후에는 고려의 내정 간섭을 위해 계속 유지하였다.

① 도방   ② 중방

③ 정동행성   ④ 전민변정도감

19

몽골은 일본 원정을 위해 정동행성을 설치하여 고려의 군사와 물자를 동원하였다. 또한, 일본 원정이 실패한 후에도 정동행성은 내정 간섭 기구로 유지되었다.

20 다음에서 설명하는 고려의 지배세력은?

> • 형성 : 원 간섭기 동안 형성된 지배층
> • 구성 : 종래의 문벌 귀족 가문 + 무신 정권기에 새롭게 등장한 귀족 가문 + 원과의 관계를 이용하여 지배층에 편입된 가문

① 진골   ② 호족

③ 권문세족   ④ 신진 사대부

20

권문세족은 고위 관직을 세습했으며, 신진 사대부는 유교적 실력을 바탕으로 과거를 통해 관직에 진출하였다.

ANSWER
18. ③   19. ③   20. ③

21 다음 내용에 해당하는 정치 세력은?

> • 성리학을 바탕으로, 명분과 도덕을 중시하였다.
> • 과거를 통해 중앙 관리로 진출하였다.
> • 대부분 지방 향리, 중소 지주 출신이었다.

① 진골　　　　　　　② 문벌 귀족
③ 권문세족　　　　　④ 신진 사대부

21
신진 사대부는 고려 말 유교 지식(성리학)을 바탕으로 과거를 통해 중앙 관리로 진출한 세력이다. 대부분 지방의 향리, 중소 지주 출신으로 불교의 부패와 권문세족을 비판하면서 새로운 사회 건설을 주장하였다.

22 다음 설명에 해당하는 고려 시대의 신분 계층은?

> • 자유로운 신분의 일반 농민이었다.
> • 조세, 공납, 역을 부담할 의무가 있었다.

① 양반　　　　　　　② 향리
③ 백정　　　　　　　④ 노비

22
백 정
• 고려 시대 : 토지를 지급받지 못하여 국가에 대한 직역의 의무가 없는 양인 농민
• 조선 시대 : 유기 제조업이나 도살업에 종사한 천민

23 다음에서 설명하는 고려 시대 역사서는?

> • 인종 때 김부식 등이 왕명을 받아 편찬
> • 현존하는 우리나라 최고(最古)의 역사서
> • 유교적 합리주의 사관에 입각하여 기전체로 편찬

① 삼국사기　　　　　② 제왕운기
③ 동명왕편　　　　　④ 해동고승전

23
삼국사기는 고려 전기 김부식이 지은 역사서로 유교적 합리주의 사관에 따라 저술되었다.
②, ③, ④는 고려 후기에 민족적 자주 의식을 바탕으로 쓰여진 역사서이다.

ANSWER
21. ④　22. ③　23. ①

24 다음의 역사서를 저술한 인물은?

> • 단군의 건국 이야기 최초 수록
> • 불교사를 중심으로 고대의 민간 설화 기록

① 일연　　　　　② 이규보
③ 김부식　　　　④ 이승휴

25 다음 설명과 관련 있는 인물은?

> • 문종의 아들로 태어났고, 왕실의 후원을 받아 불교 통합 운동을 벌였다.
> • 불경을 모아 속장경을 간행하였다.
> • 이론과 실천을 동시에 강조하는 교관겸수를 제창하였다.

① 원효　　　　　② 의천
③ 지눌　　　　　④ 혜초

26 다음 설명에 해당하는 문화재는?

> • 현재 합천의 해인사에 보관되어 있다.
> • 몽골의 침입을 부처의 힘을 빌어 격퇴하기 위해 제작되었다.
> • 유네스코 세계 기록 유산으로 지정되어 있다.

① 상정고금예문　　② 팔만대장경
③ 직지심체요절　　④ 무구정광대다라니경

27 다음에서 설명하는 문화재에 해당하는 것은?

기출

- 고려의 독창적인 기법
- 표면을 파내고 백토, 흑토를 메워 무늬를 새김
- 12세기 중엽부터 13세기 중엽까지 전성기를 이룸

①

순백자

②

분청사기

③

상감청자

④

청화백자

28 ㉠과 ㉡에 들어갈 종교를 바르게 연결한 것은?

(㉠)은 몸을 닦는 근본이며, (㉡)은 나라를 다스리는 근원이니, 몸을 닦는 것은 내생을 위한 것이며, 나라를 다스리는 일은 곧 오늘의 할 일입니다.

– 시무 28조

	㉠	㉡		㉠	㉡
①	도교	불교	②	불교	유교
③	불교	도교	④	유교	불교

29 빈칸에 들어갈 내용으로 옳은 것은?

> 고려의 중앙 정치는 당의 제도를 수용하여 나라의 실정에 맞게 고친 (   )(으)로 운영되었다.

① 3성 6부제   ② 2성 6부제
③ 식목도감   ④ 도병마사

30 다음 내용과 관련 있는 민족은?

> • 윤관   • 별무반
> • 동북 9성

① 여진족   ② 거란족
③ 몽골족   ④ 왜구

31 고려의 지배층의 순서를 바르게 나열한 것은?

① 호족 → 문벌 귀족 → 권문세족 → 신진 사대부 → 무신
② 호족 → 권문세족 → 문벌 귀족 → 무신 → 신진 사대부
③ 호족 → 문벌 귀족 → 신진 사대부 → 무신 → 권문세족
④ 호족 → 문벌 귀족 → 무신 → 권문세족 → 신진 사대부

32 고려의 과거 제도에 대한 설명으로 옳지 <u>않은</u> 것은?

① 법제적으로 양인 이상이면 응시가 가능하였다.

② 문과에는 제술과와 명경과가 있었다.

③ 무과를 통해 무관을 선발하였다.

④ 잡과는 기술관을 선발하였다.

33 묘청의 서경 천도 운동과 관련이 <u>없는</u> 것은?

① 칭제건원   ② 북진 정책

③ 풍수지리설   ④ 신라 계승 의식

34 ㉠, ㉡과 관련 있는 것은?

> ㉠ 최씨 무신 정권 최고의 권력 기구
> ㉡ 최우가 설치한 인사 담당 기구

	㉠	㉡		㉠	㉡
①	교정도감	서방	②	교정도감	정방
③	교정별감	도방	④	교정별감	중방

35 고려 시대 여성의 지위에 대한 설명으로 옳지 <u>않은</u> 것은?

① 여성의 재가가 허용되었다.

② 딸이 제사를 지내기도 하였다.

③ 일부일처제로 데릴 사위도 많았다.

④ 딸보다는 아들이 더 많은 재산을 상속받았다.

36 고려 시대에 농민 안정책으로 곡식을 빌려주는 기능을 담당했던 기관은?

① 의창   ② 상평창

③ 제위보   ④ 혜민국

37 고려의 토지 제도 중 다음 내용에 해당하는 것은?

> 5품 이상의 관료에게 지급되며 세습이 가능한 토지이다.

① 내장전   ② 공음전

③ 사원전   ④ 군인전

38 고려의 경제에 대한 설명으로 옳지 <u>않은</u> 것은?

① 경시서를 설치하여 상행위를 감독하였다.

② 건원중보와 같은 화폐가 널리 유통되었다.

③ 송에 수출한 품목은 금, 은, 화문석 등이다.

④ 국제 무역항인 벽란도가 번성하였으며, 아라비아 상인과도 교류하였다.

39 고려의 승려 지눌과 관련이 <u>없는</u> 것은?

① 정혜쌍수   ② 돈오점수

③ 천태종 창시   ④ 수선사 결사 운동

40 다음 설명과 관련 있는 세력은?

> • 14세기 말 왜구와 홍건적을 격퇴하는 과정 속에서 등장
> • 이성계, 최영, 최무선, 박위 등

① 호족   ② 진골귀족
③ 신진 사대부   ④ 신흥 무인 세력

40

이성계, 최영, 최무선 등은 신흥 무인 세력
이다.

NOTE

CHAPTER

03

조선 유교 사회의
성립과 변화

조선 유교 사회의 성립과 변화

이 단원은 매회 출제 비중이 매우 높은 단원입니다. 특히 조선 건국 과정과 중앙 정치 제도, 지방 행정 제도, 조선 시대 각 왕들의 업적이 중요합니다. 조선 후기는 사회·경제적 변화가 많은 시기입니다. 새로운 조세 제도인 대동법·균역법·영정법의 출제 빈도가 높고, 조선 후기 사상과 조선 후기 실학자, 흥선 대원군의 정책 등은 반드시 정리해 두어야 할 중요한 내용입니다.

01 조선의 성립과 통치 체제의 정비

1 유교 정치의 실현과 문물 제도의 정비

(1) 조선의 건국(1392)

① 국호 – 조선, 도읍 – 한양 천도(풍수지리설 영향) → 궁궐·종묘·관아·학교 등 건설

② 건국 세력 : 신진 사대부(정도전, 조준 등), 신흥 무인 세력(이성계 등)

③ 건국 과정 : <u>위화도 회군</u> → 과전법 실시 → 조선 건국
　　　　　　　정치·군사적 실권 장악

④ 건국의 의의 : 양반 관료제 사회, 유교적 이상 정치의 실현, 민족 문화 발달

(2) 국가 기틀의 마련(주요 왕의 업적) ^{중요⁺}

① 태조(이성계) : 국호 '조선'(고조선 계승), 수도(한양), 정도전 등용(재상 중심 정치)

② 태종(이방원) : 제1, 2차 왕자의 난 → 개국 공신 세력을 제거하고 집권

　　㉠ 왕권 강화 : <u>사병 철폐</u>, <u>호패법 실시</u>, 6조 직계제, 도평의사사 폐지, <u>사간원 독립</u>
　　　　　　　　　군사권 장악　조세·군역 부과에 활용, 16~60세 모든 남자 해당　　　　대신들 견제

　　㉡ 양전 사업, 사원의 토지 몰수, 억울한 노비 해방

알아두면 점수파는 역사이야기　　　　　　　　　　　　　　　　　　　조선의 수도 한양

　새 나라를 세운 태조 이성계와 정도전 등이 최종 도읍지로 정한 곳은 한양이었다. 산세가 좋아 적을 막기 유리하고 가까이에 강이 있어 조세 운반이 편리하며, 국토의 중앙에 있다는 점이 높이 평가되었다. 1394년 수도 한양을 유교적 예가 구현된 이상 도시로 만들기 위해 종묘와 사직을 먼저 짓고 왕궁과 성곽을 차례로 완성했다.

→ 한양 천도 이유 : 전국 통치 용이, 교통 편리, 방어 유리

③ 세종 : 집현전 설치(학문 연구), 민족 문화 발달(과학, 편찬 사업), 의정부 서사제 실시, 경연 실시, 왕도 정치 추구, 오례에 따라 국가 행사 거행

→ 유교적 민본 사상 실현

④ 문종, 단종 : 황보인, 김종서 등 재상이 정치적 실권을 장악하였다.

⑤ 세조 : 직전법 실시(국가 재정 증대), 함경도 지방 반란 진압, 6조 직계제 부활, 집현전과 경연 폐지, 종친 등용 → 왕권 강화

⑥ 성종 :「경국대전」완성(조선의 기본 법전), 최초로 '김종직'이라는 사림 등장, 홍문관 설치, 경연 부활

→ 조선 왕조의 통치 체제 확립

| 의정부 서사제 | ▼ | 검색 |

6조에서 올라오는 모든 일을 영의정, 좌의정, 우의정이 중심이 되는 의정부에서 논의한 다음 합의된 사항을 국왕에게 올려 결재를 받는 형식

| 6조 직계제 | ▼ | 검색 |

정치 업무를 의정부를 거치지 않고 6조에서 곧바로 국왕에게 올려 국왕의 재가를 받아 시행하는 형식

| 경연 | ▼ | 검색 |

성종은 정승을 비롯한 주요 관리들도 경연에 참여할 수 있게 하여 경연이 단순한 학문 연마를 위한 자리가 아니라, 왕과 대신이 한자리에 모여 정책을 토론하는 중요한 자리가 되도록 하였다.

2 조선의 통치 제도

(1) 중앙 정치 제도 중요⁺

① 의정부 : 국정 총괄, 3정승(영·좌·우의정) 합의에 의해 나라의 중요 정책 결정, 6조 관리

② 6조 : 행정 실무 담당(집행), 이·호·예·병·형·공조

③ 3사 : 왕권 견제 → 언론 기관의 역할, 권력 독점 방지

　㉠ 사간원 : 왕이 바른 정치를 하도록 일깨워 줌, 간쟁 담당

　㉡ 사헌부 : 관리 비행 감찰 담당

　㉢ 홍문관 : 왕의 자문기구, 왕명 대필, 경연 담당

④ 왕권 강화 기구

　㉠ 승정원 : 왕의 비서 기관

　㉡ 의금부 : 나라의 큰 죄인 처벌 → 왕의 특명에 의해 죄인을 다스림

⑤ 기 타

　㉠ 춘추관 : 역사 편찬 기관

　㉡ 성균관 : 최고 교육 기관

　㉢ 한성부 : 수도의 행정과 치안 담당 → 일반 범죄 사건 담당

바로 바로 CHECK√

조선의 중앙 정치기구에 대한 설명으로 옳은 것은?

❶ 춘추관 - 역사 편찬
② 승정원 - 재정 업무
③ 한성부 - 왕명 출납
④ 의금부 - 교육 기관

(2) 지방 행정 제도 중요⁺

① 행정 구역

　ㄱ 전국을 8도로 나눔 : 관찰사 파견, 수령 지휘·감독

　ㄴ 도 아래에 부·목·군·현을 둠 : 수령 파견, 속현과 향·소·부곡 소멸, 향리의 권한 약화

　ㄷ 면·리·통

② 수령 : 지방 행정 책임자, 행정·사법·군사 담당

　→ 조세 징수, 재판, 농업·교육 장려, 호구 조사, 지역 방어 등

③ 향리 : 수령 보좌, 6방(이·호·예·병·형·공방) → 지방 행정 실무 담당

④ 유향소(향청)

　ㄱ 의미 : 지방 양반들의 자치 조직

　ㄴ 기능 : 향회 소집, 백성 교화, 수령 자문, 수령·향리 감찰
　　　　　　　지방 여론 수렴

⑤ 경재소 운영 : 유향소와 정부 사이의 연락
기능 → 향촌 자치와 중앙 집권의 조화

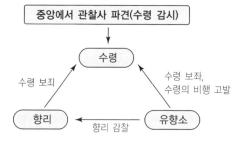

다음에서 조선 시대의 지방 제도에 대한 설명으로 옳은 것을 고르면?

　ㄱ 전국에 도를 설치하였다.
　ㄴ 주현보다 속현이 더 많았다.
　ㄷ 전국을 5도 양계로 구분하였다.
　ㄹ 모든 군현에 수령을 파견하였다.

① ㄱ, ㄴ　　　　❷ ㄱ, ㄹ
③ ㄴ, ㄷ　　　　④ ㄷ, ㄹ

(3) 관리 등용 제도 중요⁺

① 과거제 : 문과(대과, 소과), 무과, 잡과
　　　　　　　　　　　　생진과

　→ 법적으로 양인 이상이면 응시 가능

② 음서제 : 2품 이상 고위층 자녀들의 무시험

③ 천거제(추천제)

잠깐
과거 응시의 제한
탐관오리의 아들, 재가한 여자의
아들과 손자, 서얼

④ 취재 : 하급 관리 등용, 간단한 시험

⑤ 인사 관리 제도

　　㉠ 상피제 : 친족 간에 다른 지역에서 근무
　　　→ 권력의 집중과 부정 방지

　　㉡ 서경제 : 사헌부와 사간원의 동의를
　　　거쳐 관리 임명 → 인사의 공정성 확보

　　㉢ 근무 성적 평가

바로 바로 CHECK√

조선 시대의 관리 선발 제도에 대한 설명으로 옳지 <u>않은</u> 것은?

① 과거의 종류는 문과, 무과, 잡과가 있었다.

❷ 양인은 법제적으로 과거에 응시할 수 없었다.

③ 관리 선발은 주로 과거와 음서, 천거가 있었다.

④ 과거에서 문과의 예비 시험은 생원시와 진사시가 있었다.

심화학습 　조선의 중앙 집권 체제 강화

1) 군사 제도

　① 군 역

　　㉠ 의미 : 16 ~ 60세의 양인 남자가 군역의 의무를 담당하는 양인 개병제

　　㉡ 구성 : 현역에 복무하는 정군 + 정군의 비용을 부담하는 보인

　② 군사 조직

　　㉠ 구성 : 중앙군 – 5위, 지방군 – 병마 절도사(육군), 수군 절도사(수군) 파견

　　㉡ 중앙군, 지방군의 유기적 연결 도모 : 지방군 일부는 교대로 서울에서 근무하였다.

　　㉢ 세조 이후에는 진관 체제로 운영하였다.

　③ 잡색군 : 일종의 예비군 → 평상시 생업 종사, 유사시 병력으로 활용

2) 교통 · 통신 제도

　① 조운 제도

　　㉠ 지방의 세곡(조창)을 수로나 해로(강창, 해창)를 통해 서울(경창)로 운반하였다.

　　㉡ 잉류 지역 : 함경도, 평안도 → 군사비, 사신 접대비로 이용

　② 역원 제도

　　㉠ 역 : 30리마다 설치하였고, 마패 소지자에게 역마를 제공하였다.

　　㉡ 원 : 숙박을 제공하였다.

　③ 봉수 제도 : 불, 연기를 이용하여 국경 지대의 위급한 상황을 중앙에 전달하였다.

3) 교육 제도(관리 양성 목적)

　① 유학 교육 : 서당(초등) → 4부 학당, 향교(중등) → 성균관(최고 교육 기관, 소과 합격자 입학 가능)

　② 기술 교육 : 해당 관청에서 실시하였다. 　예 의학, 법학, 천문학, 산학, 외국어 등

3 사림 세력의 성장

(1) 훈구파와 사림파

구 분	훈구파(15세기)	사림파(16세기~)
출 신	급진파 사대부(정도전, 조준 등)	온건파 사대부(길재, 정몽주, 이색 등)
정치 입장	• 조선 건국 세력, 세조 집권 찬성 • 중앙 집권, 부국 강병 • 실리 추구	• 조선 건국 반대 세력, 세조 집권 반대 • 향촌 자치(지방), 왕도 정치 • 의리, 명분, 도덕 중시
경제 기반	대지주(대토지, 노비 소유)	중소지주(지방 거주)
사 상	• 다른 학문, 종교, 사상 포용 • 과학 중시	• 다른 학문, 종교, 사상 배격 • 과학 경시
학 문	관학파, 사장학(한문학, 시·문장)	사학파, 경학(경전·사서오경)

(2) 사림의 진출

① 조선 건국에 협력하지 않은 온건파 사대부 : 길재의 학풍을 이은 영남 출신 학자

② 성종 때(15세기) 훈구 세력을 견제하기 위해 김종직 과 제자들을 등용하였다.

③ 주로 전랑과 삼사(언론 기관)로 진출하여 훈구 세력 을 비판하였다.

> **전랑**　　　　　　　　　　　　　▼ 검색
>
> 조선 시대 이조와 병조의 정5품 정랑과 정6품 좌랑을 합쳐 부르던 말이다. 문·무반을 천거, 전령하는 임무를 맡아 보았 기 때문에 낮은 품계에 비해 중요한 관직 으로 꼽혔다.

(3) 사화(훈구와 사림 간의 갈등)

① 무오사화(연산군, 1498) : 김종직의 조의제문이 발단이 되어 일어난 사화

② 갑자사화(연산군, 1504) : 연산군의 생모인 폐비 윤씨 문제로 일어난 사화

※ 연산군 : 언론 탄압, 재정 낭비 등의 폭압적 정치로 인해 중종반정으로 축출되었다.

③ 기묘사화(중종, 1519) : 조광조의 개혁 정치에 훈구 세력 반발

④ 을사사화(명종, 1545) : 인종과 명종의 왕위 계승을 둘러싼 외척 윤씨 간의 대립이 원인

　→ 인종의 외척(대윤) vs 명종의 외척(소윤) 갈등

> **참깐**
> **조광조의 개혁 정치**
> • 현량과 : 유능한 인재를 추천으 로 등용시키는 제도
> • 위훈 삭제, 소격서 폐지, 소학 보급, 향약 보급 등

⑤ 결과 : 사림에 큰 타격 → 향촌에서 서원과 향약을 기반으로 사림 성장 → 16세기 후반 정치의 주도권을 장악

(4) 사림의 세력 기반

① 서 원

    ㉠ 목적 : 선현에 대한 제사(유학자 추모), 학문 연구, 후학 양성(지방 양반 자제 교육)

    ㉡ 최초의 서원 : 중종 때, 주세붕이 세운 백운동 서원(안향 추모) → 이황의 건의로 소수 서원으로 사액됨(사액 서원)

    ㉢ 특권 : 국가로부터 면세・면역, 토지・노비・서적 등을 하사 받았다. → 국가 재정 악화

    ㉣ 영향 : 학문・교육 발전, 자기 당파의 결속을 강화하여 '붕당'의 토대 형성

② 향약의 보급

    ㉠ 향촌 자치 규약 : 상부상조의 전통과 유교 윤리가 결합

    ㉡ 시작 : 중종 때 조광조에 의해 처음 시행되었다. → 전국적 확산

    ㉢ 특징 : 사림의 향촌 지배, 지방 백성 교화, 유향소를 구성하여 향촌 질서를 유지함

    ㉣ 4대 덕목('상부상조' 정신 강조) : 덕업상권, 과실상규, 예속상교, 환난상휼

바로 바로 CHECK✓

다음에서 설명하는 조선 시대의 향촌 조직은?

- 전통적 공동 조직과 미풍 양속 계승
- 향촌 사회의 질서 유지와 치안 담당

① 서원   ❷ 향약
③ 향도   ④ 두레

---

(5) 붕당의 출현과 성리학의 발달

① 붕당의 의미 : 같은 학통과 정치적 성향을 가진 무리

② 사림 주도 : 선조 이후, 사림이 적극적으로 등용되었다.

    → 사림 세력이 정치의 주도권을 장악함

③ 사림의 분열 : 척신(외척) 정치 잔재의 청산을 둘러싼 내부 갈등, 이조 전랑 임명 문제(인사권) → 사림 분열(양반 수 증가, 관직 수 한정)

    ㉠ 동인 : 김효원, 신진 사림, 척신 척결에 적극적

    ㉡ 서인 : 심의겸, 기성 사림, 척신 척결에 소극적

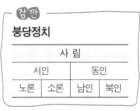

붕당정치

사 림			
서인		동인	
노론	소론	남인	북인

4 조선의 외교 정책

(1) 조선 초기의 대외 관계(사대교린 정책)

> **사대교린 정책** ▼ 검색
> 명은 섬기고(사대), 일본이나 여진과는 강경책과 회유책(교린책)을 함께 쓴다.

① 명과의 관계

　ⓐ 초기 : 요동 정벌 문제로 대립하였다.

　　→ 정도전이 요동 정벌을 준비하다 죽으면서 중단

　ⓑ 태종 이후 친선 관계를 유지하여 경제적·문화적 실리를 추구, 사대 외교를 추진하였다.

② 여진과의 관계 : 교린 정책

　ⓐ 강경책 : 4군(최윤덕, 압록강)과 6진(김종서, 두만강) 설치(세종 때)

> **사민 정책, 토관** ▼ 검색
> • **사민 정책** : 남쪽의 백성을 북쪽으로 이주시켜 살게 한 정책
> • **토관** : 토착인을 관리로 임명하는 것

　ⓑ 회유책 : <u>사민 정책</u> 실시, 사절의 왕래를 통한 교역 허락, 귀순 장려, <u>국경 무역</u> 허용
　　　　_{토관 제도 활용}　　　　　　　　　　　　　_{무역소}

　　→ 제한된 무역 허용

③ 일본과의 관계 : 교린 정책

　ⓐ 강경책 : 쓰시마 섬 정벌(세종 때, 이종무)

　ⓑ 회유책 : 3포 개항(부산포, 염포, 제포), 계해 약조(제한적 무역 관계 허용)

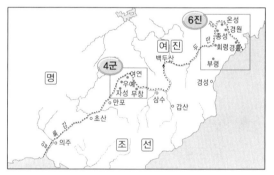

[4군 6진]

알아두면 점수따는 역사이야기　　　　　　　　　　　　　　　동인과 서인

　김효원이 알성 과거에 장원으로 합격하여 (이조) 전랑의 물망에 올랐으나, 그가 (명종의 외숙) 윤원형의 문객이었다 하여 심의겸이 반대하였다. 그 후에 (심의겸의 동생) 심충겸이 장원 급제하여 전랑으로 천거되었으나, 외척이라 하여 효원이 반대하였다. 이때, 양편 친지들이 각기 다른 주장을 내세우면서 서로 배척하여 동인, 서인의 말이 여기서 비롯하였다. 효원의 집이 동쪽 건천동에 있고 의겸의 집이 서쪽 정동에 있기 때문이었다. 동인의 생각은 결코 외척을 등용할 수 없다는 것이었고, 서인의 생각은 의겸이 공로가 많을뿐더러 선비인데 어찌 앞길을 막느냐는 것이었다.　　　　　　－「연려실기술」

→ 이조 전랑의 임명과 척신 정치의 잔재 청산을 두고 기성 사림과 신진 사림 사이에 대립이 일어났다. 이러한 갈등은 기성 사림의 신망을 받던 심의겸과 신진 사림의 지지를 받던 김효원 사이의 대립으로 전개되었다. 결국 김효원 지지 세력은 동인을, 심의겸 지지 세력은 서인을 형성함으로써 붕당이 출현하였다.

(2) 임진왜란(1592 ~ 1598)

① 임진왜란 직전 상황 : 3포 왜란, 을묘왜변 발생
  → 비변사 설치, 일본에 사신을 보내 정세 파악

② 배 경

  ㉠ 조선 : 양반 사회 분열(붕당의 대립 심화), 군역 제도 문란 → **국방력 약화**

  ㉡ 중국 : 명 쇠퇴, 여진족의 세력 확장

  ㉢ 일본 : 도요토미 히데요시(전국 시대 통일), 조총 으로 군대 무장, 일본 자국 내의 불평 세력을 무마 하고 대륙 침략을 위해 조선 침략을 준비

> **을묘왜변(1555)**   검색
>
> 3포를 개방한 이후 왜인들은 약조를 지키지 않고 자주 소란을 피웠다. 3포 왜란 등 왜구들의 행패에 대한 제재로 조선이 무역을 제한하자, 이에 불만을 품은 왜인들이 70여 척의 배를 몰고 전라남도 연안 지방을 습격한 사건이다. 이후 일본과의 교류는 일시 단절되었다.

> **비변사**   검색
>
> 중종 때 설치한 국방 문제를 담당하던 임시 기구였다가, 후에 상설 기구로 바뀌었다.

③ 과 정

  ㉠ 초기(관군 열세) : 왜군 침입 → 부산진, 동래성 함락(정발, 송상현) → 충주 방어선 붕괴(신립) → 왜군 한양 점령 → 선조의 의주 피난, 명에 원군 요청 → 왜군이 평양을 지나 함경도까지 북상

  ㉡ 수군과 의병의 활약

  • 수군의 활약

    – 이순신 : 옥포, 사천, 당포, 한산도 대첩 승리 → 수군의 남해 제해권 장악

    – 의의 : 왜군의 보급로 차단, 전라도 곡창 지대 · 황해안 보호

  • 의병의 활약

    – 의병장 : 홍의장군 곽재우(최초의 의병, 경상도 의령), 조헌, 김천일, 고경명, 정문부, 유정(사명대사), 휴정(서산대사) 등 → 유생, 농민, 승려 등

    – 승리 요인 : 향토 지리에 알맞은 전술, 전략으로 적에게 큰 피해를 입힘

[관군과 의병의 활동]

ⓒ 극복(조선군의 반격)

- 이순신이 이끄는 수군의 활약, 의병 활동
- 명의 지원(조·명 연합군) : 왜군의 침략을 사전에 저지하려는 의도
- 관군의 승리 : 김시민(진주대첩), 권율(행주대첩)
- 재정비 : 훈련도감 설치, 화포 개량, 조총 제작 등

ⓔ 정유재란(1597) : 왜군의 휴전 제의 → 화의 교섭 결렬로 왜군 재침입(정유재란) → 격퇴(명량대첩 등) → 도요토미 히데요시 사망, 일본 전세 불리 → 일본의 철수 → 이순신의 노량 해전(전사)으로 7년간의 전란이 끝남

④ 결 과 중요⁺

조선	• 농민 몰락 : 국토의 황폐화, 인구 감소(사망·포로), 경지 면적 감소 • 신분제의 동요 : 노비 문서 소실, 토지 대장·호적 소실, 납속책·공명첩의 성행 • 문화재 손실 : 경복궁, 불국사, 사고(史庫), 서적 소실 • 외래 작물의 전래 : 고추, 감자, 고구마, 호박 등 • 문화재 약탈 : 도자기, 서적 등 → '도자기 전쟁'이라 불릴 정도
중국	명의 쇠퇴, 여진족의 성장(→ 후금 건국)
일본	• 정권 교체 : 에도 막부(도쿠가와 이에야스) 등장 • 조선으로부터 성리학, 도자기, 문화재 등 선진 문물이 전해져 문화 발전에 기여함

⑤ 통신사 파견 중요⁺

ⓐ 국교의 재개(1609) : 왜란 후 일본의 교섭 요구 수락 → 유정(사명대사) 파견 → 조선인 포로 데려옴 → 기유약조를 통해 제한적 국교 재개
차등외교, '동래 왜관'만 개방

ⓑ 통신사 파견(1607~1811) : 외교 사절, 선진 학문과 문물 전파

[통신사 행렬도]

공명첩	▼	검색

나라의 재정을 보충하기 위하여 돈이나 곡식을 받고 팔았던 명예직 임명장이다. 이는 결국 신분제의 동요로 이어졌다.

바로 바로 CHECK✓

다음과 같은 역할을 수행했던 조선의 외교 사절은?

- 조선의 선진 문물 전파
- 기유약조(1609) 이후 12회 파견
- 일본이 막부의 권위를 높이는 데 이용

① 수신사　　　❷ 통신사
③ 영선사　　　④ 신사유람단

5 광해군과 인조의 대외 정책

(1) 광해군의 정책 중요+

① 전후 복구 사업 : 토지 대장, 호적 정비
  → 국가 재정 확충, 산업 재건, 국방 강화

② 대동법 실시(공납 개혁), 허준 「동의보감」 편찬, 소실된 4대 사고(→ 5대 사고 재건)

③ 신중한 중립 외교(실리 외교) : 후금의 명 위협 → 명이 조선에 출병 요구 → 강홍립 파견(명과 후금 사이에서 정세에 따라 대처) → 외세 침입 모면

④ 지지 세력 : 북인 정권

> **대동법** ▼ 검색
>
> 토지 면적을 기준으로 쌀, 동전, 무명, 삼베 등을 공물로 거두는 방법으로, 보통 1결당 12두를 거두었다.

바로 바로 CHECK√

다음 내용과 관계 있는 조선의 왕은?

> 임진왜란 때 도움을 준 명과 새롭게 성장하는 후금 사이에서 신중한 중립 외교 정책으로 대처하였다.

① 연산군   ② 선조
❸ 광해군   ④ 인조

---

(2) 서인의 인조반정(1623)

① 배 경

  ㉠ 명에 대한 의리 · 명분을 내세움, 광해군의 중립 외교 비판

  ㉡ 반유교적 정치 : 영창대군 · 임해군을 죽이고, 인목대비를 서궁에 유폐시킨 사건

② 과정 : 서인이 인조반정을 일으켜 광해군을 몰아냄

알아두면 점수따는 역사이야기   친명배금 정책

우리나라가 중국 조정을 섬겨온 것이 2백여 년이다. 의리로는 군신이며 은혜로는 부자와 같다. 임진년에 입은 은혜는 만세토록 잊을 수 없는 것이다. 광해군은 배은망덕하여 천명을 두려워하지 않고 속으로 다른 뜻을 품고 오랑캐에게 성의를 베풀었다. 기미년(1619) 오랑캐를 정벌할 때에는 은밀히 장수를 시켜 '동태를 보아 행동하라'하여 끝내 전군이 오랑캐에게 항복하게 하였다. …… 황제가 자주 칙서를 내려도 구원병을 파견할 생각을 하지 않아 예의의 나라인 삼한으로 하여금 오랑캐와 금수가 됨을 면치 못하게 하였으니, 어찌 그 통분함을 이루 다 말할 수 있겠는가. — 「인조실록」

➡ 명이 후금과의 전쟁을 위해 조선에 원군을 요청하였지만, 광해군은 강성해진 후금과의 적대 관계를 피하고자 하였다. 그리하여 강홍립을 원군으로 보냈지만, 조선군은 후금과의 전투에 소극적으로 참여했다가 바로 항복하였다. 그 후 서인들은 후금의 아들로서 왕위에 오른 광해군의 직통 문제와 명분을 저버린 중립 외교를 구실로 삼아 인조반정을 일으켰다(1623). 이를 통해 광해군과 북인을 쫓아내고 정권을 잡은 서인은 임진왜란 때 도움을 받은 명에 대한 의리와 명분을 강조하는 친명배금 정책을 추진하였고, 이는 두 차례 호란의 원인이 되었다.

(3) 정묘호란(1627)

① 배경 : 인조와 서인의 친명 배금 정책 → 후금 자극, 이괄의 난에 의한 사회 혼란

② 경과 : 후금 침입 → 황해도까지 침입 → 의병(정봉수, 이립 등)·관군 항전 → 일단 화의 성립(형제 관계)

(4) 병자호란(1636)

① 배경 : 후금에서 '청'으로 국호 변경, 조선에 군신 관계 요구 → 주전론(전쟁을 해야 한다는 주장)과 주화론(화의를 맺자는 주장)의 대립 → 주전론(척화론)이 우세하여 거절

② 경과 : 청군 침입 → 한양 점령 → 인조의 남한산성 피란, 45일간 항전 → 청에 굴복, 강화 맺음(삼전도의 굴욕) → 군신 관계 수립

(5) 북벌론

① 배경 : 두 차례의 호란 이후 청에 대한 적개심과 복수심 확대, 청에 대한 문화적 우월감, 명에 대한 의리(명분론) 강조

② 전개 : 효종·송시열·이완·임경업 중심(17세기), 군대 양성, 남한·북한산성 수축

③ 실패 원인 : 효종의 사망, 청의 국력 강화

④ 북학 운동 : 청과의 교류가 지속되면서 일부 학자들은 청의 선진 문물 도입을 주장
→ 후에 실학으로까지 연결(18세기 후반, 박지원, 박제가)

(6) 나선 정벌

① 전개 : 러시아의 청 침략 → 청의 원병 요청 → 조총 부대 두 차례 파견 → 승리 거둠(네르친스크 조약)

② 파견 이유 : 조선의 군사력 시험 → 북벌의 가능성 확인, 청의 국력 강화

이괄의 난 | 검색

인조반정 때 공을 세운 이괄이 논공에서 우대받지 못한 것에 불만을 품고 인조 2년(1624)에 일으킨 반란이다. 반란이 실패하자 반란군 세력의 일부가 후금으로 도망가 국내의 불안한 정세를 알리고 조선 침략을 종용하였는데, 이것이 정묘호란의 원인이 되었다.

[정묘호란과 병자호란]

02 조선의 사회와 양반 문화

1 조선의 사회와 경제

(1) 양천제와 반상제

① 신분 구조

양천제 (법제적)	• 양인(양반, 중인, 상민) : 과거 응시 자격을 가진 자유민, 조세·국역 담당 • 천인(천민) : 비자유민, 개인이나 국가에 소속, 천한 일 담당
반상제 (실제적)	• 지배층(양반, 중인)과 피지배층(상민, 천민) • 양반과 상민 간에 차별을 둠

② 조선의 신분 제도 중요⁺

양 반	• 문무 관리(문반과 무반), 그 가족·가문까지 포함 → 상위 지배층 • 정치 : 과거·음서·천거로 주요 관직 독점, 각종 국역 면제 • 경제 : 많은 토지와 노비 소유, 관직의 대가로 토지와 녹봉 받음 • 사회 : 유향소 조직, 유교 윤리 보급, 양반끼리 혼인
중 인	• 양반과 상민의 중간 신분(하급 지배층), 직역 세습, 승진 제한 • 기술관(역관, 의관, 화원), 하급 관리[서리, 향리(고려에 비해 권한 축소, 문과 응시 금지)], 서얼 계층 → 서얼 금고법(문과 응시 금지) • 양반으로부터 멸시와 하대를 받음, 전문 기술 및 행정 실무 담당
상 민 (평민)	• 대부분 농민(조세·공납·역의 의무), 수공업자(공장세 부담), 상인(시전상인, 보부상들로 상인세 부담), 신량역천층 • 법적으로 과거 응시 가능 → 실제로는 어려움 • 사회 제도 : 재해 시 세금 감면, 의창, 상평창 설치, 의료 시설 운영
천 민	• 대부분은 노비, 백정, 광대, 기생, 무당 등 • 공노비, 사노비(외거 노비·솔거 노비) • 재산 취급 : 비자유민으로 매매·상속·증여의 대상, 교육의 기회 없음 • 일천즉천법 : 부모 중 한쪽이 노비면 그 자식도 노비가 됨

신량역천층 ▼ 검색
신분적으로는 양인이나 천역을 담당하는 사람들로 '칠반 천역'이라고도 한다.

바로 바로 **CHECK√**

다음 중 조선 시대에 가장 낮은 신분은?

① 향리   ② 상인

❸ 광대   ④ 농민

(2) 조선 전기의 경제 정책

① 경제 정책 : 농본주의(중농 억상 정책) → 재정과 민생 안정 목적

    ㉠ 농업 중심 : 토지 개간 장려, 양전 사업 실시, 농업 기술 개발 노력

    ㉡ 상공업 정책 : 유교적 경제관에 따른 상공업 통제, 관청의 필요에 따라 시전 상인에게 독점 판매권(금난전권)을 부여 → 16세기 이후 국가의 통제 약화로 상공업 발달

② 수취 제도

전 세	• 수확량의 1/10, 세종 때 전분6등법(비옥도 따라), 연분9등법(풍흉에 따라 4~20두) • 조운 제도 : 지방 세곡을 서울로 운반(경창), 잉류 지역(함경도와 평안도)은 제외
공 납 (토산물)	군·현 부과(부담이 매우 컸음) → 각 군현은 집집마다 다시 할당
역	• 군역 : 16 ~ 60세 남자(정남)에게 부과, 정군 + 보인 • 요역 : 토지 8결마다 1인씩 동원

③ 토지 제도 ^{중요⁺}

    ㉠ 과전법(1391)

        • 목적 : 신진 사대부의 경제적 기반을 마련, 국가 재정 마련

        • 내용 : 고려 말 시행, 경기 지방에만 한정, 전·현직 관리 모두에게 수조권 지급(소유권은 없음), 수신전과 휼양전은 세습 가능

> **수신전, 휼양전**   ▾ 검색
> • **수신전** : 과전을 지급받은 관리가 죽은 뒤에 재혼하지 않은 부인에게 지급한 토지
> • **휼양전** : 과전을 받은 관리 부부가 모두 죽고 그 자식이 어릴 때 이를 휼양하기 위하여 물려준 토지

    ㉡ 직전법(세조)

        • 배경 : 지급 토지의 부족

        • 내용 : 현직 관리에게만 수조권 지급, 수신전과 휼양전 폐지 → 국가 재정 확대

    ㉢ 관수관급제(성종)

        • 배경 : 수조권을 가진 양반 관리의 수조권 남용, 과다 수취

        • 내용 : 관청에서 직접 수조권을 대행하여 관리에게 지급 → 양반 관료들이 수조권을 빌미로 토지와 농민을 지배하는 방식이 사라짐 → 국가의 토지 지배권 강화

> **바로 바로 CHECK√**
>
> 다음 (가)의 시행 결과로 옳은 것은?
>
> 과전법 → 직전법 → (가)
>
> ① 양전 사업의 추진
> ② 상업 자본의 성장
> ③ 병작반수제의 장려
> ❹ 국가의 토지 지배권 강화

ⓔ 직전법 폐지(명종)

- 내용 : 16세기 중엽 이후 수조권 지급 제도 소멸, 현직 관리에게 녹봉만 지급
- 결과 : 병작반수의 지주 전호제 확산

심화학습 과전법 운영의 변천

| 과전법 | → | 직전법 | → | 관수관급제 | → | 녹봉제 |

1) 과전법 : 전직 관리에게도 지급, 공신전 증가, 수신전·휼양전 명목으로 세습 → 토지 부족
2) 직전법 : 현직 관리에게만 지급 → 토지 사유 욕구의 확대, 농민 수탈 강화
3) 관수관급제(성종, 15세기 후반) : 국가가 수조권 대행 → 국가의 토지 지배권 강화
4) 녹봉제 : 직전법 폐지, 관리에게 녹봉만 지급 → 지주 전호제의 일반화

2 조선 전기의 민족 문화 발달

(1) 민족 문화의 융성(15세기)

① 훈구파(관학파)의 집권(15세기)

ⓐ 성리학 이외의 학문과 사상에 포용적 : 자주적인 민족 문화 발전

ⓑ 민생 안정과 부국강병 추구 : 과학 기술과 실용적인 학문 발달

② 훈민정음 창제

ⓐ 우리 고유의 문자, 세종 때 창제(1443) 및 반포(1446)
과학적, 독창적, 실용적

ⓑ 민족 문화 발달의 밑바탕, 백성들을 위해 만든 표음 문자(28자)

ⓒ 국문학 작품

- 용비어천가 : 최초의 국문학 작품, 조선의 창업을 칭송
- 월인천강지곡 : 부처님의 덕을 기림

③ 각종 서적 편찬

역사서	• 목적 : 왕조의 정통성에 대한 명분을 밝히고 성리학적 통치 규범 정착 • 역사서 : 조선왕조실록, 고려사절요(편년체), 고려사(기전체), 동국통감(편년체), 동국사략·기자실기(16세기)
지리서	• 목적 : 통치에 필요한 지리 정보를 얻기 위함, 중앙 집권·국방력 강화 • 지리서 : 동국여지승람, 팔도지리지, 신증동국여지승람
지 도	팔도도, 혼일강리역대국도지도, 조선방역지도(16세기) 　　　　　현존하는 동양 최고(最古)의 세계 지도
의례서	• 목적 : 성리학적 통치 기반 확립 • 의례서 : 국조오례의, 삼강행실도, 이륜행실도
농 서	농사직설 : 세종 때, 최초로 우리 실정에 맞는 농법을 소개한 서적
법 전	경국대전(유교 법치 국가) → 국가 행정 질서 체제 확립
한문학	동문선(한시집), 금오신화

④ 과학 기술 발달

㉠ 인쇄술 : 금속활자(계미자, 갑인자)

㉡ 과학 기술 : 측우기(강수량 측정), 앙부일구(해시계), 자격루(물시계), 인지의(토지 측량), 혼천의·간의(천체 측정)
　　→ 농업과 관련(민생 안정)

㉢ 천문 : 칠정산, 천상열차분야지도(천문도)
　　　세종 때, 최초의 한양 기준 역법서

㉣ 의학 : 향약집성방, 의방유취(의학 백과사전)

바로 바로 CHECK√

세종 때 만들어진 과학 기구로 옳은 것은?
❶ 측우기　　② 첨성대
③ 인지의　　④ 거중기

향약집성방	▼	검색

세종 때 우리나라에서 생산되는 약재를 한방에 이용하려고 만든 의학 서적으로, 의약학의 자주적 체계 마련에 이바지하였다.

도첩	▼	검색

승려가 되기 위한 허가증(신분증)

(2) 불교와 민간 신앙

① 숭유억불 정책 : 유교 질서 확립과 재정 확보 목적, 도첩제 시행(태조) → 사림에 의해 도첩제 폐지(성종) → 세조 때 간경도감 설치, 문정 왕후의 불교 지원으로 일시적 불교 중흥(보우 등용)

② 도교와 풍수지리설 : 소격서에서 초제 거행, 산송(묘지와 관련된 소송) 문제 발생

(3) 성리학의 발달

① 성리학

㉠ 조선 왕조의 통치 이념(사회 운영 원리) : 모든 제도와 문물 정비의 기본 원리

㉡ 특징 : 우주의 질서와 인간의 심성 연구, 다른 학문·사상 철저히 배격

② 성리학의 융성 : 사림의 사회 주도(16세기)

→ 이기론 논쟁(이언적 – 주리론, 서경덕 – 주기론, 이황 – 이기이원론, 이이 – 일원론적 이기이원론)

㉠ 주요 학자 **중요⁺**

이 황 (주리론)	• 도덕적, 이상주의적 • 「성학십도」, 「주자서절요」 저술 • 일본의 성리학 발달에 영향
이 이 (주기론)	• 현실 정치와 수취 제도 개혁에 관심 • 「성학집요」, 「동호문답」 저술

> **이기론** ▼ 검색
>
> 일반적으로 이(理)란 인간의 심성을 포함한 모든 사물의 생성 변화를 가능하게 하는 원리이고, 기(氣)는 이의 원리가 현실로 구체화되는 데 필요한 현상적 요소로 이해된다. 어느 것을 중시하느냐에 따라 주리론과 주기론으로 구분된다.

㉡ 학파의 형성 : 남인(이황 학파), 북인(서경덕·조식 학파), 서인(이이·성혼 학파)

㉢ 보급 : 성리학 윤리 교과서 '소학'을 널리 보급(충·효 중시)

㉣ 예학, 보학 발달

• 예학 : 상장 제례에 관한 연구, 주자가례의 보급

• 보학 : 가족·친족의 혈통, 족보

심화학습 성리학적 사회 질서의 강화

1) 예학과 족보의 보급
   ① 예학 : 삼강오륜을 기본 덕목으로 강조, 가부장적 종법 질서로 구현
   ② 보학 : 가족의 내력 기록, 종적 내부의 결속
2) 서원 : 도학을 밝히고 실천하는 학문의 장, 선현의 제사와 교육, 유교를 보급
3) 향약 : 미풍양속 계승, 삼강오륜 강조, 향촌 교화 및 질서 유지

(4) 예술의 발달

구 분	15세기	16세기
건 축	국왕의 권위를 나타내고 신분 질서 유지를 위한 성곽, 궁궐, 관아, 도성문을 지음	서원 건축 활발(자연과 조화 추구) 예 옥산 서원, 도산 서원 등
자 기	분청사기 : 소박하고 자유분방한 멋	순백자 : 선비 정신 반영
그 림	안견의 몽유도원도, 강희안의 고사관수도	산수화·사군자 유행, 이상좌의 송하보월도
음 악	• 백성의 교화 수단으로 중시, 국가 의례에 사용 • 아악 정리(세종 때), 악학궤범 편찬(성종 때)	민간에서 속악 발달

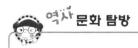
역사 문화 탐방

[몽유도원도]

[분청사기]

[순백자]

03 자본주의의 발달과 제국주의의 등장

1 근대 국민 국가 수립과 자본주의의 발달

(1) 시민 혁명

① 시민 계급 성장 : 도시의 상공업자 중심, 절대 왕정의
중상주의 정책 추진 과정에서 성장

절대 왕정, 입헌 군주제 ▽ 검색
• **절대 왕정** : 국왕이 절대적 권력을 가진 정치 체제
• **입헌 군주제** : 군주는 있으나 국민이 선출한 의회가 제정한 법에 따라 군주의 권력이 일정한 제약을 받는 정치 형태

② 시민 혁명 발생 : 절대 왕정과 봉건적 신분 질서 폐지

구 분	영국 혁명	미국 혁명	프랑스 혁명
특 징	청교도 혁명(권리 청원) → 명예 혁명(권리 장전, 1689)	보스턴 차 사건 → 독립 선언서 (1776) 발표 → 독립 전쟁	• 인권 선언(1789) 발표 • 절대 왕정 타도, 신분 제도 타파
차 이	• 군주제 유지 • 평등 문제에 대해 거론하지 않음	• 독립 혁명이자, 민주 혁명 • 평등 문제에 소홀	• 전형적인 시민 혁명 • 자유, 평등, 국민 주권 등 추구
의 의	세계 최초의 의회 중심의 입헌 군주국 성립	세계 최초의 민주 공화국 수립	근대 시민 사회 확립

③ 시민 혁명 결과 : 자유주의와 민주주의의 확산, 민족주의 원리에 기초한 국민 국가 수립

④ 빈 체제 : 나폴레옹의 몰락 후 유럽의 질서를 프랑스 혁명 이전으로 돌리려는 보수·반동 체제 → 자유주의, 민족주의 운동 탄압 → 유럽 각국에서 혁명적 저항 지속 → 붕괴

(2) 산업 혁명

① 의미 : 18세기 후반 영국에서 시작되어, 기계 발명 및 기술 혁신에 따른 공장제 기계 공
_{방적기, 방직기}
업의 확산으로 생산력이 비약적으로 증가하였다.

※ 영국에서 처음 시작된 이유 : 근대 산업 발달(모직물 공업 발달), 정치적 안정, 자본 축적, 값싼 노동력, 풍부한 지하자원

② 영향 : 대량 생산, 공업·산업 사회, 자본주의 발달, 광업·제철업 발전, 교통·통신 수단의 발전, 인구 증가, 도시화의 진전

③ 문제점 : 빈부 격차의 심화, 실업·도시·노동 문제의 심화 → 사회주의 등장

> **사회주의** ▼ 검색
> 산업 혁명 이후 자본가의 임금 노동자 착취와 그에 따른 경제적 불평등의 심화 등에 반대하여 생산 수단의 공동 소유와 관리, 계획적인 생산과 평등한 분배를 주장한 이론 또는 사상

2 제국주의 열강의 세계 분할

(1) 제국주의의 등장

① 독점 자본주의 출현 : 19세기 후반 자본주의가 급격히 성장하면서, 대기업이 시장을 지배하는 독점 자본주의가 출현하였다.

② 배타적 민족주의 등장 : 이탈리아와 독일의 통일로 민족주의 고조, 인종주의·사회 진화론과 결합
→ 배타적, 침략적 성격의 민족주의 등장

③ 제국주의 출현 : 독점 자본주의, 배타적 민족주의를 배경으로 등장한 제국주의는 선진 자본주의 국가들이 군사력을 동원하여 약소국을 식민지로 점령하는 정책을 의미한다.

> **사회 진화론** ▼ 검색
> 스펜서가 찰스 다윈의 생존 경쟁, 적자생존에 대한 생물학적 진화론을 인간 사회에 적용한 이론이다. 스펜서는 인간 사회도 단순한 형태에서 복잡한 형태로 발전하며, 치열한 경쟁 속에서 강력한 사회만이 살아남는다고 주장하였다. 이 이론은 제국주의 국가들의 약소국 지배를 합리화했을 뿐만 아니라 인종 차별주의적 정치의 근거로 이용되었다.

(2) 제국주의 열강의 세계 분할

① **아프리카** : 영국의 종단 정책, 프랑스의 횡단 정책

  → **파쇼다 사건(1898)**

② **태평양**

  ㉠ 영국 → 오스트레일리아, 뉴질랜드

  ㉡ 미국 → 괌, 하와이

  ㉢ 독일 → 비스마르크 제도, 마셜 제도

③ **아시아**

  ㉠ 영국 → 인도

  ㉡ 프랑스 → 인도차이나 반도

  ㉢ 미국 → 필리핀

  ㉣ 중국은 아편 전쟁 이후 열강에 의해 분할되었고, 일본은 미국에 의해 문호를 개방하였다.

> | 종단 정책, 횡단 정책, 파쇼다 사건 ▾ | 검색 |
>
> - **종단 정책** : 영국이 아프리카 북부의 이집트 카이로와 남부의 케이프타운을 식민지로 연결하려는 팽창 정책
> - **횡단 정책** : 프랑스가 아프리카 서부의 알제리와 동부의 마다가스카르 섬을 식민지로 연결하려는 팽창 정책
> - **파쇼다 사건** : 영국의 종단 정책과 프랑스의 횡단 정책이 수단 남부의 파쇼다에서 충돌하여 두 나라가 전쟁 직전까지 이른 사건

---

04 조선 후기 정치 · 사회 · 경제 · 문화의 흐름

1 제도 개편과 정치 변화

(1) 정치 운영의 변화(비변사의 기능 확대)

① 임진왜란 이전 : 국방 문제를 다루던 임시 회의 기구(중종 때 설치)

② 임진왜란 이후 : 국가의 중요 정책을 결정하는 최고의 정치 기구, 구성원 확대, 국가 정무 총괄 → 의정부와 6조의 기능 약화

(2) 군사 제도의 변화

① **중앙군(5군영)** : 훈련도감(임진왜란 중 설치), 어영청, 총융청, 수어청, 금위영

② **지방군(속오군)** : 양반과 노비까지 포함해 편성하는 속오군 체제(임진왜란 중 설치)

  → 평상시에는 생업에 종사하고 유사시에는 동원함

심화학습 5군영

1) 훈련도감(선조, 1594) : 수도 방어의 핵심 군영으로 삼수병(포수, 사수, 살수)으로 편제되었으며 모두 장번급료병(직업 군인)이었다. 삼수병의 양성을 위해 삼수미세(1결당 2.2두)를 징수하였다.
2) 어영청(인조, 1624) : 이괄의 난을 계기로 설치되어, 효종 때 북벌 준비의 중심 군영이었다.
3) 총융청(인조, 1624) : 경기 일대의 방어를 목적으로 북한산성에 설치되었다.
4) 수어청(인조, 1628) : 남한산성의 수비와 수도 외곽 방어를 위해 설치되었다.
5) 금위영(숙종, 1682) : 수도 방어를 위해 설치하였다.

2 조세 제도의 변화 중요+

(1) 배 경

① 양난 이후의 인구 감소·토지 감소
② 토지 대장 소실로 인한 국가의 재정 위기

바로 바로 CHECK√

다음에 해당하는 조선 시대의 군사 조직은?

- 일정한 급료를 받는 상비군
- 포수, 사수, 살수의 삼수병으로 편제

① 비변사   ② 제승방략
❸ 훈련도감   ④ 교정도감

(2) 영정법

① 배경 : 양난 이후 농경지 황폐, 전세 제도의 문란 → 양전 사업 전개
② 내용 : 풍흉에 관계없이 토지 1결당 쌀 4두로 고정하였다.
③ 결과 : 농민의 부담 일시적 감소, 전세의 정액화, 전세율의 감소
④ 한계점 : 전세 이외의 비용(수수료, 운송비)으로 농민의 부담이 증가하였다.

잠깐
- 전세의 변화 – 영정법
- 공납의 변화 – 대동법
- 군역의 변화 – 균역법

심화학습 전세 제도의 변화

1) 과전법 : 1결당 최고 30두 징수
2) 전분 6등법, 연분 9등법 : 1결당 최고 20두 ~ 최저 4두 징수
3) 영정법 : 1결당 4두 징수

(3) 대동법

① 배 경

    ㉠ 특산물(공물) 납부 시 생산, 운반, 보관의 어려움
이 있었다.

    ㉡ 방납의 폐단으로 농민의 부담이 증가하였다.

② 내용 : 토산물 대신 토지 1결당 쌀 12두씩
(대동미)을 납부하였으며, 삼베·무명·
돈으로도 납부가 가능하였다.

③ 실시 : 광해군 때 경기도에서 실시(1603),
양반들 반대 → 전국 확대(1703)

④ 결 과

    ㉠ 공납의 전세화, 조세의 금납화

    ㉡ 농민의 부담 감소, 지주의 부담 증가

    ㉢ 공인의 등장 및 대량 물품 구입 : 상품 수요의
증가, 상품 화폐 경제의 발달

⑤ 한계점 : 별공과 진상의 계속 부과, 대동세의 전가로 농민 부담 증가

방납의 폐단	▼	검색

농민이 내는 공물을 중간에서 서리, 상인 등이 대납하고 더 많은 대가를 농민에게 요구한 행위로, 16세기부터 농민의 공물 부담을 가중시켰다. 이 문제의 해결을 위해 이이와 유성룡은 수미법 실시를 주장하기도 하였다.

바로 바로 CHECK✓

다음과 같은 수취 제도는?

• 집집마다 부과하던 토산물을 농토의 결수에 따라 쌀, 삼베나 무명, 동전 등으로 납부하는 제도이다.
• 방납의 폐단을 막기 위해서 실시되었다.

① 균역법   ❷ 대동법
③ 도조법   ④ 영정법

공인	▼	검색

대동법 시행을 계기로 등장한 어용상인으로, 관청으로부터 공가를 미리 받아 필요한 물품을 사들여 공급하는 역할 담당

(4) 균역법

① 배경 : 군포 징수의 폐단, 군포 부담의 증가, 농민의 신분 상승으로 군역 납부액 감소

② 내 용

    ㉠ 1년에 군포 2필에서 1필로 축소 납부

    ㉡ 감소된 재정 보충 정책

        • 결작 : 지주에게 토지 1결당 쌀 2두를 징수

        • 선무군관(일부 상류층에게 이 칭호를 줌) : 군포 1필 납부 → 대부분 양반이 아닌 지방의
토호나 부유한 집안의 자제

        • 잡세 수입 : 어장세, 선박세 등의 잡세를 균역청에서 관리

③ 결과 : 농민의 부담 일시적 감소

④ 한계점 : 결작미를 소작농에게 전가하여 농민의 부담이 증가하였다.

3 붕당 정치의 전개

(1) 초기의 붕당 정치

① 특징 : 붕당 간의 견제와 비판 인정, 공론 중시 → 건전한 정치 풍토 형성

② 전개 과정

ㄱ 선조 : 동인과 서인으로 분열 → 척신 정치와 이조 전랑 문제 때문

ㄴ 광해군 : 동인이 북인, 남인으로 분열 → 북인 집권

ㄷ 인조 : 인조반정 이후 서인 집권, 남인 참여

붕당의 출현	▼	검색

- **동·서 분당** : 선조 – 이조 전랑직 → 동인(김효원), 서인(심의겸)
- **붕당 형성** : 이황, 조식(동인 – 남인), 이이와 성혼(서인)

③ 동인의 분당 : 정여립 모반 사건 → 서인 집권 → 정철(서인)의 축출 → 동인 집권 사건 →
동인에 속된 정여립이 반역을 모의하다가 발각된 사건

북인과 남인으로 분열
정철 처리 문제를 둘러싸고 강경파와 온건파로 대립

ㄱ 북인 : 강경파, 조식 학파, 서경덕 학파

ㄴ 남인 : 온건파, 이황 학파

예송, 환국	▼	검색

- **예송** : 현종 때 예절 문제로 일어난 붕당 간의 대립으로, 상복을 입는 시기를 두고 벌인 서인과 남인 간의 논쟁
- **환국** : 집권 세력이 갑자기 교체되어 시국이 바뀌는 현상

(2) 붕당 정치의 변질

① 붕당 정치의 폐단 : 17세기 말, 예송 논쟁(현종), 세 차례의 환국(숙종) → 자기 붕당의 이익만 추구(상대당의 존재를 부정)

② 정치 구조의 변화 : 비변사의 기능 확대 → 의정부의 기능 약화, 왕권 약화

③ 서인 정권의 전제화 : 서인의 남인 축출 → 서인의 분열(노론, 소론) → 노론의 일당전제화

알아두면 점수따는 역사이야기　　　　　　　　예송 논쟁과 경신 환국

1) 예송 논쟁 : 예송(禮訟)은 차남으로 왕위에 오른 효종의 정통성과 관련하여 1659년 효종의 사망 시(기해예송)와 1674년 효종 비의 사망 시(갑인예송)에 두 차례에 걸쳐 일어났다. 이 때 인조의 계비 자의 대비의 복제(服制)가 쟁점이 되었다. 서인은 효종이 적장자(嫡長子)가 아님을 들어 왕과 사대부에게 동일한 예가 적용되어야 한다는 입장에서 1년설과 9개월설을 주장하였고, 남인은 왕에게는 일반 사대부와 다른 예가 적용되어야 한다는 입장에서 3년설과 1년설을 각각 주장하여 대립하였다.

2) 경신 환국 : 제2차 예송 논쟁의 결과로 서인 정권은 몰락하고 남인이 집권하였는데, 이와 같은 형세는 현종에 이어서 숙종이 즉위하여서도 마찬가지였다. 집권한 남인은 대서인 처단 과정에서 분열을 일으켰는데, 허목 등은 원론에 입각하여 강경한 견해를 보였고, 이에 대하여 허적 등은 현실을 참작하여 온건한 입장을 내세웠다. 이들은 서로 대립하다가 허적 등의 세력이 정권을 독점하자 그동안 세력을 잃었던 서인은 모역을 시도하였다고 하여 남인을 공박, 마침내 정권을 장악하고 남인의 다수를 숙청하였다.

4 탕평 정치의 시행

(1) 탕평책

① 배경 : 당쟁의 격화로 세력 균형 붕괴, 왕권 불안정

② 의미 : 어느 한곳에 치우치지 않고 여러 붕당에서 인재를 고루 등용하는 정책

③ 대두 : 숙종 때 처음으로 제기 → 영조 때 처음 실시

※ 숙종의 탕평책은 명목상의 탕평론으로, 편당적 인사 조치로 오히려 환국의 빌미를 제공하였다.

④ 목적 : 붕당 간 대립의 완화, 왕권 강화

(2) 영조와 정조의 개혁 정치 중요⁺

구 분	영 조	정 조
왕권 강화	• 탕평책 실시 : 노론의 강경파 축출, 붕당의 고른 등용 • 성균관에 탕평비를 건립 • 이조 전랑의 후임자 추천 관행의 철폐 • 산림의 존재 부정	• 탕평책 계승 • 규장각 설치 : 개혁 정치의 중심기구 • 장용영 설치 : 왕의 친위부대 • 정약용의 거중기를 이용하여 수원화성을 축조 • 초계문신제 : 재능 있는 젊은 관료를 선발해 규장각에 소속시켜 학문을 연마하게 한 제도 → 개혁 세력을 육성
제도 개혁	• 균역법 실시 : 군포 2필 → 1필 • 국가 재정 개혁 • 형벌 제도 완화(악형 금지) • 신문고 부활 • 사형수에 대한 3심제를 시행	• 상업 활동 자유 : 금난전권 폐지, 통공 정책 실시 • 농업 발달, 경제 발달 • 광산 개발 장려 • 서얼과 노비에 대한 차별 완화
편찬 사업	속대전(법전), 속오례의, 동국문헌비고	대전통편(법전), 탁지지, 동문휘고, 규장전운
한 계	강력한 왕권으로 붕당 사이의 다툼을 일시적으로 억누른 것에 불과하였다.	

통공 정책 ▾ 검색

채제공이 건의하고 정조가 강력하게 실시한 경제 구조에 관한 개혁 조치를 말한다. 당시 특정 상품의 독점 판매권을 가졌던 시전의 특권을 폐지함으로써 사상의 자유로운 상업 활동이 어느 정도 보장되었다. 하지만 육의전의 금난전권은 갑오개혁 때까지 유지되었다.

바로 바로 **CHECK√**

다음 정책을 실시한 조선의 왕은?

• 장용영 설치 • 탕평책 실시
• 규장각 육성 • 수원에 화성을 세움

❶ 정조   ② 순조
③ 헌종   ④ 철종

5 경제 구조의 변화 중요⁺

(1) 농업 생산력의 증대

① 모내기법(이앙법)의 전국 확대 : 노동력 절감, 생산량 증대, 벼·보리 이모작 확대 → 농민 들이 경작지의 규모를 확대(광작) → 일부 농민은 부농층으로 성장, 다수 농민은 임노동자 로 전락

② 농사 기술의 개발 : 농기구 개량, 시비법(비료) 개발, 보·저수지 축조, 토지 개간

③ 상품 작물의 재배

ㄱ. 쌀의 상품화 : 쌀의 수요량이 증가하여 시장에서 많은 거래되자, 밭을 논으로 바꾸는 현상이 활발하였다.

ㄴ. 인삼, 목화, 모시, 채소, 담배, 약초 등을 재배하였다.

④ 밭농사 : 견종법 확대 → **노동력 감소, 수확량 증가**

> **견종법** ▼ 검색
>
> 보리, 콩 등의 씨앗을 밭고랑에 뿌리는 방법으로, 밭이랑에 씨앗을 뿌리는 농종법에 비해 노동력이 적게 들고 수확량은 많았다.

⑤ 농민의 계층 분화 : 부농층과 빈농

⑥ 지대 납부 방식의 변화 : 타조법 → 도조법

ㄱ. 타조법 : 일정한 비율로 수확량의 일부를 소작료로 내는 방식

ㄴ. 도조법 : 일정 액수의 지대를 미리 정해 놓고 곡물이나 화폐로 내는 방식 → **지주의 간섭 없이 소작농의 자유로운 영농 가능**

(2) 상업의 발달

① 배 경

ㄱ. 농업 생산력 증대 　　　　ㄴ. 수공업 발달

ㄷ. 인구 증가 　　　　　　　ㄹ. 대동법으로 인한 공인 등장

ㅁ. 금난전권 폐지(통공 정책) 　ㅂ. 도시 인구 증가

ㅅ. 조세와 지대의 금납화

② 시장 발달

ㄱ. 상설 시장 : 서울, 평양, 개성 등

ㄴ. 지방 장시 : 전국 1000여 곳, 5일장, 보부상

ㄷ. 종루, 이현(동대문 부근), 칠패(남대문 밖) 등

③ 사상의 성장

만 상	의주, 청과의 무역	송 상	개성, 중계 무역
경강 상인	한강, 선상	내 상	동래, 일본과의 무역

④ 대외 무역의 발달

㉠ 대청 무역 : 개시(공무역)·후시(사무역) 성행, 만상의 활동(의주)

수입품	비단, 약재, 문방구 등
수출품	은, 종이, 무명, 인삼 등

㉡ 대일 무역(17세기 이후 일본과의 관계 정상화 이후) : 왜관개시를 통한 무역, 내상의 활동(동래)

수입품	은, 구리, 황, 후추 등
수출품	인삼, 쌀, 무명 등

㉢ 중계 무역 : 송상의 대청, 대일 무역 중계

⑤ 화폐 유통

㉠ 전국적 유통 : 상공업의 발달, 조세와 지대의 금납화로 상평통보가 전국적으로 유통되었다.

㉡ 전황 : 지주나 대상인들이 화폐를 고리대, 재산 축적에 이용함으로써 시중에서 동전 부족 사태가 일어났다.

㉢ 신용 화폐의 보급 : 환, 어음 등이 널리 이용되었다. → 상품 화폐 경제의 진전과 상업 자본의 성장을 의미

⑥ 공인이 도고 상인으로 성장하였고, 포구에서는 선상·객주·여각 등이 활발한 상행위를 전개하였다.

알아두면 점수따는 역사이야기   도고의 활동

그(허생)는 안성의 한 주막에 잡고서 밤, 대추, 감, 배, 귤 등의 과일을 모두 사들였다. 허생이 과일을 도거리로 사 두자, 온 나라가 잔치나 제사를 치르지 못할 지경에 이르렀다. 따라서 과일 값은 크게 폭등하였다. 허생은 이에 10배의 값으로 과일을 되팔았다. 이어서 허생은 그 돈으로 곧 칼, 호미, 삼베, 명주 등을 사 가지고 제주도로 들어가서 말총을 모두 사들였다. 말총은 망건의 재료였다. 얼마 되지 않아 망건 값이 10배나 올랐다. 이렇게 하여 허생은 50만 냥에 이르는 큰 돈을 벌었다.
                                                                    – 「연암집」, 허생전

(3) 수공업의 발달

① 배경 : 도시 인구의 증가, 대동법 시행에 따른 제품 수요의 증대

② 초기 : 관영 수공업으로 관청에서 직접 운영, 장인 (관청 소속)

③ 후기 : 관영 수공업 쇠퇴, 민영 수공업 발달 → 선대제 수공업 → 18세기 후반 독립 수공업자로 발전

민영 수공업, 선대제 수공업 ▼ | 검색

- **민영 수공업** : 장인이 장인세를 부담하고 제품을 만들어 판매함
- **선대제 수공업** : 상인으로부터 자본, 원료를 미리 받아 제품을 생산하는 방식

(4) 광업의 발달

① 배경 : 수공업 발달에 따른 광물 수요 증대, 청과의 무역 증대 → 금·은 수요 증가

② 초기 : 국가 중심

③ 후기 : 민영화로 광산 개발 증가, 청과의 무역으로 은광·금광 개발 활발

　㉠ 17세기 : 설점수세제, 잠채의 성행

　　• 설점수세제 : 정부의 감독 아래 민간인의 채굴을 허용하여 세금을 징수

　　• 잠채 : 광물을 몰래 채굴, 채취

　㉡ 18세기 : 자본과 경영이 분리되어 '물주(상인), 광산 경영인(덕대), 노동자'의 협업으로 진행

덕대 ▼ | 검색

광산 주인과 계약을 맺고 광물을 채굴하여 광산을 전문적으로 경영하는 사람

6 신분제의 동요 중요⁺

(1) 계층 분화의 발생

① 양반층의 분화 : 붕당 정치의 변질 → 권력을 가진 양반(벌열), 향반, 잔반으로 분화

② 농민층의 분화 : 모내기법의 확대 보급 → 일부는 부농층으로 성장, 다수 농민은 빈농·임노동자로 몰락

향반, 잔반 ▼ | 검색

- **향반** : 벼슬을 하지 않고, 지방에 살면서 지방 세력이 된 양반
- **잔반** : 일반 농민과 다를 바 없을 정도로 몰락한 양반

(2) 신분제의 동요

① 양반 중심의 지배 체제 동요

　㉠ 배경 : 양반층의 분화로 몰락 양반이 증가하였고, 부를 축적한 농민·노비가 양반으로 신분을 상승하였다.

　㉡ 결과 : 양반 수의 증가로 양반의 사회적 권위가 하락하였다.

② 중인층의 신분 상승 운동

ㄱ 서얼

- 납속책·공명첩을 이용하거나, 중요 관직 진출에 대한 제한을 없애달라는 집단 상소를 제기하였다.
- 왜란 이후 정부의 차별이 완화되어 탕평 정치기에는 등용이 확대되었다.

 ※ 정조는 서얼 출신의 박제가, 이덕무 등을 규장각의 검서관으로 등용하였다.

ㄴ 중인 : 전문적인 능력과 경제력을 바탕으로 신분 상승을 추구하였다.

③ 상민의 분열

ㄱ 농민의 계층 분화 : 부농과 빈농

ㄴ 부농의 신분 상승 : 공명첩, 족보 구입·위조

④ 노비의 감소

ㄱ 노비 : 납속이나 군공, 도망 등을 통해 양인으로 신분을 상승하였다.

ㄴ 노비종모법 실시 → 순조 때 공노비 해방(1801)
  어머니가 노비여야 자식이 노비

⑤ 결과 : 양반의 수 증가, 상민과 노비 수 감소 → 신분 제도의 동요

심화학습 인구수로 알아보는 사회 변화

1) 18 ~ 19세기 양반 가구의 급증(울산 호적) [단위 : %]

시 기	양반호	상민호	노비호
1729	26.29	59.78	13.93
1765	40.98	57.01	2.01
1804	53.47	45.61	0.92
1867	65.48	33.96	0.56

2) 인구수의 변화

구 분	세종 때	임진왜란 이후	17세기	18세기	19세기	※ 특징
전체 인구수	400 ~ 600만 명	500만 명	600만 명	700만 명	1,000만 명	전 인구의 약 50%가 하삼도 거주
한양 인구수	10만 명	약간 감소		20만 명		

(3) 향촌 사회의 변화

① **양반층의 향촌 지배 약화** : 양반의 분화, 부농층의 성장으로 사족 중심의 향촌 질서 약화 → 양반층은 촌락 단위의 동약(양반의 자치 조직) 실시, 동족 마을 형성, 서원과 사우 건립으로 대응

② **농민층의 분화** : 납속, 향임직 매매 등 합법적 방법으로 신분을 상승시킨 부농층은 관권과 결탁하여 향안에 기록되었으나, 대다수의 농민은 임노동자로 전락하였다.

③ **관권의 강화** : 사족의 힘이 약화, 부농층 중심의 새로운 향촌 세력 성장(기존 양반의 권위 약화) → 수령 중심의 관권 강화, 향리의 역할 증대 → 수령과 향리의 농민 수탈 강화

> **바로 바로 CHECK√**
>
> 다음 현상을 통해 알 수 있는 조선 후기 사회상은?
>
> - 족보 매매
> - 공명첩 발행
> - 납속책 실시
> - 일부 양반의 몰락
>
> ① 향약이 보급되었다.
> ❷ 신분 변동이 활발하였다.
> ③ 예언 사상이 유행하였다.
> ④ 지방 장시가 발달하였다.

심화학습 │ 향촌 지배 세력의 변화

시 기	16 ~ 17세기	18 ~ 19세기
향촌 지배 세력	사족(향반 또는 토반)들의 향촌 지배	관권과 결탁한 부농층의 영향력 증대
지배 형태	• 향안의 작성을 통한 사족 세력의 결속 강화 • 향회를 통하여 사회 여론 주도 → 농민들에게 유교적 향약 강요	• 수령의 권한 강화, 향리 세력 강화 • 부농층의 향촌 지배 참여(향임직 진출)

(4) 가족 제도의 변화

① **부계 중심의 가족 제도 강화** : 친영 제도, 장자 중심의 상속과 제사, 부계 중심의 족보

> 친영 제도 [검색]
> 신부가 신랑의 집에서 혼인 생활을 하는 것

② **혼인 형태의 변화**

ㄱ 일부일처제가 기본이었으나, 첩은 가능하였다.

ㄴ 과부의 재가가 금지되었다.

ㄷ 서얼 차별 : 문과 응시 금지, 제사와 재산 상속 차별 등

7 문화의 새 기운

(1) 양명학의 수용

① 배경 : 성리학의 교조화와 형식화 비판, <u>실천성을 강조하는 의식 성장</u>
　　　　　　　　　　　　　　　　　지행합일

② 발전 : 소론 학자들에 의해 수용, 정제두에 의해 학문적 체계 확립 → **강화학파 형성**

③ 영향 : 대한 제국과 일제 강점기 민족 운동에 영향을 주었다(박은식, 정인보).

(2) 국학 연구

① 배경 : 중국 중심의 세계관 비판, 우리 민족의 전통·현실에 대한 관심 고조

② 내용 : 우리 역사·지리·언어·풍속 등을 연구하였다.

역 사	• 안정복 「동사강목」 : 민족사의 독자적 정통론 제시 • 유득공 「발해고」 : 발해사를 우리 역사로 인식 • 이긍익 「연려실기술」 • 이종휘 「동사」 : 고구려사에 관심 • 한치윤 「해동역사」 : 고조선 ~ 고려의 역사
지 리	• 이중환 「택리지」 : 인문지리지 • 김정호 「대동여지도」 : 산맥·하천·포구·도로망 등 자세히 표기 • 정상기 「동국지도」 : 최초로 백리척을 사용 　　　　　　　　　　　　100리가 1척을 의미
한 글	• 신경준 「훈민정음운해」 : 음운 연구 • 유희 「언문지」
백과사전	• 이수광 「지봉유설」 • 이익 「성호사설」 • 「동국문헌비고」

발해고 　　　　　　　　　　　▼ 　검색

유득공은 발해고를 저술하여 남북국 시대의 한 축인 발해사를 연구하였다. 이를 통해 우리 민족의 활동 범위를 만주 지방까지 확대하였다.

바로 바로 CHECK√

다음 글의 실학자가 관심을 가진 나라는?

조선 후기 유득공은 우리 고대사의 연구 시야를 만주 지방으로 확대하여 한반도 중심의 협소한 사관을 극복하고자 하였다.

① 부여　　　　　② 고려
❸ 발해　　　　　④ 가야

(3) 실학(사회 개혁론) 중요⁺

① 배경

ㄱ 사회 모순 심화, 현실 문제를 해결하지 못한 성리학에 대한 반성
다른 학문에 대한 배타적 성격

ㄴ 사회·경제적 변화 : 신분 질서의 동요

ㄷ 청의 고증학과 서학의 영향

② 선구자

ㄱ 이수광 : 「지봉유설」 저술, 천주실의 소개

ㄴ 김육 : 대동법 확대 실시, 동전의 사용 주장

③ 특징 : 현실 사회의 문제를 해결하려는 사회 개혁 사상(사회 모순 비판)

④ 의의 : 실사구시 학문 연구 태도, 실용적·민족적·현실 개혁적·근대 지향적 성격
객관적 학문 연구, 실증적 방법론

⑤ 한계 : 국가 정책에 실제 반영되지 못함 → 훗날 '개화 사상가'에 영향

⑥ 중농학파(경세치용학파) : 농업 중심의 개혁

ㄱ 농촌 문제 해결을 위해 토지 제도의 개혁을 주장하였다.

ㄴ 주요 학자

유형원	• 균전론 : 농민에게 일정한 면적의 토지 분배를 주장하였다. • 저술 : 「반계수록」 • 양반 문벌 제도, 과거제, 노비제의 모순을 비판하였다.
이 익	• 한전론 : 최소한의 생계를 보장하는 영업전에 대한 매매 금지를 주장하였다. • 저술 : 「성호사설」 • 노비제, 사치, 미신 등 나라를 좀먹는 여섯 가지 폐단을 지적하였다.
정약용 (실학 집대성)	• 여전론 : 농지의 공동 소유·공동 경작, 수확량의 공동 분배를 주장하였다. • 저술 : 「목민심서」, 「경세유표」 • 정전론 : 토지를 국유화하여 일부는 공동 경작, 나머지는 농민에게 분배하였다. • 과학 기술과 상공업 발달에도 관심이 많았다.

⑦ **중상학파**(북학파, 이용후생학파) : 상공업 중심의 개혁

    ㉠ 상공업 진흥과 기술 혁신을 통한 부국강병을 주장하였다.

    ㉡ 청의 선진 문물을 수용할 것을 주장하였다. → '**북학파**'라고도 불림

    ㉢ 기술 개발과 교통 수단의 발전을 강조하였다. → 상품 유통 원활, 국가 부강

    ㉣ 주요 학자

유수원	• 상공업 진흥, 기술 혁신을 강조하였다. • 사농공상의 직업 평등과 전문화를 주장하였다. • 저술 : 「우서」
홍대용	• 기술 혁신, 문벌 제도의 철폐를 주장하였다. • 성리학의 극복을 주장하며, 중국 중심의 세계관을 비판하였다. • 저술 : 「임하경륜」, 「의산문답」
박지원	• 상공업 진흥을 강조, 수레와 선박의 이용 · 화폐 유통의 필요성을 주장하였다. • 양반 문벌 제도의 비생산성을 비판하였다. • 영농 방법의 혁신, 상업적 농업의 장려, 수리 시설의 확충을 강조하였다. • 저술 : 「열하일기」
박제가	• 상공업의 발달, 청과의 통상 강화, 수레와 선박의 이용을 주장하였다. • 절약보다는 소비를 권장하여 생산을 자극할 것을 주장하였다. • 저술 : 「북학의」

(4) 서민 문화의 발달 중요⁺

① **배경** : 서민의 사회 · 경제적 지위 향상, 서당 교육의 확산, 서민 의식 성장

② **특징** : 인간 감정의 적나라한 표현, 양반의 위선 비판, 사회의 부정과 비리 풍자

③ **종류** : 한글 소설, 사설시조, 판소리, 탈춤, 민화

    ㉠ 한글 소설 : 현실의 부조리 비판, 평등의식 고취

        예 「홍길동전」, 「춘향전」

> **홍길동전** ▼ 검색
>
> 허균이 지은 최초의 한글 소설로 서얼 차별 철폐, 탐관오리 응징 등의 내용을 담고 있다.

    ㉡ 사설시조 : 형식에 구애받지 않고 감정을 구체적으로 표현

    ㉢ 판소리 : 이야기를 노래와 사설로 엮음

        예 「춘향가」, 「심청가」, 「흥보가」 등

    ㉣ 탈춤 : 양반의 위선, 사회 모순 풍자

        예 산대놀이

> 바로 바로 **CHECK√**
>
> **조선 후기에 나타난 서민 문화가 아닌 것은?**
>
> ① 민화   ② 판소리
>
> ❸ 문인화   ④ 한글 소설

(5) 예술의 변화

① 그 림 중요⁺

진경산수화	• 정선의 '인왕제색도', '금강전도' 등 • 우리 문화에 대한 자부심을 바탕으로 우리 산천을 사실적으로 표현하였다.
풍속화	• 김홍도 : 서민들의 생활 모습을 익살스럽게 표현하였다. 예 씨름도, 서당도 • 신윤복 : 부녀자들의 풍류와 남녀 간의 애정을 표현하였다. 예 미인도
민 화	서민의 소망과 정서가 내포되어 있으며, 자유분방한 표현이 특징이다.

② 건 축

　㉠ 화엄사 각황전, 법주사 팔상전, 불국사 대웅전 축조 등 큰 규모의 불교 건축물 건립 → **부농과 상업 자본가의 후원**

　㉡ 수원 화성

③ 자기 : 청화 백자 유행, 옹기

④ 서예 : 김정희(추사체)

⑤ 한문학

　㉠ 박지원의 한문 소설 : 「양반전」, 「허생전」, 「호질」

　㉡ 중인들의 시사(詩社) 조직 → **문학 활동**

바로 바로 CHECK√

조선 후기 문화에 대한 설명으로 옳지 않은 것은?

① 회화에서는 풍속화와 민화가 유행하였다.
❷ 상감청자가 처음으로 제작되기 시작하였다.
③ 문예 활동에 중인층과 서민층의 참여가 두드러졌다.
④ 판소리와 탈춤은 서민 문화 확대에 크게 기여하였다.

심화학습 과학 기술의 발달

1) 서양 과학 기술의 전래 : 17세기 이후 청을 왕래한 사신들의 소개
　→ 화포(대포), 천리경(망원경), 자명종(알람 시계), 곤여만국전도(세계지도) 등

2) 과학 기술의 발달
　① 의학 : 허준 「동의보감」, 이제마 「동의수세보원」, 정약용 「마과회통」
　② 농학 : 신속 「농가집성」, 서유구 「임원경제지」, 박세당 「색경」
　③ 천문학 : 홍대용이 지전설 주장, 김육이 시헌력(서양식 역법) 도입

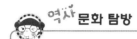

역사 문화 탐방

김홍도

[서당도]

[씨름도]

[자리짜기]

신윤복

[미인도]

[단오풍정]

민 화

[민 화]

05 19세기 조선 사회의 변화

1 세도 정치의 전개

(1) 세도 정치

① 의미 : 왕실의 몇몇 외척 가문에서 권력을 독점하는 정치

② 배경 : 정조 사후 정치 세력 간의 균형 붕괴로, 소수 유력 가문에 권력이 집중되었다.

③ 전개 : 순조(안동 김씨) → 헌종(풍양 조씨) → 철종(안동 김씨)의 3대 60여 년간

④ 권력 기구(정권 유지 기반) : 비변사 기능 강화, 훈련도감 독점 → 유력 가문 출신들이 실제 권력 행사

⑤ 결과 : 왕권 약화 → 의정부, 6조, 3사의 유명무실화

(2) 세도 정치의 폐단

① 사회 통합의 실패 : 재야 세력인 남인, 소론, 지방 선비들을 권력에서 배제하였다.

   ※ 양반층 분화의 가속화 : 권력에서 소외된 양반층이 몰락하여 향반이 되거나 잔반으로 전락하였다.

② 정치 기강의 문란 : 매관매직 성행, 과거제 문란(부정 행위 성행)

③ 사회 혼란의 가중 : 탐관오리의 부당한 조세 수탈, 농민들의 불만·고통 증가

④ 삼정의 문란 ^{중요+}

   ㉠ 전정의 문란 : 정해진 양보다 많은 액수 부과, 각종 부과세 징수

   ㉡ 군정의 문란 : 군역에 직접 나가지 않는 자들에게도 군포 징수

   ㉢ 환곡의 문란 : 봄에는 관아에서 곡식을 빌리고, 가을에 추수 후 약간의 이자를 붙여 갚게 하는 제도(빈민 구제 제도) → 탐관오리의 고리대로 변질

> **심화학습** 삼정의 문란
>
> 삼정이란 토지세인 전정(田政), 군포를 거두는 군정(軍政), 빈민에게 곡식을 대여하는 환곡(還穀)을 일컫는다.
>
> 1) 전정 : 백지 징세(공지에 징세), 은결(토지 대장에서 누락), 도결 징세(정액 이상 징세), 진결 징세(경작하지 않은 땅이나 황무지에서 징세), 지주가 부담할 세금을 소작농에게 전가
>
> 2) 군정 : 황구첨정(어린 아이에게 징수), 백골징포(죽은 사람에게 징수), 인징(이웃 사람에게 징수), 족징(친척에게 징수)
>
> 3) 환곡 : 늑대(강제로 대여), 반백(반은 겨를 섞어 대여), 환곡을 전혀 대여하지도 않고 이자 납부 강요 등

2 사회의 동요

(1) 지방민의 불만 고조

① 농민 : 극심한 수탈로 유민화, 광산의 임노동자로 전락, 간도나 연해주로 이주

② 양반 : 향반이나 잔반의 관직 진출 봉쇄, 과거 합격자 중에서도 서북인에 대한 차별 대우

③ 중인 : 기술과 전문 지식을 가졌으나 정당한 대우를 받지 못해 불만 증가

(2) 사회 불만의 고조

① 19세기의 농촌 현실 : 사회 혼란, 백성의 생활 궁핍, 재난과 질병의 빈번한 발생, 도적의 탐관오리의 부정과 탐학, 삼정의 문란
횡행 → 농민의 세금 부담 가중 → 정신적 의지처 필요

② 조운선이나 상선을 약탈하는 수적과 지방의 토호나 부상을 공격하는 도적떼가 등장하였다.

③ 예언 사상 유행 : 말세의 도래, 왕조의 교체, 변란 예고 등의 소문 확산으로 민심 혼란

비기, 도참	미래의 길흉화복을 예언하는 내용을 적은 글
정감록	이씨 왕조가 망하고 정씨가 계룡산에 새 왕조를 세운다고 예언함 → 조선 왕조를 부정
미륵 신앙	미륵불이 나타나 민중을 구제한다는 신앙
무격 신앙	무당의 굿이나 풀이로 화를 멀리하고 복을 비는 것

④ 영향 : 민중의 변혁 의지 반영 → 19세기 사회 변혁 운동의 이념적 기반 제공

3 새로운 종교의 등장

(1) 천주교의 전파

① 수용 : 17세기, 청을 왕래하던 사신들이 천주교 서적을 들여왔다.

② 전파 : 처음에는 학문적 접근(서학) → 18세기 후반, 정조 때부터 신앙의 대상

    ㉠ 이승훈은 청에서 최초로 세례를 받은 후 '조선 교회'를 창설하였다.

    ㉡ 확산 : 정권에서 소외된 양반(남인 실학자)과 중인 중심 → 서민층, 여성에게 확산

③ 박해 : 유교 제사 의식 거부, 인간 평등과 내세 사상 → 양반 중심의 신분 질서 부정 및 국왕에 대한 도전으로 인식되어 사교(邪敎)로 규정 → 신유박해, 황사영 백서 사건으로 탄압 강화 → 교세가 더욱 확대

> **신유박해, 황사영 백서 사건** ▾ 검색
> - **신유박해** : 1801년 수렴청정 중이던 정순왕후에 의해 이승훈 등 천주교 신자 300여 명이 처형당한 사건
> - **황사영 백서 사건** : 천주교 신자인 황사영이 신유박해가 일어나자 청의 베이징 주교에게 조선에 군대를 보내 도와달라는 내용의 청원서를 보내려다 발각된 사건으로, 이를 계기로 천주교가 서양의 침략과 연결되어 있다는 인식이 확산되었다.

(2) 동학의 성립 중요+

① 배경 : 지배 체제의 모순 심화, 성리학과 불교의 지도력 상실, 서양 세력의 접근

② 창시 : 경주 몰락 양반 출신 최제우(1860) → 유교 · 불교 · 도교 + 민간 신앙 융합

③ 교리 : 농민들에게 크게 환영받음, 급속히 전파

    ㉠ 인내천 : 사람이 곧 하늘, 평등 사상

    ㉡ 시천주 : 한울님은 항상 마음속에 있다는 믿음

알아두면 점수따는 역사이야기   천주교의 수용

천주실의는 이마두(마테오 리치)가 편 책이다. …… 그 학은 오로지 천주를 가장 높이는 것이니, 천주란 곧 유가(儒家)에 있어서의 상제이나, 천주를 공경하고, 섬기며, 두려워하고 믿음은 마치 불교의 석가와 같다. …… 그는 멀리 떨어진 지역의 사람으로 먼 바다 길을 건너 중국의 학자나 벼슬아치들과 사귀되, 중국 학자와 교관들을 물리치지 아니할 뿐 아니라, 높이 받들어 모시고 선생이라 일컬어 감히 거스르지 않으니 역시 뛰어난 선비라 할 것이다. 그러나 그가 불교를 물리침에는 지극하나 필경은 불교와 같이 허망에 돌아감을 깨닫지 못하고 있더라.
　　　　　　　　　　　　　　　　　　　　　　　　　　　　　　　　　　　- 「성호사설」

→ 천주교는 17세기경 중국에 파견된 조선 사신들이 서양 관련 서적을 국내에 가져오는 과정에서 서학으로 소개되었다. 이후 일부 남인 계열의 실학자들을 중심으로 신앙으로 받아들여지기 시작하였다. 천주교는 평등 사상과 내세 사상을 가지고 있었으며, 조상에 대한 유교적 제사 의식을 거부하여 지배층으로부터 탄압을 받았다.

ⓒ 현세구복 : 지금 현재 세상에서 복을
구함

ⓔ 후천개벽 : 지금 세상이 끝나고 새로운
세상이 시작된다는 믿음

ⓜ 보국안민 : 나랏일을 돕고 백성을 편안
하게 한다.

④ 성격 : 반봉건(사회 운동적) 성격, 반외세
적 성격

⑤ 박해 : 사교로 규정하여 포교 금지, 혹세무민의 죄로
교조 최제우 처형(1864)

⑥ 확대 : 2대 교주 최시형 교리・교단 재정비(포접제)
→ 「동경대전」, 「용담유사」 편찬

사교　　　　　　　　　　▼　검색
건전하지 못하여 사회의 도덕이나 제도에
나쁜 영향을 미치는 종교

4 농민 봉기 중요⁺

(1) 홍경래의 난(1811)

① 배경 : 삼정의 문란으로 농민 불만, 서북지역(평안도)에 대한 차별 대우

② 주도 : 홍경래(몰락 양반), 빈농・광부・품팔이꾼 등 참여

③ 경과 : 청천강 이북 점령 → 관군의 진압으로 5개월만에 정주성 싸움에서 패배

④ 의의 : 이후 농민 봉기에 영향

⑤ 한계 : 지방 차별 타파라는 명분이 공감을 얻지 못하였다.

(2) 임술 농민 봉기(1862)

① 배경 : 삼정의 문란으로 농민 불만, 경상 우병사 백낙신의 수탈

② 주도 : 유계춘(몰락 양반), 농민 등 참여

③ 경과 : 진주성을 점령했으나 결국 진압 당하였다.

④ 의의 : 농민 봉기의 전국적 확산(임술 농민 봉기)

⑤ 한계 : 근본적인 해결 방안을 제시하지 못하였다.

실전 예상문제

01 다음과 관계있는 조선의 국왕은?

> **보기**
> • 사병 폐지　　　　　• 호패법 실시
> • 왕자의 난 주도

① 태종　　　　　　② 세조
③ 성종　　　　　　④ 숙종

02 다음 설명에 해당하는 조선의 법전은?

> 　세조 때부터 편찬되기 시작하여 성종 때 완성된 기본 법전으로, 유교적 정치 이념을 제시하고 조선 왕조의 통치 체제를 확립하였다.

① 동국통감　　　　② 경국대전
③ 대전통편　　　　④ 대전회통

03 조선 시대 왕권 강화와 관련된 기구를 〈보기〉에서 고른 것은?

> **보기**
> ㉠ 승정원　　　　　㉡ 의금부
> ㉢ 춘추관　　　　　㉣ 사간원

① ㉠, ㉡　　　　　② ㉠, ㉣
③ ㉡, ㉢　　　　　④ ㉢, ㉣

01

호패법(태종)
16세 이상의 모든 남자에게 발행한 신분증 제도로서 인구의 동태를 파악하고 유민 방지 및 군역, 요역의 기반을 확립하였다.

02

설명에 해당하는 조선의 법전은 조선 왕조의 근본을 이루는 법전인 경국대전이다.

03

• 승정원 : 왕명을 출납하는 기구 ┐ 왕권 강화와
• 의금부 : 왕명에 의한 특별 재판소 ┘ 유지를 위한 기구
• 춘추관 : 역사 편찬을 담당
• 사간원 : 간쟁을 맡아 보았던 기구

ANSWER
01. ① **02.** ② **03.** ①

---

04 조선 시대 각 왕과 업적이 바르게 연결된 것을 〈보기〉에서 **기출** 고르면?

> |보기|
> ㉠ 태종 – 호패법 실시　　㉡ 세종 – 6조 직계제 실시
> ㉢ 세조 – 집현전 설치　　㉣ 성종 – 경국대전 완성

① ㉠, ㉡　　　　　　② ㉠, ㉣

③ ㉡, ㉢　　　　　　④ ㉢, ㉣

04
- 태종 : 사병 제도 철폐, 호패법 실시, 양전 사업 실시
- 세종 : 집현전 설치, 의정부 서사제, 여론 정치
- 세조 : 6조 직계제 시행, 경국대전 편찬 착수
- 성종 : 홍문관 설치, 경국대전 편찬 완료 및 반포

05 조선 시대 지방 행정 조직에 대한 설명으로 옳지 <u>않은</u> **기출** 것은?

① 전국을 8도로 나누었다.

② 향리는 수령의 행정 실무를 보좌하였다.

③ 수령은 지방의 행정, 사법, 군사권을 가지고 있었다.

④ 군현은 지방관이 파견되는 주현과 파견되지 않는 속현으로 나뉘었다.

05
고려 시대에는 지방관이 파견되지 않은 속현이 더 많았으나 조선 시대에는 속현이 사라지게 되었다.

06 조선 초기, 정책 결정 및 집행 과정의 착오와 부정을 막기 위하여 두었던 기구는?

① 홍문관　　　　　　② 의금부

③ 예문관　　　　　　④ 사간원

06
④ 사간원은 왕을 간쟁하는 언론 기관으로, 대사간이 그 우두머리이다.

07 다음 내용에 해당하는 조선 시대의 기구는?

> - 지방 양반들의 자치 조직
> - 수령 보좌, 향리 감찰, 백성 교화

① 한성부　　　　　　② 유향소

③ 경재소　　　　　　④ 비변사

07
조선 시대의 유향소는 향촌 자치 기구로서 지방의 덕망 있는 인사를 좌수와 별감으로 삼아 수령 보좌, 향리 감찰, 풍속 교정, 정령 시달, 민정 대표 등의 업무를 보도록 하였다.

ANSWER
04. ②　05. ④　06. ④　07. ②

08 조선 시대 노비와 관련된 사무를 처리하는 관청은?

① 성균관　　　　　② 장례원

③ 승정원　　　　　④ 사헌부

08

장례원 : 노비의 장부와 소송 담당

① 성균관 : 조선 시대 최고 교육 기관
③ 승정원 : 왕의 비서 기관
④ 사헌부 : 관리의 비행 감찰

09 조선의 지방 행정 제도에 대한 설명으로 적절하지 <u>않은</u> 것은?

기출

① 향·소·부곡이 소멸하였다.

② 수령의 권한이 강화되었다.

③ 지방관은 자신의 출신지에 임명되었다.

④ 지방 양반들은 유향소를 통해 향촌 자치에 참여하였다.

09

③ 관료제의 원활한 운영과 권력의 집중 및 부정을 방지하기 위하여 상피제(相避制)를 두고, 일정 범위 내의 친족 간에는 같은 관청에서 근무할 수 없게 하거나, 출신 지역의 지방관으로 임명하지 않았다.

10 다음에 해당하는 교육 기관은?

- 중종 때 주세붕이 최초로 건립함
- 봄과 가을에 향음주례를 지냄
- 선현에 대한 제사와 후진 양성 교육을 담당함

① 서당　　　　　② 서원

③ 향교　　　　　④ 성균관

10

지문의 교육 기관은 서원이다. 서원은 학문 발달에 기여했을 뿐만 아니라 붕당의 인적 기반이 되었다.

11 조선 시대의 사림이 서원을 설립하고 향약을 보급시킨 근본 목적은?

고난도

① 향촌의 경제 부흥과 치안 유지를 위해

② 조세 징수의 편의와 향리의 비행 규제를 위해

③ 지방관의 세력 형성을 견제하여 중앙 집권을 강화하기 위해

④ 유교 도덕의 보급과 향촌의 질서 유지를 위해

11

④ 서원 설립과 향약 보급의 근본 목적은 사림의 지위 향상과 향촌의 질서 유지 및 유교 도덕의 보급에 있었다.

ANSWER

08. ②　09. ③　10. ②　11. ④

12
고난도

다음 내용과 관련 있는 사건은?

> 유자광이 하루는 소매 속에서 한 권의 책자를 내놓았는데, 바로 김종직의 문집이었다. 그 중에서 조의제문의 내용을 지적하면서 여러 춘관들에게 "이는 다 세조를 지목한 것이다. 김일손의 악은 모두 김종직이 가르쳐서 이루어진 것이다."라고 말하였다.

① 을사사화　　　　　② 갑자사화

③ 기묘사화　　　　　④ 무오사화

12
무오사화는 사림파와 훈구파의 대립이 표면화된 최초의 사화이다.

13
향약, 현량과 실시 등의 개혁 정치가 기성 관료층의 반발을 사게 되어 일어난 사화는?

① 기묘사화　　　　　② 을사사화

③ 갑자사화　　　　　④ 무오사화

13
① 조광조의 과격 정치, 향약·현량과의 실시, 위훈 삭제 사건 등을 계기로 일어난 사화로 조광조의 사림 세력이 정계에서 쫓겨났다.

14
기출

임진왜란이 조선 사회에 미친 영향으로 옳지 <u>않은</u> 것은?

① 기근과 질병으로 인구가 크게 줄어들었다.

② 수많은 사람들이 일본에 포로로 잡혀 갔다.

③ 대장경과 황룡사 9층탑이 불에 타서 없어졌다.

④ 토지 대장과 호적이 사라져 국가 재정이 궁핍해졌다.

14
③ 고려 시대 몽골의 침입으로 초조대장경과 속장경, 황룡사 9층 목탑이 소실되었다.

15
다음에서 설명하는 외교 사절은?

> • 일본 도쿠가와 막부의 요청으로 파견
> • 조선의 선진 문화를 일본에 전파하는 역할

① 수신사　　　　　② 영선사

③ 통신사　　　　　④ 조사 시찰단

15
일본의 요청에 의해 일본에 파견된 문화 사절단은 통신사이다.

ANSWER
12. ④　13. ①　14. ③　15. ③

16 다음에서 설명하는 조선의 국왕은?

> 임진왜란 이후 대내적으로 전쟁의 뒷수습을 위한 정책을 실시하면서, 대외적으로는 명과 후금 사이에서 신중한 중립 외교 정책으로 대처하였다.

① 세종　　　　　　② 인조
③ 연산군　　　　　④ 광해군

17 다음 내용과 관련된 역사적 사건은?

> • 군신 관계 요구　　• 남한산성 항전
> • 삼전도의 굴욕　　• 북벌 운동의 계기

① 정유재란　　　　② 정묘호란
③ 병자호란　　　　④ 나선 정벌

18 다음에 해당하는 조선 시대의 신분 계층은?

> • 대부분 직역이 세습되었다.
> • 향리, 서리, 역관, 서얼 등이 이에 속한다.

① 천민　　　　　　② 상민
③ 중인　　　　　　④ 양반

19 조선 전기의 토지와 조세 제도를 바르게 설명한 것은?

`고난도`
① 과전법의 실시로 병작 반수제가 공인되었다.
② 관수 관급제로 국가의 토지 지배권을 강화하였다.
③ 직전법에 의해 현・전직 관리에게 토지가 주어졌다.
④ 영정법의 실시로 세율이 1결당 4두로 경감되었다.

16
광해군의 중립 외교
명이 후금을 치기 위하여 공동 출병을 제의해 오자, 광해군은 강홍립으로 하여금 출병하게 한 다음, 정세를 보아 향배를 결정하도록 조치하였다.

17
병자호란(1636)
• 원인 : 청의 군신 관계 요구
• 경과 : 인조의 남한산성 피난, 청에 대항 → 삼전도의 치욕 → 청에 굴복
• 결과 : 청과의 군신 관계 성립, 두 왕자와 척화론자 인질

18
중 인
넓은 의미로는 양반과 상민의 중간 신분 계층을 뜻하고, 좁은 의미로는 기술관만을 의미한다. 중앙과 지방에 있는 관청의 서리와 향리 및 기술관은 직역을 세습하고 같은 신분 안에서 혼인하였으며 관청에서 가까운 곳에 거주하였다. 이들은 문과에 응시하는 것이 금지되었고, 간혹 무반직에 등용되기도 하였다.

19
① 과전법의 실시로 병작 반수제가 금지되었다.
③ 직전법은 현직 관리에게만 토지를 준 제도였다.
④ 조선 후기(인조 때) 때 실시된 조세 제도의 내용이다.

ANSWER
16. ④　17. ③　18. ③　19. ②

20 다음 내용에 해당하는 조선의 문화 유산은?

> • 세종대왕
> • 과학적인 창제 원리
> • 민족 문화 발달의 밑바탕

① 경국대전 ② 훈민정음
③ 동의보감 ④ 조선왕조실록

20
조선 시대 세종은 집현전을 설치하여 학문을 장려하고, 훈민정음을 창제하였다.

21 기출 다음에서 설명하는 서적은?

> • 조선 시대 춘추관에서 편찬
> • 한 왕대의 역사를 후대에 전함
> • 유네스코 세계 기록 유산으로 지정

① 일성록 ② 고려사절요
③ 국조오례의 ④ 조선왕조실록

21
조선왕조실록은 태조 때부터 철종 때까지 25대 472년 동안의 역사적 사실을 편년체로 쓴 역사서로, 1997년에 유네스코 세계 기록 유산으로 지정되었다.

22 기출 다음에서 설명하는 역법서는?

> • 중국과 아라비아의 역법을 참고하였다.
> • 최초로 서울을 기준으로 천체 운동을 계산하였다.

① 시헌력 ② 선명력
③ 칠정산 ④ 천상열차분야지도

22
칠정산(세종 때)
중국의 수시력과 아라비아의 회회력을 참고로 하여 만든 역법서로, 우리나라 역사상 최초로 서울을 기준으로 천체 운동을 정확하게 계산한 것이다.

ANSWER
20. ② 21. ④ 22. ③

23 다음에 해당하는 성리학자는?

> • 현실 정치와 수취 제도의 개혁에 관심
> • 「성학집요」, 「동호문답」 저술

① 이이   ② 이황

③ 조식   ④ 송시열

24 다음 〈보기〉에서 설명하는 조선 왕조의 통치 기구는?

고난도

> **보기**
> • 16세기 초, 왜구와 여진족의 침입에 대비하고자 군무를 협의하는 임시 기구로 설치하였다.
> • 임진왜란을 계기로 문무 고관의 합의 기관으로 확대 개편되었다.
> • 이 기구의 기능이 계속 강화되면서 의정부와 6조의 실권이 없어졌다.

① 훈련도감   ② 비변사

③ 장용영   ④ 5군영

25 조선 후기 속오군에 대한 설명으로 옳은 것은?

기출

① 직업 군인의 성격을 지녔다.

② 후금과의 항쟁 과정에서 편성되었다.

③ 포수, 사수, 살수의 삼수병으로 구성되었다.

④ 양반에서부터 노비에 이르기까지 편제되었다.

23

제시된 지문은 성리학자 율곡 이이에 대한 내용이다.

② 인간의 심성을 중시하였으며, 일본 성리학의 발전에 영향을 미쳤다.
③ 북인으로, 절의를 중시하였다.
④ 서인으로서 숭명반청을 강조하였고, 숙종 때 기사환국을 계기로 죽었다.

24

① 수도 방어의 핵심 군영으로 삼수병(포수, 사수, 살수)으로 편제되었으며 모두 직업 군인이었다.
③ 정조가 설치한 군대이다.
④ 훈련도감, 어영청, 총융청, 수어청, 금위영을 5군영이라 한다.

25

속오군은 위로는 양반에서부터 아래로는 노비에 이르기까지 편제되어, 평상시에는 생업에 종사하면서 향촌 사회를 지키다가 적이 침입해 오면 전투에 동원되었다.

※ ①은 훈련도감(직업군인)에 관련된 내용이고, 속오군은 오늘날 예비군의 성격과 비슷하다고 보면 된다.

ANSWER
23. ①   **24.** ②   **25.** ④

26 조선 후기의 수취 체제에 대한 설명으로 옳은 것은?

기출

① 영정법으로 방납의 폐단이 해결되었다.

② 대동법은 토산물을 집집마다 부과하는 것이었다.

③ 균역법으로 농민은 1년에 군포 1필을 납부하였다.

④ 대동법의 시행은 지주들의 적극적인 지지를 받았다.

26

① 영정법은 연분 9등법을 따르지 않고 전세를 토지 1결당 미곡 4두로 고정시킨 것을 말하는데, 전세의 비율이 이전보다 다소 낮아졌다.

② 대동법은 농민 집집마다에 부과하여 토산물을 징수했던 공물 납부 방식을 토지의 결 수에 따라 쌀, 삼베, 무명, 동전 등으로 납부하게 하는 제도로, 농민들은 토지 1결당 미곡 12두만을 납부하였다.

④ 대동법은 경기도에서 시험적으로 시행되고 점차 전국으로 확대되었는데, 지주의 저항으로 지연되었다.

27 다음에서 설명하는 제도는?

- 토지 1결당 미곡 12두씩 납부
- '토지 결수'를 기준으로 징수
- 공납 제도의 폐단 개선이 목적

① 균역법

② 대동법

③ 영정법

④ 수미법

27

설명하는 제도는 대동법으로, 공납 제도에서 발생한 방납의 폐단을 시정하기 위해 광해군 때부터 시행되었다. 토산물과 특산물을 미(1결에 12두), 포, 전(화폐)으로 납부하도록 하였다.

28 다음과 같은 문제점을 개혁하기 위한 조선 후기의 제도는?

기출

- 농민의 군포 부담 증가
- 5군영 중심의 직업 군인 증가
- 납속과 공명첩 남발로 군역 면제자 증가

① 영정법

② 균역법

③ 대동법

④ 직전법

28

조선 후기 군역의 폐단은 17~18세기 농민에게 가장 무거운 부담이었다. 이러한 폐단을 시정하기 위하여 영조 때 균역법을 시행하여 농민들이 1년에 2필씩 내던 군포를 1필로 감해 주었고, 줄어든 군포의 수입을 보충하기 위한 보충책을 마련하였다.

ANSWER

26. ③ **27.** ② **28.** ②

29 다음 특징을 지닌 조선의 전세(田稅) 제도는?

- 풍흉에 관계없이 일정한 전세율을 적용
- 토지 1결당 미곡 4두로 고정

① 영정법   ② 대동법
③ 도조법   ④ 환곡제

30 조선 후기 영·정조 시기의 개혁 정책이 <u>아닌</u> 것은?

① 탕평파 육성   ② 비변사 설치
③ 장용영 설치   ④ 이조전랑의 권한 약화

31 조선 정조의 정책으로 옳은 것을 〈보기〉에서 고른 것은?

┌보기┐
㉠ 속오군 편성
㉡ 호패법 시행
㉢ 초계 문신 제도 실시
㉣ 규장각을 정치 기구로 육성

① ㉠, ㉡   ② ㉠, ㉢
③ ㉡, ㉣   ④ ㉢, ㉣

32 다음에서 설명하는 조선의 정치 형태는?
기출

16세기 후반 이후 사림 세력이 정치적 이념과 학문적 경향에 따라 동인, 서인 등으로 결집하여 서로 비판하며 견제하는 정치 형태이다.

① 무신 정치   ② 붕당 정치
③ 탕평 정치   ④ 세도 정치

33 기출 다음 내용과 관련 있는 붕당은?

> • 인조반정 주도　　　　• 친명 배금 정책 추진

① 동인　　　　　　② 서인
③ 남인　　　　　　④ 북인

33
인조반정을 주도한 서인은 광해군의 중립 외교 정책을 비판하고, 친명 배금 정책을 추진하여 후금을 자극하였다.

---

34 기출 일당 전제화 현상을 바로 잡기 위하여 조선 영·정조 시기에 시행된 정치는?

① 도학 정치　　　　② 붕당 정치
③ 탕평 정치　　　　④ 민주 정치

34
탕평책은 어느 한 곳에 치우치지 않고 여러 붕당에서 인재를 고루 등용하는 정책이다. 노론의 전제화를 막기 위해 영·정조 시기에 탕평책이 실시되었다.

---

35 다음에서 설명하는 상인은?

> 조선 시대 장시마다 돌아다니면서 장시와 장시를 연결했던 상인으로, 장날의 차이를 이용하여 일정 지역 안이나 전국적 장시를 무대로 활동함

① 공인　　　　　　② 보부상
③ 육의전　　　　　④ 시전 상인

35
지문의 상인은 보부상으로 전국의 장시를 무대로 활동한 관허행상이다. 보부상은 보상(봇짐 장수)과 부상(등짐 장수)으로, 보부상단을 조직하였다.

---

36 기출 다음과 같은 권한을 부여받았던 조선 시대 상인은?

> • 왕실이나 관청에 물품을 공급함
> • 특정 상품에 대한 독점 판매권을 받음

① 송상　　　　　　② 보부상
③ 경강 상인　　　　④ 시전 상인

36
제시된 권한을 부여받은 조선 시대의 상인은 시전 상인이다. 이들 시전 중에서 육의전이 가장 번성하였다.
① 개성 상인
② 관허 행상으로 보상(봇짐 장수)과 부상(등짐 장수)을 가리킨다.
③ 한강을 근거로 미곡과 어물, 소금 등의 운송과 판매를 하였던 상인이다.

ANSWER
33. ② 　34. ③ 　35. ② 　36. ④

37 조선 후기 농민 경제의 변화로 옳지 **않은** 것은?

① 농사에 소를 이용하기 시작하였다.

② 일부 농민들은 광작 농업으로 부농이 되었다.

③ 쌀의 수요가 늘면서 밭을 논으로 바꾸는 현상이 활발하였다.

④ 몰락한 농민들은 도시로 옮겨 가서 상공업에 종사하거나 임노동자가 되었다.

37
농사에 소를 이용한 것(우경)은 신라 지증왕 때(6세기)의 일이다.

38 다음에서 설명하는 상인은?

> • 대동법 실시 이후에 등장
> • 관청에서 미리 물건 값을 받아 필요한 물품을 사서 납부
> • 조선 후기 상품 화폐 경제의 발달에 기여

① 만상   ② 송상

③ 객주   ④ 공인

38
공인 : 대동법 실시 이후 등장, 17세기 상업 도시와 화폐 경제의 발달을 촉진시켰다.

39 조선 후기 상공업의 발달로 널리 유통된 화폐는?

① 은병   ② 저화

③ 상평통보   ④ 건원중보

39
인조 때부터 발행된 상평통보는 상품 화폐 경제의 발달과 관련하여 숙종 때부터 전국적으로 유통되었다.

40 조선 후기의 사회 변동에 해당하지 **않는** 것은?

① 금난전권의 확대   ② 납포장(納布匠)의 증가

③ 도고(都賈)의 성장   ④ 공인(貢人)의 대두

40
① 정조 때 육의전을 제외한 모든 시전 상인의 금난전권이 철폐되었다(신해통공).

ANSWER
37. ①   38. ④   39. ③   40. ①

41 조선 후기 경제 생활에 대한 설명으로 옳지 <u>않은</u> 것은?

고난도

① 농업 – 벼농사 이외에 상업 작물의 재배도 활발하였다.

② 수공업 – 관영 수공업이 쇠퇴하고 민간 수공업이 활발하였다.

③ 광업 – 자원이 부족한 탓으로 광산은 계속 국가 직영으로 하였다.

④ 상업 – 자유 상업이 발달하고 공인과 난전의 활동도 활발해졌다.

42 조선 후기에 상공업을 발달시키는 데 가장 크게 기여한 것은?

① 대동법　　　　② 균역법

③ 영정법　　　　④ 도조법

43 조선 후기 신분 제도의 변화에 대한 설명으로 옳지 <u>않은</u> 것은?

기출

① 경제적으로 몰락한 양반이 나타났다.

② 중인들은 신분 상승이 불가능하였다.

③ 일부 부자 농민은 양반 신분을 사기도 하였다.

④ 노비 중에서 신분이 해방되는 경우도 나타났다.

44 조선 후기 가족 제도에 대한 설명으로 옳은 것은?

① 모계 중심의 가족 제도가 강화되었다.

② 과부의 재가가 허용되었다.

③ 장자 중심의 상속이 이루어졌다.

④ 서얼도 문과에 응시할 수 있었다.

41

③ 조선 초기에는 광업을 국가가 직접 경영하였으나, 후기에 이르러서는 사채(私採)를 허용하였으므로 광산 개발이 촉진되었다.

42

대동법의 실시로 공인의 활동이 활발해져 상업 도시와 화폐 경제의 발달을 촉진시켰다.

43

중인 가운데 서얼들은 철종 때 서얼 허통이 이루어졌으나 기술직 중인들의 통청 운동은 실패하였다. 조선 후기의 신분 제도는 양반의 수가 증가하고 상민과 노비의 수는 감소하였다.

① 잔반에 대한 설명이다.

③ 경영형 부농은 납속, 공명첩, 족보 위조 등의 방법으로 신분을 상승하였다.

④ 외거노비가 신분 상승의 가능성이 많았다.

44

조선 후기에는 부계 중심의 가족제도가 확립되면서, 혼인 후 곧바로 여자가 남자 집에서 생활하는 친영 제도(시집살이)가 정착하게 되었다. 제사는 반드시 큰아들이 지내야 한다는 의식이 확산되었고, 재산의 상속에서도 큰아들이 우대를 받게 되었다.

ANSWER

41. ③　42. ①　43. ②　44. ③

45 조선 후기 울산 지역 호적을 분석한 표를 통해 알 수 있는 사회 변동이 <u>아닌</u> 것은?

(단위 : %)

시 기	양반호	상민호	노비호
1729	26.29	59.78	13.93
1765	40.98	57.01	2.01
1804	53.47	45.61	0.92
1867	65.48	33.96	0.56

① 양반 수의 증가
② 노비 제도의 폐지
③ 신분 변동의 활발
④ 상민과 노비 수의 감소

46 조선 후기 실학자들이 추구하였던 공통된 목표는?

① 자영농의 육성
② 상공업의 진흥
③ 토지의 균등 분배
④ 부국강병과 민생 안정

47 다음 학자들의 주장으로 가장 적절한 것은?

> • 유형원　　• 이익　　• 정약용

① 상공업을 중시하자.
② 토지 제도를 개혁하자.
③ 기술과 교통 수단을 발전시키자.
④ 청의 발달된 문물을 받아들이자.

45

조선 후기에는 양반의 수가 증가하고 상민과 노비의 수가 크게 감소하였으며 사회·경제적 변화로 인하여 신분 변동이 활발해져 양반 중심의 신분 체제가 크게 흔들렸다.

※ 신분제가 폐지된 것은 갑오개혁(1894) 때이다.

46

실학자들은 궁극적으로 민생 안정과 부국강병을 추구하였다.

47

제시된 학자들은 중농학파로, 농민 생활의 안정을 위해 토지 제도 개혁을 주장하였다.

ANSWER
45. ② 46. ④ 47. ②

48 다음에서 설명하고 있는 실학자는?

> • 상공업의 진흥 강조
> • 청(淸)에 다녀온 후 「열하일기」 저술
> • 실학정신을 소설로 표현함 - 「양반전」, 「허생전」,
>   「호질」 등

① 박지원　　　　　　② 박제가
③ 유수원　　　　　　④ 홍대용

48
박지원은 상공업의 진흥을 강조한 실학자로,
수레와 선박을 통한 무역을 강조하였다.

※ 대표적인 중상학자에는 유수원, 홍대용,
　 박지원, 박제가 등이 있고, 대표적인 중농
　 학자에는 유형원, 이익, 정약용 등이 있다.

49 다음 〈보기〉에서 설명하는 정약용의 토지 개혁론은?

> ┌ 보기 ┐
> • 한 마을을 단위로 토지를 공동 소유, 공동 경작
> • 노동량에 따라 수확량을 분배하는 일종의 공동 농장
>   제도

① 여전론　　　　　　② 균전론
③ 한전론　　　　　　④ 정전론

49
② 유형원의 토지 개혁론으로, 관리·선비·
　 농민 등에게 차등을 두어 토지를 재분
　 배하자는 주장
③ 이익의 토지 개혁론으로, 농가 매호에
　 영업전을 지정해 매매할 수 없도록 하
　 고, 그 외의 토지는 매매를 허용하여 점
　 진적인 토지 소유의 평등을 주장
④ 정약용의 토지 개혁론으로, 국가에서 토
　 지를 매입하여 농민에게 분배하고 매입
　 하지 못한 지주의 토지는 골고루 소작
　 하게 하자는 주장

50 다음 내용을 종합하여 파악할 수 있는 실학의 성격으로
고난도 적절한 것은?

> • 안정복은 단군 조선에서부터 고려 말까지의 우리 역사
>   를 체계적으로 정리한 「동사강목」을 지었다.
> • 이중환은 전국 8도의 자연환경과 경제, 생활, 풍속을
>   자세히 조사하여 「택리지」를 저술하였다.

① 실증주의적인 방법으로 학문을 연구하였다.
② 자유로운 비판 정신을 바탕으로 연구하였다.
③ 우리의 것을 중시하는 민족적인 성격을 띠었다.
④ 학문적 연구 성과를 실생활에 활용하고자 하였다.

50
국학은 우리 민족의 전통, 현실에 대한 관
심이 고조되면서 발달되었다.

ⒶⓃⓈⓌⒺⓇ
48. ①　49. ①　50. ③

51 다음 〈보기〉는 조선 후기에 나타난 현상들이다. 그 결과로 옳은 것은?

> ┌보기┐
> • 장시의 발달   • 한글 소설의 보급
> • 서당 교육의 확대   • 판소리, 타령, 잡가의 유행

① 양반 계층의 분열   ② 농촌 경제의 몰락
③ 사회 계층상의 분화   ④ 서민의 의식 수준 향상

51
〈보기〉의 발달로 서민의 의식 수준이 향상되어 양반 중심 사회의 모순과 지배 질서의 문란에 대하여 비판하였다.

52 조선 후기에 유행한 서민 문화가 <u>아닌</u> 것은?

① 민화   ② 탈춤
③ 한문학   ④ 판소리

52
조선 후기 상민층의 경제력 향상과 서당 교육의 보급으로 서민 문화가 발달하였다. 한글 소설, 사설시조, 판소리, 탈춤, 민화 등을 통해 서민층의 생활 모습과 감정을 사실적으로 표현하였다.

53 다음 내용에 해당하는 조선 후기의 화가는?

> • 서민들의 생활 모습을 소탈하고 익살스럽게 표현함
> • 대표적인 작품 : 서당도, 씨름도 등

① 정선   ② 안견
③ 신윤복   ④ 김홍도

53
조선 후기(18세기 후반)에는 풍속화가 유행하였다. 대표적으로 김홍도는 서민의 생활 모습을 그렸으며, 신윤복은 도회지 양반의 풍류 생활과 남녀 애정에 관한 그림을 그렸다.
① 18세기 전반 우리나라의 자연을 그대로 그리는 진경산수화를 창안하였다.
② 15세기 화원으로서 몽유도원도를 그렸다.

54 조선 후기 문화에 대한 설명으로 옳지 <u>않은</u> 것은?

① 서민적인 정취를 표현한 풍속화와 민화가 유행하였다.
② 양반들을 주축으로 한 문예활동이 활발하였다.
③ 서민을 대상으로 하는 한글 소설, 사설시조 등이 발달하였다.
④ 판소리와 탈춤은 서민 문화 확대에 크게 기여하였다.

54
② 조선 후기에는 문예 활동에 중인층과 서민층의 참여가 두드러졌다.

ANSWER
51. ④ 52. ③ 53. ④ 54. ②

55 조선 후기의 근대 지향적 움직임이 <u>아닌</u> 것은?

① 경영형 부농의 등장　② 실학 연구
③ 신분 변동의 심화　④ 세도 정치

56 다음 내용에 해당하는 종교는?

> • 17세기 중국을 통하여 서학으로 소개됨
> • 유교적 사회 질서를 부정한다는 이유로 박해를 받음

① 동학　　　② 유교
③ 불교　　　④ 천주교

57 다음과 관련이 있는 종교는?

기출

> • 최제우가 창도
> • 최시형이 「동경대전」으로 교리 정리
> • 여성과 어린이의 인격을 존중하는 사회 추구

① 불교　　　② 도교
③ 동학　　　④ 천주교

58 다음에 제시된 역사적 사건의 공통점이라 할 수 있는 것은?

> • 홍경래의 난　　　• 진주 농민 봉기

① 인간 평등사상을 주장하였다.
② 탐관오리의 착취에 대한 항거이다.
③ 반봉건적, 반외세적 성격을 가졌다.
④ 부당한 지방 차별 대우가 원인이다.

CHAPTER
04

국제 질서의 변동과 근대 국가 수립 운동

국제 질서의 변동과 근대 국가 수립 운동

강화도 조약, 조·미 수호 통상 조약, 개화파와 위정척사파의 대립, 온건 개화파와 급진 개화파의 대립, 정부의 개화 정책, 임오군란과 갑신정변 등은 출제 빈도가 매우 높은 부분이므로 배경과 과정, 결과를 체계적으로 정리하여 공부해야 합니다. 그리고 동학 농민 운동, 갑오개혁, 을미개혁, 독립 협회, 광무개혁의 주요 내용과 인물을 비롯하여 을미·을사·정미의병을 서로 비교해서 각각의 특징을 확실하게 정리해야 하며, 특히 간도와 독도는 자주 출제되니 잘 숙지해야 합니다.

01 동아시아 삼국의 개항

1 서양 세력의 아시아 진출

(1) 유럽의 아시아 진출

① 신항로 개척 이후 : 포르투갈, 에스파냐 주도

→ 아시아, 아메리카 진출(정복·무역 활동)

② 17세기 이후 : 네덜란드, 영국, 프랑스 등

→ 인도, 동남아시아를 거쳐 동북아시아 진출

(2) 중국과 일본의 서양과의 교류

공행	▼	검색
청 정부로부터 서양인과 무역할 수 있도록 허가를 받은 특허상인		

① 중국 : 예수회 선교사들을 통해 크리스트교 등 서양 문물이 전래되었고, 공행 무역을 하였다.

② 일본 : 에도막부가 쇄국 정책을 추진하였다.

→ 크리스트교 금지, 네덜란드 상인만 무역 허용, 난학(네덜란드를 통해 들어온 서양 학문) 발달

2 중국과 일본의 문호 개방

(1) 중국의 문호 개방

① 아편 전쟁(1840 ~ 1842) : 영국의 삼각 무역(아편 중독 폐해 심각, 은 유출로 청의 재정 파탄)으로 인한 전쟁 → 영국 승리 → 난징 조약 체결(1842, 중국의 근대적 문호 개방)

② 제2차 아편 전쟁(1856 ~ 1860) : 애로호 사건 → 영·프 연합군의 승리 → 톈진 조약, 베이징 조약 체결

③ 태평천국 운동(1851 ~ 1864) : 홍수전을 중심으로 한 농민 운동(반봉건·반제국)

→ 멸만흥한, 토지 균등 분배, 남녀평등, 신분제·전족 폐지 주장

④ 양무 운동(1861 ~ 1894) : 이홍장, 증국번 등의 한인 관료가 중심된 근대화 운동

㉠ 주장 : 중체서용
중국의 전통적인 체제를 유지하면서 서양의 기술만을 배우자

㉡ 결과 : 청·일 전쟁 패배로 실패

(2) 일본의 개항

① 개항 : 미국 페리 제독의 통상 요구 → 미·일 화친 조약 체결(1854, 일본의 근대적 문호 개방) → 미·일 수호 통상 조약(1858)

② 메이지 유신(1868) : 근대화 개혁 운동 → 성공

㉠ 주장 : 문명 개화론
서양의 기술뿐만 아니라 제도와 사상, 문화까지 받아들이자

㉡ 특징 : 부국강병을 표방한 위로부터의 급진적 개혁

㉢ 내용 : 중앙 집권 강화, 신분제 폐지, 징병제, 조세 제도 개혁, 국민 교육 시행, 해
봉건제 폐지, 지방 제도 정비
외 문물 시찰

③ 일본의 제국주의화

㉠ 정한론 대두 : 메이지 유신 초기에 대두한 조선 침략론 → 서양 열강에 국력을 과시, 국내 불만 무마, 대륙 진출의 발판을 마련하기 위한 목적

 동아시아 삼국의 최초의 근대적·불평등 조약
난징 조약(중국), 미·일 화친 조약(일본), 강화도 조약(조선)

㉡ 대외 침략 : 타이완 침략(1874), 운요호 사건을 구실로 조선에 개항 강요(1876)

02 열강의 접근과 조선의 대응

1 흥선 대원군의 집권 당시 국내·외 정세

(1) 국 내

세도 정치로 인한 정치 기강 문란·왕권 약화, 삼정의 문란으로 재정 악화, 농민 봉기로 인한 사회 혼란, 동학·천주교의 교세 확장

(2) 국 외

이양선 출몰, 일본의 개방, 서양이 베이징을 함락하여 문호 개방, 러시아의 연해주 차지
→ 위기 의식 고조

(3) 흥선 대원군의 과제

세도 정치의 문제점 해결, 농민들의 불만 해소, 외세 침략 방어

대원군	▼	검색
왕이 아들 없이 죽어 종친 가운데서 왕위를 잇게 되는 경우, 새로운 국왕의 실제 아버지를 부른 칭호		

2 통치 체제의 정비(내정 개혁) 중요⁺

삼군부	▼	검색
1865년에 비변사가 담당하던 군사 업무를 맡기기 위해 설치한 기구이다. 군을 통솔하고 궁궐 경비를 담당하다가 1880년에 폐지되어 통리기무아문으로 합쳐졌다.		

(1) 개혁 목적 : 왕권 강화, 국가 재정 확충, 민생 안정

(2) 정치 개혁

① 인사 개혁 : 안동 김씨 축출 → 세도 정치 폐단 제거, 능력에 따른 고른 인재 등용, 종친 등용

② 제도 개혁 : 비변사 축소·폐지 → 의정부와 삼군부 부활

③ 법전 정비 : 「대전회통」, 「육전조례 편찬」 → 통치 질서 확립

④ 국방 강화 : 수시로 출몰하는 이양선 대비 → 수군 강화, 훈련도감의 군사력 증강, 해안 지대에 보루 설치
수군통제사의 지위 격상

(3) 수취 체제 개혁

① 목적 : 삼정의 문란을 시정하여 민생 안정과 국가 재정 확충을 도모하고자 하였다.

② 전정 : 양전 실시(토지 조사) → 양안에 빠진 토지(은결) 색출, 지방관과 토호의 토지 겸병 금지

③ 군정 : 호포제 실시 → 공평한 조세 부담 실현, 양반들의 불만
양반에게도 군포 징수

④ 환곡 : 사창제로 개혁 → 아전의 간여 배제, 지역민의 자치적인 운영과 관리

(4) 서원 철폐

① 목적 : 지역 양반 유생의 농민 수탈을 차단하고자 하였다. → 지방 통제력 회복, 민생 안정, 국가 재정 확충

② 과정 : 전국에 600여개 중 47개소만 남기고 철폐하였다(면세·면역 특권). → 토지와 노비 몰수

③ 결과 : 백성은 환영하고, 양반 유생들은 반발하였다.

(5) 경복궁 중건

① 목적 : 왕실의 위엄을 회복하고자 하였다. → 개혁 정책의 성공과 왕권 강화의 상징

② 중건 사업을 위한 재정 마련

  ㉠ 원납전 강제 징수 : 일종의 기부금 → 각 고을 단위로 할당량 부과

  ㉡ 당백전 발행 : 고액 화폐, 대량 발행 → 화폐 가치 하락과 물가 폭등 초래

  ㉢ 통행세 징수(문세 징수) : 도성문을 출입하는 사람에게 징수

당백전	▼	검색

경복궁 중건 비용을 충당하기 위해 당시 통용되고 있던 상평통보의 100배 가치를 가진 고액 화폐로 발행되었다. 그러나 실질 가치는 상평통보의 5~6배에 불과하여 화폐 가치의 하락과 물가 폭등을 가져왔다.

알아두면 점수따는 역사이야기　　　　　　　　　　　　　　　서원의 철폐

　대원군이 영을 내려 나라 안 서원을 모두 허물고 서원 유생들을 쫓아 버리도록 하였다. …… 양반들이 크게 놀라 온 나라 안이 물 끓듯 하였고, 대궐 문간에 나아가 울부짖는 자도 수십만이나 되었다. 조정에서는 어떤 변이라도 있을까 하여 대원군에게 간하기를, "선현의 제사를 받드는 것은 선비의 기풍을 기르는 것이므로 이 명령만은 거두기를 청합니다."라고 하였다. 대원군이 크게 노하여 말하기를, "진실로 백성에게 해되는 것이 있으면 비록 공자가 다시 살아난다 하더라도 나는 용서하지 않겠다. 하물며 지금 서원은 훌륭한 학자를 제시하는 곳인데도 도둑의 소굴이 되지 않았더냐."라고 하였다. 그리고는 형조와 한성부 병사들을 풀어서 대궐 문 앞에서 호소하려는 선비를 강 건너로 몰아냈다.　　　　　　- 「근세조선정감」

→ 흥선 대원군은 국가 통제에서 벗어난 지방 토호의 근거지이자, 정쟁의 중심지였던 서원을 대폭 정리하였다. 당시 양반 유생들의 반발이 격심하였으나, 흥선 대원군은 뜻을 굽히지 않고 전국의 서원 중 47개소만 남기고 600여 개소를 철폐하였다. 이로써 국가 재정이 확충되고 민생이 안정되었으나, 양반 유생들의 반감이 심화되어 이후 흥선 대원군 퇴진의 배경이 되었다.

   ② 농민 부역 강제 동원 : 토목 공사에 농
    민 동원

   ⑩ 양반 소유의 묘지림 벌목 : 부족한 목
    재 확보

  ③ 결과 : 경복궁 완공(1872), 양반과 백성의
   불만 고조

바로 바로 CHECK√

흥선 대원군의 정책이 <u>아닌</u> 것은?

① 서원 정리
❷ 강화도 조약 체결
③ 삼정의 개혁
④ 의정부와 삼군부의 기능 회복

(6) 개혁 정치의 결과

 ① 긍정적 평가 : 왕권을 강화하여 정치 안정과 국가 재정의 확보, 중앙 집권 체제 확립, 민생
  안정을 도모하였다.

 ② 부정적 평가

  ㉠ 양반의 불만 : 서원 정리, 호포제 실시
  ㉡ 백성의 불만 : 경복궁 중건을 위한 부역 동원
  ㉢ 당백전 발행으로 물가가 폭등하였다.

3 통상 수교 거부 정책 중요⁺

(1) 대외 정책

 ① 전개 : 서양 세력의 통상 수교 요청을 거부하였다. → 서양 세력의 침략에 대비하기 위해 국방력
  강화, 무기 개량, 강화도에 포대 설치

 ② 천주교 박해 : 흥선 대원군은 러시아의 남하를 막기 위해 천주교 선교사를 통해 프랑스
  세력을 끌어들이려 하였으나 협상에 실패하였다. → 국내의 천주교 반대 기운 증가

(2) 병인양요(1866)

 ① 배경 : 병인박해
   천주교 박해로 프랑스 선교사 9명, 8천여 명의 천주교 신자 처형

 ② 경과 : 프랑스 함대의 강화도 침략(로즈 제독이 7척의 군함과 600여 명의 군사로 약 1개
  월간 강화부 점령) → 양헌수의 활약(정족산성), 한성근의 활약(문수산성) → 프랑스군
  격파

③ 결과 : 강화읍 파괴, 프랑스 군대의 철수, 프랑스군이 외규장각의 도서와 의궤와 각종 문화재 약탈

④ 영 향

ㄱ 서양 세력의 침입을 막기 위해 국방에 대한 준비가 강화되었다.

ㄴ 천주교 신자들에 대한 박해가 심화되었다.

ㄷ 흥선 대원군의 통상 수교 거부 의지가 강화되었다.

심화학습 외규장각

규장각은 정조가 즉위하면서 설치했던 왕실 도서관 겸 학술 연구 기관으로, 정책 연구 기능까지 갖추었다. 외규장각은 중요한 도서를 보관할 목적으로 정조 5년에 강화도에 설치되었다. 순조 때에는 약 1천여 종, 6천여 권의 도서가 보관되어 있었다고 한다. 그런데 병인양요 때 프랑스가 은덩이 19상자와 외규장각 의궤 도서 340여 권을 약탈해 가고, 관아 건물을 비롯해 외규장각 등을 파괴·방화하여 나머지 외규장각 도서는 모두 불타 버렸다. 2010년 11월에 외규장각 의궤 도서 297권을 일괄 대여해 5년 단위로 갱신하는 방식으로 사실상 반환하는 합의문을 채택하였다.

---

(3) 오페르트 도굴 사건(1868)

① 원인 : 독일 상인 오페르트가 2차례 통상 요구 → 조선 정부의 거절

② 내용 : 흥선 대원군의 아버지 남연군의 묘(충남 덕산)를 도굴하려다 지역 주민들의 저항으로 실패하였다.

③ 결과 : 서양에 대한 배척 기운 고조

(4) 제너럴셔먼호 사건(1866)

① 배경 : 미국 상선 제너럴셔먼호가 대동강을 거슬러 평양에 접근하여 통상을 요구하였다.

② 전개 : 정부의 통상 수교 거부 정책에 따라 통상 요구 거절 → 퇴거 요구에 불응 → 미국 상인들이 민가 약탈, 관리 감금 등의 행패를 부림

③ 결과 : 평양 관민들이 제너럴셔먼호를 소각하였다.

(5) 신미양요(1871)

① 배경 : 제너럴셔먼호 사건(1866)을 구실로
미국이 배상금 지급과 통상 조약 체결을
요구 → 조선의 거절

② 경과 : 로저스 제독이 미국 군함 5척, 천여
명의 병력을 이끌고 강화도 침략(초지진,
덕진진) → 어재연의 저항(광성보 전투) →
조선인의 저항 → 미국의 퇴각

③ 결과 : 미국 함대 철수, 국방 강화

④ 척화비 건립 : 두 차례의 양요를 겪은 후 전
국에 척화비를 건립하였다. → 통상 수교 거부

　의지를 널리 알림

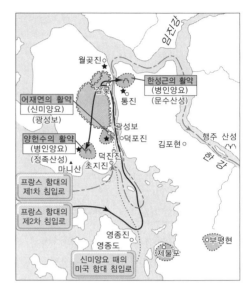

[병인양요와 신미양요]

※ "양이침범, 비전즉화, 주화매국"(洋夷侵犯 非戰則和 主和賣國) : "서양오랑캐가 침범하였는데 싸우지 않는
것은 화친을 주장하는 것이오, 화친을 주장하는 것은 나라를 파는 일이다."

(6) 통상 수교 거부 정책의 결과

① 의의 : 외세의 침입을 일시적으로 막아낸 자주적 운동
② 한계 : 서양의 새로운 문물을 받아들이는 근대화가 지연되었고, 세계 정세를 깊이 인식하
지 못하였다.

심화학습 흥선 대원군의 정책

왕권 강화	민생 안정	대외 정책
• 고른 인재 등용	• 서원 정리	• 병인양요(프랑스)
• 비변사 폐지	• 호포제 실시	• 오페르트 도굴 사건
• 경복궁 중건	• 환곡제 개혁(사창제)	• 신미양요(미국) → 척화비(외세 배척)

03 문호 개방과 불평등 조약

1 강화도 조약

(1) 강화도 조약(조 · 일 수호 조규, 1876) **중요⁺**

① 배 경

ㄱ 집권 세력의 외교 정책 변화 : 흥선 대원군의 하야(1873) → 고종의 친정 체제(중전 민씨 정권 주도)

> **하야, 친정 체제** 검색
> • **하야** : 관직이나 정계에서 물러남을 이르는 말
> • **친정 체제** : 임금이 직접 나라의 정사를 돌보는 체제

ㄴ 외교 정책 변화 : 통상 수교 거부 정책 → 개화파의 세력 확대

ㄷ 통상 개화론의 대두 : 박규수, 오경석, 유홍기 등 → 서양과의 통상 주장

ㄹ 일본의 국력 강화 : 정한론 대두, 일본의 포함 외교

> **포함 외교** 검색
> 강대국이 함대를 파견하여 자기 나라의 요구를 관철하도록 압력을 행사하여 유리한 조건을 얻어내는 일종의 외교 수단

ㅁ 운요호 사건(1875) : 일본 군함의 불법 침입으로 한국과 일본이 충돌한 사건 → 일본은 사건의 책임을 물어 조선에게 개항을 요구함

② 주요 내용

ㄱ 조선은 자주국이며, 일본과 평등함을 규정하였다. → 청의 종주권을 배제하기 위한 목적

ㄴ 3개 항구 개항 : 인천, 부산, 원산 → 정치적 · 경제적 · 군사적 목적

ㄷ 개항장의 일정 지역에 일본인의 거주를 허용하였다.

ㄹ 해안 측량권 : 일본이 조선의 해안을 자유로이 측량하는 것을 허용하였다.

ㅁ 치외 법권 인정 : 일본인들이 조선에 와서도 일본의 법에 의해 보호를 받았다.

③ 성격 : 조선의 문호 개방, 최초의 근대적 조약, 불평등 조약

※ 불평등 조약의 근거 : 해안 측량권, 치외 법권 → 조선의 주권 침해

> **바로 바로 CHECK√**
>
> 다음에서 설명하는 조약은?
>
> • 운요호 사건을 계기로 1876년 조선이 일본과 맺은 우리나라 최초의 근대적 조약
> • 해안 측량권과 치외법권을 내준 불평등 조약
>
> ① 한성 조약 ❷ 강화도 조약
> ③ 제물포 조약 ④ 한 · 일 신협약

(2) 강화도 조약의 부속 조약

① 조·일 수호 조규 부록(1876)

　㉠ 개항장에서의 일본인 거류지 설정 : 일본인의 자유 활동 지역 확보

　㉡ 개항장에서의 일본 화폐 유통, 일본 외교관의 여행 자유 허가

거류지(조계지) ▼	검색

조약이나 관례에 따라 외국인의 거주와 무역을 허용한 일정 지역

② 조·일 통상 장정(조·일 무역 규칙, 1876)

　㉠ 양곡의 무제한 유출 허용 : 조선의 항구에 거주하는 일본인의 쌀과 잡곡의 수출을 허용하였다.

　㉡ 일본 수출입 상품에 대한 무관세 허용 : 국내 산업에 대한 보호 조치가 상실되었다.

③ 목적 : 일본의 경제적 침략의 발판 구축

알아두면 점수 따는 역사이야기　　　　　　　　강화도 조약과 부속 조약, 조·일 통상 장정

1) 강화도 조약
- 제1관 : 조선국은 자주의 나라이며, 일본과는 평등한 권리를 가진다.
- 제2관 : 일본국 정부는 지금부터 15개월 후 수시로 사신을 조선국 서울에 파견한다.
- 제4관 : 조선국은 부산 외에 두 곳을 개항하고, 일본인이 왕래 통상함을 허가한다.
- 제7관 : 일본국의 항해자가 자유로이 해안을 측량하도록 허가한다.
- 제10관 : 일본국 인민이 조선국 지정의 각 항구에 머무르는 동안에 죄를 범한 것이 조선국 인민에게 관계되는 사건일 때에는 모두 일본 관원이 심판할 것이다.

2) 조·일 수호 조규 부록
제7관 일본국 인민은 본국 화폐로 조선국 인민의 소유물과 교환할 수 있으며, 조선국 인민은 교환한 일본의 화폐로 일본국 물지를 살 수 있다.

3) 조·일 통상 장정
- 제6칙 조선국 항구에 거주하는 일본인은 쌀과 잡곡을 수출입할 수 있다.
- 제7칙 일본 정부에 소속된 모든 선박은 항세를 납부하지 않는다.

→ 강화도 조약은 최초의 근대적 조약이자 해안 측량권, 영사 재판권을 허용한 불평등 조약이었다. 또한 부속 조약인 수호 조규 부록과 통상 장정을 통해 일본은 여러 특권을 획득하여 경제적 침략의 발판을 마련하였다.

2   서양 열강과의 수교

(1) 조 · 미 수호 통상 조약(1882)

① 배 경

    ㉠ 청의 알선 : 일본과 러시아 세력을 견제하려는 목적 → **조선과 미국이 조약을 체결함**

    ㉡ 황쭌셴의 「조선책략」 유포 : 조선이 러시아의 남하를 막으려면 미국과 연합해야 한다는 내용

② 내용 : 치외 법권(영사 재판권), 최혜국 대우, 수입 상품에 관세 부과, 거중조정 등

③ 성격 : 서양 국가와 맺은 최초의 조약, 불평등 조약

    ※ 불평등 조약의 근거 : 치외 법권, 최혜국 대우

④ 영 향

    ㉠ 미국에 보빙사를 파견하였다.

    ㉡ 서양 열강과 차례로 불평등한 조약을 체결하는 데 영향을 주었다.

> **최혜국 대우, 거중조정** [검색]
> - **최혜국 대우** : 통상, 항해 조약 등에서 한 나라가 어떤 외국에 부여하고 있는 가장 유리한 대우를 상대국에게도 부여하는 일
> - **거중조정** : '양국 중 한 나라가 다른 나라의 핍박을 받으면 반드시 서로 돕는다.'라는 내용

(2) 서양 각국과의 조약 체결

① 미국과의 수교 이후 영국, 독일, 러시아, 이탈리아, 프랑스(천주교 포교권 인정, 1886) 등과도 수교를 맺었다. → **불평등 조약**

② 결 과

    ㉠ 중국 중심의 전통적 질서를 탈피하고, 서양 근대 문물을 수용하였다.

       → **근대 사회로 진전, 세계 질서에 편입**

    ㉡ 청과 일본 및 서양 열강의 침략이 강화되었다.

    ㉢ 외국 상품의 대량 유입으로 국내 산업이 큰 타격을 받았고, 자생적 자본주의 발전이 왜곡되었다.

04 개화 정책의 추진

1 개화 정책

(1) 개화파의 형성

① 의미 : 적극적인 개화 정책을 통해 국가를 발전시키자고 주장하였다.

② 형성 배경

    ㉠ 국내 : 북학파의 실학사상 계승, 흥선 대원군 집
       권기에 통상 개화론의 대두

    ㉡ 국외 : 청의 양무운동과 일본의 메이지 유신의 영향

북학파 ▼ 검색
• 18세기 조선 후기에 박지원, 홍대용, 박제가 등 북학파 실학자들은 상공업 진흥과 기술 혁신을 위해 청나라의 선진 문물을 받아들이자고 주장하였다. • **북학파의 계승** : 북학파 → 통상 개화론자 → 개화파

③ **개화사상의 선구자** : 박규수, 오경석(역관), 유홍기
  (의관) 등이 통상 개화론을 주장하였다.

    ㉠ 김옥균, 박영효, 유길준, 김윤식 등에게 새로운 사상을 전파하였다.

    ㉡ 개항을 전후하여 개화파(정치 세력) 형성에 영향을 주었다.

(2) 개화파의 분화

① 개화파의 성장 : 1880년대에 본격적으로 정계에 진출하였다. → 정부의 대외 정책 뒷받침

② 개화파의 분화 : 임오군란 이후 개화 정책의 방향을 둘러싸고 분화하였다.

구 분	온건 개화파(수구당, 사대당)	급진 개화파(개화당, 독립당)
인 물	김홍집, 어윤중, 김윤식	김옥균, 박영효, 홍영식, 서광범
입 장	권력을 장악한 민씨 세력과 결탁	청에 의존하는 민씨 세력에 반대
모 델	청의 양무운동(중체서용)	일본의 메이지유신(문명개화론)
주 장	점진적 개혁 추구(동도서기론)	급진적 개혁 추구(정치, 사회 제도 개혁 포함)
방 법	친청 사대 정책, 서양의 기술 수용	• 정부의 사대 정책과 청의 간섭 반대 • 서양의 기술, 사상, 제도 수용

동도서기론(東道西器論) ▼ 검색
우리의 전통적인 제도와 사상(동도)을 지키면서 서양의 근대적인 기술과 과학 문명(서기)을 받아들이자는 주장(≒ 청의 중체서용, 일본의 화혼양재)

(3) 정부의 개화 정책 추진 중요+

① 해외 시찰단과 유학생 파견

ㄱ 수신사(일본) : 일본의 근대적 발전상과 세계정세 변화 파악

※ 1차 수신사(김기수, 1876), 2차 수신사(김홍집, 1880)

「조선책략」 유포

ㄴ 조사 시찰단(일본, 1881) : 근대적 시설 시찰(박정양, 어윤중, 홍영식)

ㄷ 영선사(청, 1881) : 근대적 무기 제조 기술 시찰(김윤식) → 국내 '기기창(무기 제조)' 설치

ㄹ 보빙사(미국, 1883) : 우리나라 최초의 구미 사절단

② 개화 정책

ㄱ 통리기무아문 설치 : 개화 정책을 추진하여 근대화를 이루기 위한 중심 기구

ㄴ 별기군 창설 : 일본인 교관과 일본의 신무기로 근대식 군사 훈련을 하는 신식 군대

2 위정척사 운동과 임오군란

(1) 위정척사 운동

① 의미 : 정학(正學, 성리학)을 지키고 사학(邪學, 성리학 이외의 사상과 문물)을 배격하자는 운동 → 고유의 유교 문화와 질서 수호, 일본·서양과의 수교 반대

② 주도 세력 : 보수적인 양반 유생층

③ 전 개

| 척화 주전론, 영남 만인소 | 검색 |

- **척화 주전론** : 서양의 통상 요구를 배척하고, 서양 침략 세력을 물리치자는 주장
- **영남 만인소** : 안동과 상주 등 영남의 유생들이 「조선책략」의 유포 등 개화 정책에 반대하여 올린 상소

시 기	배경 및 사건	내 용	인 물
1860년대	서양의 통상 요구 (이양선 출몰, 병인양요)	• 통상 반대 운동(척화 주전론) • 흥선 대원군의 통상 수교 거부 정책 지지	이항로, 기정진
1870년대	문호 개방 (신미양요, 강화도 조약)	개항 반대 운동 : 왜양 일체론, 개항 불가론	최익현
1880년대	「조선책략」 유포, 서양 열강과 수교	개화 반대 운동(영남 만인소) : 「조선책략」 유포에 대한 반발, 서양과의 수교 반대	이만손, 홍재학
1890년대	일본의 침략 정책 (을미사변, 단발령)	항일 의병 운동(일반 민중과 결합)	유인석, 이소응

④ 의의 : 반침략·반외세의 자주적 민족 운동으로, 항일 의병 운동으로 계승되었다.

⑤ 한계 : 전통적인 봉건 체제 및 성리학적 질서를 고수하여 근대 사회로의 발전에 장애가 되었다.

(2) 임오군란(1882)

① 원인 : 정부의 개화 정책 불만, 일본의 경제적 침탈로 다량의 곡식 유출, 쌀값 폭등

② 계기 : 구식 군인에 대한 차별대우 심화

③ 경과 : 구식 군인의 봉기에 도시 빈민층도 가담 → 정부 고관·일본인 교관 살해, 일본 공사관과 궁궐 습격(명성 황후 피신) → 흥선 대원군 일시적 재집권(개화 정책 중단) → 민씨 일파 요청으로 청군 개입으로 진압(흥선 대원군을 청으로 납치) → 민씨 재집권

④ 결 과

　㉠ 청의 내정 간섭 심화 : 군사·외교 고문 파견, 서울에 군대 주둔

　㉡ 체결 조약

　　• 조·청 상민 수륙 무역 장정 체결 : <u>청 상인의 내륙 진출 허용</u>, 치외 법권 인정
　　　　　　　　　　　　　　　　청 상인의 특권 인정

　　• 제물포 조약 : 일본에 배상금 지불, 일본 군대의 주둔 허용 → 일본에 수신사 파견(박영효, 태극기 첫 사용)

　　• 조·일 수호 조규 속약 : 일본 상인의 내륙 진출과 일본 외교관의 내륙 여행 허용

알아두면 점수따는 역사이야기　　　　　　　　　　　　　　　위정척사 운동의 전개

1) 오늘날 서양인의 침입을 당하여 국론이 화친과 전쟁으로 양분되어 있습니다. 서양인을 공격해야 한다는 주장은 내 나라 사람의 주장이고, 서양인과 화친해야 한다는 주장은 적국 쪽 사람의 주장입니다. 전자를 따르면 나라의 문화와 전통을 보전할 수 있지만, 후자에 따른다면 조선인이 금수의 지경으로 빠지고 말 것입니다. 이 점이 서양인과 싸우느냐 화친하느냐 하는 차이가 될 것입니다. 그러므로 조금이라도 근본을 잡는 신념을 가진 사람이라면 모두 이런 상황을 알 수 있는 일입니다.　　　– 이항로, 「화서집」

2) 일단 강화를 맺고 나면 저 적들의 욕심은 물화를 교역하는 데 있습니다. 저들의 물화는 사치하고 기이한 노리개이고 손으로 만든 것이어서 그 양이 무궁한 데 반하여, 우리의 물화는 모두가 백성의 생명이 달린 것이고 땅에서 나는 것으로 한정이 있는 것입니다. …… 교역을 한다면 …… 불과 몇 년 지나지 않아서 땅과 집이 모두 황폐하여 다시 보존하지 못하게 될 것이고, 나라 또한 망하게 될 것입니다. …… 저들이 비록 왜인이라고 하나 실은 양적(洋賊)이옵니다. 강화가 한번 이루어지면 사학(邪學)의 서적과 천주의 초상화가 교역하는 속에서 들어올 것입니다. 그렇게 되면 얼마 안 가서 사학이 온 나라 안에 퍼지게 될 것입니다.　　　　　　　　　　　　　　　　　　　　　　　　– 최익현, 「면암집」

→ 병인양요 때 이항로와 기정진은 척화 주전론을 주장하여 흥선 대원군의 통상 수교 거부 정책을 뒷받침하였으며, 강화도 조약 체결 직전에 최익현은 조약 체결에 반대하는 다섯 가지 이유를 적은 상소를 올렸다. 위정척사 운동은 외세의 침략을 꿰뚫어보고 전개된 반외세, 자주 운동으로서 1890년대 항일 의병 운동으로 계승되었다.

05 갑신정변과 열강의 경제 침탈

1 갑신정변과 주변의 정세

(1) 갑신정변(1884)

① **배경** : 청의 내정 간섭 강화, 민씨 정권의 소극적 개화 정책에 대한 불만, 친청 정책에 대한 불만, 청·프 전쟁으로 청군 일부 철수, 일본의 군사적 지원 약속

② **중심 인물** : 급진 개화파(김옥균, 서광범, 박영효, 홍영식 등 개화당 인사)

③ **경과** : 우정총국 개국 축하연 → 정변 단행(민씨 정권의 요인 처단) → 개화당 정부 수립, 14개조 개혁 정강 발표 → 청군의 개입으로 3일 만에 실패(3일 천하) → 김옥균, 박영효 등 일본으로 망명 → 청의 내정 간섭 더욱 심화

④ **한계** : 외세(일본)에 의존, 청군의 개입, 토지 제도 개혁 소홀 → 민중의 지지 부족

⑤ **목표** : 근대 국가 수립 추구, 위로부터의 개혁
일본의 메이지 유신 모델

⑥ **개혁 내용** : 청에 대한 사대 폐지, 인민평등권 확립, 문벌 폐지, 조세 제도 개혁, 모든 재정의 호조 관할(재정의 일원화), 능력에 따른 인재 등용, 내각 중심의 정치 실시(입헌 군주제) 등

⑦ **결과** : 청의 내정 간섭 심화, 개화 운동 세력 도태

　㉠ 한성 조약(조선·일본) : 일본에 배상금 지불, 일본 공사관의 신축 비용 부담

　㉡ 톈진 조약(청·일본) : 청·일 양군 철수, 조선에 군대 파병 시 서로 통보할 것을 약속함

　㉢ 청·일 간의 경쟁 : 조선에 경제적 침투를 강화하며 서로 경쟁하였다.

⑧ **의의** : 근대 국민 국가 건설을 목표로 한 최초의 정치 개혁 운동, 근대화 운동의 선구

> **바로 바로 CHECK√**
>
> **다음의 내용과 관련 있는 사건은?**
>
> • 김옥균, 박영효, 홍영식 등이 주도
> • 개화 정책의 급진적 추진
> • 청의 내정 간섭 강화
> • 근대 국가 건설을 목표로 하는 최초의 정치 개혁 운동
>
> ❶ 갑신정변　　　② 임오군란
> ③ 광무개혁　　　④ 운요호 사건

심화학습 급진 개화파의 활동

1) 근대적 개혁 추진 : 박문국(한성순보 간행), 우정총국(우편 업무) 설치, 일본에 유학생 파견, 신식 경찰 제도의 도입 시도 등
2) 차관 도입 노력 : 재정난과 개화 정책 추진 비용을 마련하기 위해 일본에서 차관을 도입하려 했으나 실패 → 급진 개화파의 세력 약화

(2) 한반도를 둘러싼 열강의 대립

① 국제적 위기 고조 : 청, 일본, 러시아, 영국 등 열강의 대립
② 청 : 갑신정변 후 청의 내정 간섭 강화 → 조선은 청을 견제하기 위해 러시아에 접근
③ 러시아 : 남하 정책, 외교관 베베르 파견, 함북 경흥 조차, 조·러 통상 조약(1884)
④ 거문도 사건(1885~1887) : 영국이 러시아의 남하를 견제하기 위해 거문도를 불법 점령 → 청의 중재로 영국 철수
⑤ 일본 : 갑신정변 이후 정치적 영향력이 약화 → 일본의 경제적 침투 강화
⑥ 한반도 중립화론 제기(1885) : 독일 공사 부들러, 유길준

[열강의 대립과 청·일의 경제적 침투]

알아두면 점수따는 역사이야기   한반도 중립화론

대저 우리나라가 아시아의 중립국이 된다면 러시아를 방어하는 큰 기틀이 될 것이고, 또한 아시아의 여러 대국들이 서로 보전하는 정략도 될 것이다. 오직 중립만이 우리나라를 지키는 방책인데, 우리 스스로가 제창할 수 없으니 중국에 청하여 처리해야 할 것이다. 중국이 맹주가 되어 영국, 프랑스, 일본, 러시아와 같은 아시아에 관계있는 여러 나라들과 회합하고 우리나라를 참석시켜 중립 조약을 체결토록 해야 할 것이다. 이것은 비단 우리나라만을 위한 것이 아니라 중국의 이익도 될 것이고, 여러 나라가 서로 보전하는 계책도 될 것이니 무엇이 괴로워서 하지 않겠는가.   ― 유길준, 「서유견문」

→ 갑신정변 직후 한반도를 둘러싸고 청과 일본, 러시아와 영국의 대립이 격화되었다. 이러한 상황에서 유길준은 중립화론을 제시하였고, 독일 부영사 부들러도 조선 정부에 영세 중립화를 건의하였으나 받아들여지지 않았다.

2 열강의 경제 침탈

(1) 개항 이후 일본 상인의 무역

① 개항 : 강화도 조약, 조·일 수호 조규 부록, 조·일 통상 장정 체결

② 약탈 무역 : 치외 법권, 무관세, 일본 화폐 사용 등의 특권을 누렸다.

③ 거류지 무역

    ㉠ 내용 : 외국 상인의 활동 영역을 조계로 제한하여 개항장 10리 안에서만 활동하게 하
    <u>개항장에서의 외국인 무역권을 인정한 지역</u>
    였다. → **일본 상인은 조선인 객주, 여각, 보부상을 매개로 내륙 시장에 진출**

    ㉡ 결과 : 일부 중개 상인들이 내륙과 조계를 연결하여 부를 축적하였으나, 대부분의 상인은 몰락하였다.

④ 중계 무역

    ㉠ 내용 : 일본은 영국산 면제품을 싼값에 수입하여 조선에 비싸게 수출하고, 그 대금으로 조선의 쌀·콩·금 등을 대량으로 구매하였다.

    ㉡ 결과

      • 조선의 면직물 산업은 큰 타격을 입었다.

      • 쌀 가격의 폭등으로 농민들은 피해를 입었으나, 일부 지주는 이익을 보았다.

심화학습 상인의 종류

1) 객주와 여각 : 장시나 포구에서 상품의 매매, 중개, 운송, 보관, 숙박, 금융 등의 영업을 하던 중간 상인

2) 거간 : 생산자와 상인 또는 생산자와 소비자, 상인과 상인 사이에서 거래를 중개하는 상인

3) 보부상 : 장시를 무대로 물건을 지게에 지거나 보자기에 싸서 팔고 다니던 상인

4) 경강 상인 : 서해안이나 한강을 무대로 선박을 이용하여 해산물이나 미곡 등을 거래하던 상인

(2) 청 상인과 일본 상인의 경쟁

① 조·청 상민 수륙 무역 장정의 체결(1882)

　㉠ 임오군란 이후 청 상인의 내륙 진출권, 서울에서의 점포 개설을 허용하였다.

　　→ 최혜국 대우에 따라 타국 상인들도 내륙 진출

　㉡ 영향 : 내륙과 개항장을 연결하여 활동했던 조선의 객주·여각·보부상 등의 중개 상인 몰락, 시전 상인들의 상권 타격

② 청·일본 상인의 경쟁 : 상권 확대 → 청·일 간의 치열한 상권 경쟁 전개 → 청의 무역 규모 성장, 청·일 전쟁의 원인으로 작용

③ 조·일 통상 장정의 개정(1883) : 조·일 통상 장정의 무관세 규정 시정, 관세권 설정, 방곡령 선포, 최혜국 대우 규정 삽입

(3) 상권 수호 운동

① 배경 : 외국 상인의 내륙 진출로 인해 시전 상인, 객주·여각, 보부상 등이 타격을 입었다.

② 내 용

　㉠ 객주 : 동업 조합이나 상회사(상회소)를 설립하여 상권을 유지하려 노력하였다.

　　예 1880년대 초 대동 상회(평양), 장통 상회(서울) 등

　㉡ 시전 상인

　　• 청과 일본 상인의 점포 철수를 요구하는 시위와 동맹 철시를 전개하였다.

　　• 황국 중앙 총상회를 조직하여 상권 수호 운동을 전개하였다.

　㉢ 경강 상인 : 정부의 세곡 운반을 일본 증기선이 독점하는 것에 대항하여 증기선을 구입하였다.

(4) 방곡령(1889)

① 배경 : 개항 직후 일본 상인의 쌀 매입으로 곡식 부족, 쌀값 폭등 → 국내 식량 사정 악화

② 목적 : 일본 상인의 농촌 시장 침투 및 지나친 곡물 유출 방지

③ 전개 : 함경도, 황해도 등의 지방관이 조·일 통상 장정 규정에 따라 곡물 유출 금지령을 선포하였다. → 일본이 즉각 철회 요구, 일본 상인의 손해 배상 요구

④ 결과 : 조선은 일본 요구에 굴복하여 방곡령을 철회하고, 배상금을 지급하였다.

　　→ 반일 감정 확산

06 중화 질서 붕괴와 새로운 동아시아 질서

1 일본의 제국주의화

(1) 청 · 일 전쟁(1894 ~ 1895)

① 배경 : 동학 농민 운동을 계기로 청과 일본이 조선에 군대를 파병하였다.

② 전개 : 청 · 일 함대의 충돌(1894) → 일본의 승리, 시모노세키 조약 체결(1895)

③ 삼국 간섭 : 러시아, 프랑스, 독일이 일본에 랴오둥 반도의 반환을 요구하였다. → 일본의 굴복

(2) 러 · 일 전쟁(1904 ~ 1905)

① 배경 : 일본의 반러 감정 고조와 자본주의 형성, 제1차 영 · 일 동맹(1902)

② 전개 : 일본군이 러시아군을 공격하였다(1904). → 일본 승리, 포츠머스 조약 체결(1905)

③ 열강의 일본 지원 : 가쓰라 - 태프트 밀약(미 · 일), 제2차 영 · 일 동맹

심화학습 역사적 사건의 순서

청 · 일 전쟁 → 시모노세키 조약 → 삼국 간섭 → 러 · 일 전쟁 → 포츠머스 조약

2 중국의 반침략 변혁 운동

(1) 변법자강 운동(1898)

① 배경 : 청 · 일 전쟁 이후 일본과 서양 열강의 영토 분할 및 이권 침탈이 심화되었다.

② 중심 : 캉 유웨이, 량 치차오 등 → 개혁파 지식인

③ 개혁 추진 : 입헌 군주제 및 의회 설치 주장, 과거제 폐지, 신교육 실시, 상공업 진흥 도모 → 일본의 메이지 유신 모방

④ 결과 : 서태후 중심 보수 세력의 무력 탄압 → 100일 만에 실패

(2) 의화단 운동(1899 ~ 1901)

① 배경 : 열강의 이권 침탈, 철도 가설과 크리스트교 전파 → 일반 민중의 배외 감정 고조

② 전개 : 의화단이 '부청멸양' 구호를 내세움 → 철도 파괴, 교회 습격, 선교사 살해 → 베
청을 일으키고 서양 세력을 몰아낸다
이징 입성 → 청 정부가 지원, 서양 열강에 선전 포고 → 서양 연합군이 의화단 운동을
진압함

③ 결과 : 베이징 의정서(신축 조약) 체결 → 외국 군대의 베이징 주둔 인정, 배상금 지급

(3) 신해혁명(1911)

① 배경 : 열강의 지배와 청의 대외 종속 심화, 재정난 타개를 위한 청 왕조의 민간 철도 국
유화 시도

② 전개 : 쑨원의 삼민주의 주창 → 쓰촨 봉기 → 우창에서 군대 봉기 → 전국 확산 → 중화
민족·민권·민생주의　　　철도 국유화 반대
민국 수립(1912, 아시아 최초의 공화정)

③ 위안 스카이 집권 : 혁명 정부와 타협, 청 왕조 멸망 후 정권 장악 → 반동 정치
제정 부활 기도

심화학습 역사적 사건의 순서

태평 천국 운동 (멸만흥한) → 양무 운동 (중체서용) → 변법자강 운동 (변법자강) → 의화단 운동 (부청멸양) → 신해혁명 (삼민주의)

---

07 동학 농민 운동과 청·일 전쟁

1 동학 농민 운동

(1) 개항 이후 농촌 사회의 동요

① 농촌 사회의 동요

㉠ 배경

- 정부와 지주들의 수탈 : 삼정의 문란, 지배층의 수탈, 각종 배상금 지불로 국가 재정
이 악화되었다.

- 외국 상인의 경제적 침투
  - 상권을 두고 청과 일본 상인의 경쟁의 심화되었다.
  - 일본 상인의 쌀 유출로 국내 쌀 가격이 상승하였다.
  - 외국 공산품의 유입으로 국내의 수공업자들이 몰락하였다.

ⓒ 결과
- 농민의 조세 부담이 증가하고, 농촌 경제의 파탄으로 농민의 불만이 고조되었다.
- 농민의 사회 변화 욕구 속에서 인간 평등·사회 개혁 사상인 동학이 확산되었다.

② 교조 신원 운동

ⓐ 동학의 교세 확장 : 삼남 지방의 농민들 사이에 급속히 확산
- 최시형의 교리 정리 :「용담유사」,「동경대전」을 편찬하여 동학을 포교하였다.
- 최시형의 교단 정비 : 포접제를 실시하여 농민군의 조직과 동원에 큰 역할을 하였다.

ⓑ 교조 신원 운동 : 동학의 교조(창시자)인 최제우가 혹세무민의 죄로 처형당하자 그의 억울함을 풀고 동학 교도에 대한 탄압을 중지하여 달라고 요구한 종교 집회

전라도 삼례 집회(1892)	충청도 보은 집회(1893)
교조 신원 운동, 종교적 운동, 동학 탄압 중지 요구	정치적 운동, 신앙의 자유 요구, 탐관오리 숙청, 외세 배격 요구, 척왜양척의

➡

척왜양척의	검색
일본과 서양을 물리치고 대의를 위해 싸움	

(2) 동학 농민 운동(1894)

① 고부 봉기

ⓐ 원인 : 전라 고부 군수 조병갑의 부정과 횡포 → 만석보를 다시 지음, 조세 강제 징수 등

ⓑ 전개 : 전봉준 등이 고부 관아를 점령, 횡포를 일삼던 아전을 징벌하였다.

사발통문	검색
주모자가 누구인지 알 수 없도록 봉기에 동의한 사람들의 이름을 사발 모양으로 둥글게 서명하여 '사발통문'이라고 한다.	

ⓒ 결과 : 정부에서 안핵사 이용태를 파견 → 정부의 수습 미흡으로 사태 악화 → 농민 봉기

사발통문

② 제1차 농민 봉기(전주 점령) : 반봉건적 성격 → 구호 : 보국안민, 제폭구민

ⓐ 원인 : 안핵사 이용태가 동학 농민군을 탄압하였다. → 농민 봉기 참가 관련자 색출

ⓑ 전개
- 무장에서 전봉준, 김개남, 손화중 봉기 → 백산 집결(4대 강령, 격문 발표)

심화학습 **4대 강령(백산 집결)**

1) 사람을 함부로 죽이지 말고 가축을 잡아먹지 마라.
2) 충효를 다하여 세상을 구하고 백성을 평안하게 하라.
3) 일본 오랑캐를 몰아내고 나라의 정치를 바로잡는다.
4) 군사를 몰아 서울로 들어가 권세가와 귀족을 없앤다.

• 농민군의 진격 : 황토현과 황룡촌 등지에서 관군 격파 → 전주성 점령 → 정부가 청에 원군 요청 → 톈진 조약을 구실로 일본군도 파병 → 전주 화약 체결
• 전주 화약 : '폐정 개혁 12개조' 제시 → 정부와 화약 후 농민군 자진 해산

전주 화약	검색
동학 농민 운동 중 농민군과 정부가 맺은 휴전 조약	

   – 폐정 개혁안 : 토지 제도 개혁, 조세 제도 개혁, 신분제 철폐, 탐관오리 처벌, 일본 세력 배척, 재혼 허용, 조혼 금지 등

심화학습 **폐정개혁안**

1) 동학도는 정부와의 원한을 씻고 서정에 협력한다.
2) 탐관 오리는 그 죄상을 조사, 엄징한다.
3) 횡포한 부호를 엄징한다.
4) 불량한 유림(儒林)과 양반의 무리를 징벌한다.
5) 노비 문서(奴婢文書)를 소각한다.
6) 7종의 천인 차별을 개선하고, 백정이 쓰는 평량갓(平涼笠)은 없앤다.
7) 청상 과부(淸孀寡婦)의 개가를 허용한다.
8) 무명의 잡세는 일체 폐지한다.
9) 관리 채용에는 지벌(地閥)을 타파하고 인재를 등용한다.
10) 왜와 통하는 자는 엄징한다.
11) 공사채는 물론하고 기왕의 것을 무효로 한다.
12) 토지는 평균하여 분작한다.

   – 집강소 설치 : 전라도 일대의 농민 자치적 개혁 기구로, 지방 행정에 직접 참여하였다.
   – 정부의 대응 : 농민의 개혁 요구안을 일부 수용하였다. → 교정청 설치

③ 2차 봉기 : 반외세적 성격(일본군 타도)
   ㉠ 원인 : 정부의 청·일 양국 군대 철수 요구 → 일본군의 거절 → 일본의 침략 행위 노골화(경복궁 침입) → 조선에 대한 내정 간섭 → 청·일 전쟁에서 승리한 일본군의 내정 간섭 강화
                   교정청 폐지, 군국기무처 설치와 개혁 강요

ⓛ 전개 : 일본군 타도를 내걸고 남접(전봉준, 전라도)과 북접(손병희, 충청도) 농민군이 논산에서 집결 → 서울로 북상 → 공주 우금치 전투에서 농민군 패배(일본군과 관군에 패배) → 전봉준 체포, 처형 → 동학 농민 운동의 실패

(3) 동학 농민 운동의 성격

① 의 의

ⓐ 반봉건 성격 : 신분제 철폐, 탐관오리 축출, 양반과 토호의 수탈 금지, 토지의 균등 분배 등을 요구 → 이후 갑오개혁에 일부가 반영

ⓑ 반외세 성격 : 일본 침략을 물리치기 위한 항일 구국 운동 → 잔여 세력이 항일 의병 투쟁 또는 활빈당에 가담

② 한 계

ⓐ 근대 사회 건설을 위한 구체적 방안을 제시하지 못하였다.

ⓑ 왕정을 부정하지 않았다.

ⓒ 농민층 이외의 보다 넓은 지지 기반을 확보하지 못하였다. → 아래로부터의 개혁

> **바로 바로 CHECK√**
>
> **동학 농민 운동에 대한 설명으로 옳은 것은?**
> ❶ 반봉건·반침략적 민족 운동이었다.
> ② 농민들의 요구는 갑오개혁에서 모두 반영되었다.
> ③ 전라도 고부에서 김옥균을 중심으로 봉기하였다.
> ④ 의회 제도의 설립을 위한 정치적 개혁 운동이었다.

③ 영향 : 안으로는 갑오개혁에 농민들의 일부 요구가 반영되었고, 밖으로는 청·일 전쟁의 계기가 되었다.

2 청 · 일 전쟁

(1) 청·일 전쟁(1894 ~ 1895)

① 배경 : 동학 농민 운동의 진압을 위해 조선 정부가 청에 파병을 요청 → 톈진 조약 구실로 일본도 조선에 출병 → 전주 화약 후 철병 요구 → 일본이 조선의 군대 철수 요구를 거부 → 일본군의 궁성 침입

② 전개 : 일본군이 청 함대를 기습 공격 → 평양에서 일본군이 청군 격파, 랴오둥 반도 진격, 산둥 반도의 청 해군 기지 공격 → 청이 일본에 강화 회담 요청

③ 결과 : 시모노세키 조약 체결(1895)

ㄱ 내용 : 청이 조선에서 군대를 철수하고, 일본에 랴오둥 반도와 타이완을 할양하였다.

ㄴ 영향 : 일본의 조선에 대한 영향력이 확대되었다.

(2) 삼국 간섭(1895)

① 배경 : 시모노세키 조약으로 청이 일본에 랴오둥 반도를 할양하였다.

② 전개 : 러시아, 프랑스, 독일이 일본에게 랴오둥 반도의 반환을 요구 → 일본의 굴복

③ 영향 : 조선에서 러시아 세력이 확대되어 친러 내각이 수립되었고, 일본의 세력은 약화되었다.

08 근대 국가 수립 운동

1 갑오 · 을미개혁

 연좌제　　▼　검색

> 가족 구성원 중 한 명이 범죄를 저질러 처벌을 받을 때 나머지 가족 구성원도 함께 처벌을 받도록 한 법

(1) 제1차 갑오개혁(1894. 7)

① 배경 : 동학 농민군의 개혁 요구, 정부의 개혁 필요성 인식, 온건 개화파의 개혁 의지 반영
→ 교정청 설치 → 일본군의 경복궁 점령, 제1차 김홍집 내각 수립, 흥선 대원군의 섭정,
　　　자주적 개혁 추진
군국기무처 설치(교정청 폐지)

② 주도 세력(제1차 김홍집 내각) : 군국기무처를 중심으로 추진하였다.

③ 내용 : 비교적 일본의 간섭을 받지 않고 진행하였다.

정 치	• 과거제의 폐지, 국왕의 인사권 제한 • 개국 연호 사용 • 의정부에 권한 집중, 6조를 8아문으로 개편 • 경찰 기관(경무청) 설치 • 궁내부 설치하여 왕실 사무(궁내부)와 국정(의정부) 분리		
경 제	• 도량형 통일 • 조세 항목 축소	• 조세의 금납화 • 국가 재정의 일원화(탁지아문)	• 은본위 화폐 제도 • 왕실과 정부 재정 분리
사 회	• 신분제 철폐 : 공·사 노비제 폐지 • 봉건적 악습 폐지 : 조혼 금지, 과부 재가 허용, 고문과 연좌제 폐지 → 근대적 평등 사회 기틀 마련		

(2) 제2차 갑오개혁(1894. 12)

① 배경 : 청 · 일 전쟁에서 승리한 일본이 조선의 내정에 간섭하였다.

② 주도 세력(제2차 김홍집 내각) : 군국기무처를 폐지하였다.
　　김홍집 · 박영효 연립 내각 → 박영효 주도

③ 내용 : 독립 서고문과 홍범 14조 반포 → 갑오개혁의 내용과 정신 표방
　　국왕이 나라의 자주 독립을 선포한 일종의 독립 선언문

정 치	• 의정부를 내각으로 개편(내각제 도입) • 8아문을 7부로 개편 • 지방 행정 구역을 8도에서 23부로 개편 • 훈련대와 시위대 설치 → 군제 개혁에는 소홀
경 제	육의전 폐지, 보부상 단체인 상리국 폐지 → 상업의 활성화 추진
사 회	• 사법권과 행정권 분리 : 재판소 설치 • 지방관의 권한 축소 : 사법권, 군사권 배제
교 육	교육 입국 조서 반포(1895) → 한성 사범 학교 관제 · 소학교 관제 · 외국어 학교 관제 발표, 유학생 파견

> **교육 입국 조서** ▾ 검색
>
> 1895년 2월 고종의 조칙으로 발표한 교육에 관한 특별 조서이다. '국가의 부강은 지식의 개명에 달렸으니, 교육은 실로 국가를 보존하는 근본이라.'는 내용으로, 이에 따라 정부는 소학교, 사범 학교, 외국어 학교 관제 등을 만들고 각종 관립 학교를 세웠다.

심화학습 〉 홍범 14조

제1조 청에 의존하는 생각을 버리고 자주 독립의 기초를 세운다.
제4조 왕실 사무와 국정 사무를 나누어 서로 혼동하지 않는다.
제6조 납세는 법으로 정하고 함부로 세금을 징수하지 아니한다.
제7조 조세의 징수와 경비 지출은 모두 탁지아문의 관할에 속한다.
제11조 총명한 젊은이들을 파견하여 외국의 학술, 기예를 견습시킨다.
제12조 장교를 교육하고 징병을 실시하여 군제의 근본을 확립한다.
제13조 민법, 형법을 제정하여 인민의 생명과 재산을 보전한다.

(3) 을미개혁(1895, 제3차 갑오개혁)

① 배경 : 삼국 간섭 후 일본 세력 약화 → 박영효 실각 → 제3차 김홍집 내각(친러 내각) 구성 → 일본 세력 만회 기도 → 을미사변(1895, 일본의 명성 황후 시해 사건)

② 주도 세력 : 제4차 김홍집 내각(친일 내각)

③ 개혁 목적

    ㉠ 명분 : 조선의 근대적 개혁

    ㉡ 실제 : 한국의 전통을 끊어 민족 정신을 약화시키고자 함

④ 개혁 내용 : 단발령 시행, 태양력 사용, 종두법 시행, 소학교 설치, 연호 '건양' 사용, 우편 업무 실시, 중앙의 친위대·지방의 진위대

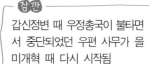
잠깐
갑신정변 때 우정총국이 불타면서 중단되었던 우편 사무가 을미개혁 때 다시 시작됨

(4) 갑오·을미개혁의 의의와 한계

① 의의 : 갑신정변과 동학 농민 운동 당시의 요구를 일부 수용한 자주적 개혁

    → 정치·경제·사회·문화에 걸친 근대적 개혁(위로부터의 근대화)

② 한계

    ㉠ 일본의 간섭에 의한 개혁이었다.

    ㉡ 민중의 지지가 부족하였다.

    ㉢ 토지 제도의 개혁이 실시되지 않았다.

    ㉣ 군사적 측면의 개혁에 소홀하였다.

심화학습 근대화 운동의 비교

동학 농민 운동	갑오개혁	을미개혁
• 전봉준 • 집강소 설치 • 노비 문서 소각 • 토지 균등 분배 • 반봉건, 반외세	• 왕실, 정부의 사무 구분 • 과거제 폐지 • 신분제 폐지 • 고문, 연좌법 폐지 • 사법권 독립 • 타율적, 자율적 개혁	• 단발령 • 태양력 사용 • 종두법 실시 • 우편 사무

(5) 갑오·을미개혁의 결과

① 을미의병(1895) : 을미사변과 단발령에 대한 유생들의 반발로 전개된 항일 의병 운동

② 아관 파천(1896)

ㄱ 일본의 간섭에서 벗어나 신변을 보호하기 위해 고종이 러시아 공사관으로 거처를 이동하였다.

ㄴ 영향 : 김홍집 내각 붕괴(친일 내각 붕괴), 친러 내각 수립, 을미개혁 중단, 의병 해산 권고

ㄷ 열강의 이권 침탈 심화(최혜국 대우 조항) : 철도 부설권, 삼림 벌채권, 금광·광산 채굴권 등

ㄹ 결과 : 러시아 내정 간섭 심화, 조선
<u>재정·군사 고문 파견</u>
의 자주성 훼손

[열강의 이권침탈]

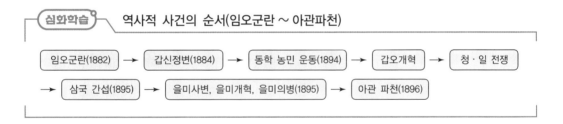

심화학습 역사적 사건의 순서(임오군란 ~ 아관파천)

임오군란(1882) → 갑신정변(1884) → 동학 농민 운동(1894) → 갑오개혁 → 청·일 전쟁

→ 삼국 간섭(1895) → 을미사변, 을미개혁, 을미의병(1895) → 아관 파천(1896)

---

2 독립 협회

(1) 아관 파천 이후의 국내·외 정세

① 국내 정세 : 친미·친러 내각 구성, 을미개혁 중단, 고종의 을미의병 해산 권고 조칙
<u>러시아 등 열강의 이권 침탈 본격화</u>　<u>단발령 폐지</u>

② 국제 정세 : 러시아의 조선에 대한 영향력 증대, 러시아와 일본의 대립 격화

(2) 독립 협회의 창립과 활동

① 배 경

    ㉠ 러시아의 내정 간섭과 열강의 이권 침탈 심화로 국가의 자주성이 손상되었다.

    ㉡ 서재필의 독립신문 창간 : 국민 계몽, 자주독립, 자유 민권 사상의 확산

② 중심 인물 : 서재필, 윤치호, 이상재, 남궁억 등 개화파 지식인이 조직하였다(1896).

③ 참여 계층 : 개화 지식인, 정부 관료, 시민, 노동자, 학생, 여성 등 → **전 계층 참여**

④ 목표 : 국민 계몽을 통한 자주 독립, 자유 민권, 자강 개혁

⑤ 창립 과정 : 독립신문 발간(1896. 4) → 독립 협회 창립(1896. 7), 전국에 지회 설립 → 독립문 및 독립관 건립, 강연회와 토론회 개최

⑥ 독립 협회의 주요 활동

    ㉠ 독립신문 간행 : 최초의 민간 신문 → **한글판, 영어판**

    ㉡ 독립문 건립 : 국민의 성금으로 옛 영은문 자리에 건립하였다.

[독립신문]   [독립문]

    ㉢ 토론회, 연설회 개최 : 국민의 자주 독립 의식을 고취시켰다.

    ㉣ 국민이 직접 정치에 참여하는 민주적인 정치를 주장하였고, 국민의 신체와 재산권 보호 운동을 벌였다.
        언론·출판·집회·결사의 자유권 쟁취 운동

    ㉤ 열강의 이권 침탈 반대 투쟁을 벌였고, 고종의 환궁을 요구하였다.

    ㉥ 만민 공동회, 관민 공동회를 개최하였다. → **민중의 계몽과 정치 의식 고양**
        최초의 근대적 민중 집회   └ '헌의 6조' 채택

    ㉦ 의회 설립 운동 전개 : 중추원 관제 반포

> **중추원 관제 반포** ▾ 검색
>
> 중추원 의관을 관선과 민선 각각 25인으로 하되, 민선 의원을 처음에 독립 협회에서 선출하도록 하였다. 최초로 국민의 참정권을 공인하였다는 점에서 의미가 있다.

심화학습 만민 공동회와 관민 공동회

1) 만민 공동회(1898) : 일반 시민도 참여(서울 종로)

→ 신교육 진흥, 산업 개발 요구, 러시아의 내정 간섭과 이권 침탈 반대

2) 관민 공동회(1898) : 정부 대신들도 참여, 백정 출신 연사 박성춘의 연설

→ 헌의 6조 채택, 근대적 의회 설립 운동(중추원 관제), 국민 참정권 운동

> **헌의 6조**
> 1. 외국인에게 아부하지 말 것
> 2. 외국과의 이권에 관한 계약과 조약은 각 대신과 중추원 의장이 합동 날인하여 시행할 것
> 3. 국가 재정은 탁지부에서 전관하고 예산과 결산을 국민에게 공포할 것
> 4. 중대 범죄를 공판하되, 피고의 인권을 존중할 것
> 5. 칙임관을 임명할 때에는 정부에 그 뜻을 물어서 중의에 따를 것
> 6. 정해진 규정을 실천할 것

(3) 독립 협회의 해산(1898)

① 원인 : 의회 설립, 서구식 입헌 군주제 실현을 주장하여 보수 세력과 대립하였다.

② 전개 : 보수 세력이 독립 협회가 공화국을 수립하려 한다고 모함 → 국왕의 해산 명령, 독립 협회의 간부 투옥 → 독립 협회의 저항 운동 → 황국 협회(보부상 단체)와 충돌 → 강제 해산(1898)

(4) 독립 협회의 의의와 한계

① 의의 : 민중 계몽 노력, 주권 수호 노력, 자유 민권 신장에 기여하였다.

→ 이후 애국 계몽 운동으로 계승됨

② 한계

㉠ 외세 배척의 대상이 주로 러시아에 한정되었다. → 미국과 영국, 일본에 대해선 비교적 우호적인 태도를 보임

㉡ 근대적 제도와 문물 수용에만 중점을 두고 열강의 침략 의도를 간파하지 못했다.

㉢ 의병 운동과 같은 무장 활동에 비판적이었다.

바로 바로 CHECK✓

다음 중 독립 협회의 활동과 관련이 <u>없는</u> 것은?

① 독립문 건립　　② 독립신문 발간
③ 만민 공동회 개최 ❹ 황무지 개발권 반대

3 대한 제국과 광무개혁

(1) 대한 제국의 수립(1897)

① 배 경

ㄱ 아관 파천 이후 열강의 이권 침탈 심화 : 최혜국 대우 조항을 내세워 광산 채굴권, 삼림 채굴권, 철도 부설권 등 각종 이권을 차지하였다.

ㄴ 고종의 경운궁(오늘날 덕수궁)으로의 환궁(1년 만에) : 아관 파천 이후 국민들의 환궁 요구, 러·일의 세력 균형으로 외세의 간섭 약화

② 대한 제국의 성립(1897) : 자주 독립 국가임을 선포

ㄱ 국호 : 대한 제국

ㄴ 연호 : 광무

ㄷ 환구단 : 황제 즉위식

환구단(원구단) ▼ 검색
우리나라와 중국의 역대 왕조에서 유교적인 의례에 따라 하늘에 제사를 지내는 제천단을 일컫는다. 하늘을 상징하여 제단의 형태를 둥근 모양으로 만들었기 때문에 그러한 이름이 생겨났다.

(2) 광무개혁

① 원칙 : <u>구본신참</u> → 점진적 개혁, 복고성과 개혁성 절충, 위로부터의 개혁
　　　　옛것을 근본으로 하고 새로운 것은 참고함

② 목표 : 자주 국가의 면모를 갖추고 근대 국가로 나아가기 위해 개혁을 추진하였다.

대한국 국제 제정 ▼ 검색
황제에게 군통수권, 입법권, 행정권, 사법권, 외교권 등을 부여 → 모든 권한이 황제에게 집중(전제 군주 국가 확인), 자주 독립 제국

③ 개혁 내용

정 치	• 대한국 국제 제정(1899) : 자주 독립 국가 천명, 전제 황권 강화 표방 • 지방 제도의 개편 : 23부 → 13도 • 외교 : 해삼위(블라디보스토크) 통상 사무관(일종의 대사관), 간도 관리사의 파견(이범윤) 　→ 교민 보호
경 제	• 양전 사업 실시 : 지계 발급 → 국가 재정 확충 　　　　　　　　　　　근대적 토지 소유권 확립 • 상공업 진흥책 : 공장, 회사 설립
사 회	• 교육 : 실업·기술 학교, 의학교, 유학생 파견 • 시설 : 교통·통신·전기·의료 분야에서 각종 근대적 시설 도입
군 사	• 원수부 설치 : 황제가 군권 장악, 직접 육·해군 통솔 • 시위대(서울)와 진위대(지방) 증강 • 무관 학교 설립 : 장교 양성

대한국 국제

제1조 대한국은 세계 만국이 공인한 자주독립 제국이다.

제2조 대한국의 정치는 만세불변의 전제 정치이다.

제3조 대한국의 대황제는 무한한 군권을 누린다.

제5조 대한국 대황제는 육·해군을 통솔한다.

제6조 대한국 대황제는 법률을 제정하여 그 반포와 집행을 명하고, 대사, 특사, 감형, 복권 등을 명한다.

④ 의 의

　㉠ 경제, 교육, 시설 면에서 근대화하기 위한 노력을 기울였다.

　㉡ 국방력을 강화하기 위해 노력하였다.

⑤ 한 계

　㉠ 집권층의 보수적 성향과 외세 의존적 자세 : 근대적 정치 체제를 지향하는 독립 협회의 해산과 열강의 이권 침탈의 가속

　㉡ 일본의 간섭으로 큰 성과를 거두지 못하였다.

4 간도와 독도

(1) 간 도

① 고구려, 발해의 옛 땅 : 오래전부터 우리 민족의 활동 무대였다.

② 조선 숙종 때 '백두산 정계비'를 건립하였다(1712).

③ 간도 귀속 문제 : 19세기 이후 우리 민족은 본격적으로 간도를 개척하였다. → 백두산 정계비 비문 해석을 둘러싼 영토 분쟁 발생(조선과 청의 분쟁)

④ 대한 제국이 간도에 이범윤(간도 관리사)을 파견하고(1902), 간도를 함경도의 행정 구역에 편입시켰다. → 훗날 독립 운동의 터전

西爲鴨綠
東爲土門
故於分水嶺上
勒石爲記

[백두산 정계비와 비문]

바로 바로 CHECK√

다음에 해당하는 비석(碑石)은?

> 이 비석(碑石)에서는 '양국 간의 국경은 서쪽으로는 압록강, 동쪽으로는 토문강을 경계로 한다.'고 하였다. 그런데 19세기에 이르러 토문강의 위치에 대한 해석상의 차이 때문에 간도 귀속 문제가 발생하였다.

① 단양 적성비　　② 진흥왕 순수비

❸ 백두산 정계비　④ 중원 고구려비

⑤ 간도 협약(1909) : 일제가 남만주 철도 부설권을 얻는 대가로 청에게 간도를 넘겼다.

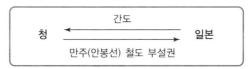

⑥ 현재 : 중국의 지배

(2) 독 도

① 신라 지증왕 때 우리 영토로 포함(512) : 우산국(울릉도) 정복, 울릉도의 부속 섬

② 조선 후기 숙종 때 안용복이 일본 어민을 축출하였다.
→ 일본에 건너가 우리 영토임을 확인

③ 개항 이후 : 정부는 울릉도에 관청을 설치, 주민 이주 장려, 독도 관할
울릉도를 군으로 승격

④ 대한 제국 정부 : 대한 제국 칙령 제41호를 반포하여 독도가 대한 제국의 영토임을 명확히 규정하고, 울릉군에서 독도를 관할하였다(1900).

⑤ 러·일 전쟁 중 : 일본이 독도를 자국 영토로 불법 편입하였다(시마네현 고시, 1905. 2).

⑥ 현재(광복 후) : 되찾은 우리 영토

안용복 검색

동래 어민이었던 안용복은 울릉도에 몰래 침입하여 어업 활동을 하던 일본 어민들을 몰아내고 일본까지 건너가 울릉도와 독도가 조선의 영토임을 확인시키고 돌아왔다.

알아두면 점수따는 역사이야기   간도 협약

제1조 일·청 두 나라 정부는 토문강을 청국과 한국의 국경으로 하고 강 원천지에 있는 정계비를 기점으로 하여 석을수(石乙水)를 두 나라의 경계로 한다.

제6조 청 정부는 앞으로 길장 철도를 연길 이남으로 연장하여 한국의 회령에서 한국의 철도와 연결할 수 있다.

→ 숙종 38년(1712)에 조선과 청은 백두산정계비를 세워 "서쪽으로는 압록강, 동쪽으로는 토문강으로 경계를 삼는다."라고 국경을 정하였다. 이후 토문강에 대한 해석의 차이로 간도 귀속 문제가 발생하였는데, 1909년에 일제가 만주 철도 부설권을 얻는 대가로 간도를 청의 영토로 인정하였다.

09 일제의 국권 침탈과 국권 수호 운동

1 일제의 침략과 국권 침탈

(1) 러·일 전쟁(1904 ~ 1905)

① 배경 : 삼국 간섭(1895) 이후 한반도를 둘러싼 러·일의 각축전(을미사변, 아관파천 등)
→ 러시아 남하를 저지하기 위해 제1차 영·일 동맹
(1902) 체결 → 러시아의 용암포 무단 점령(1903)

> **용암포 사건** ▾ 검색
>
> 러시아가 용암포와 압록강 하구 일대를 불법으로 무단 점령하고 대한 제국에 벌 채권까지 요구한 사건으로, 일본과 영국 의 항의와 간섭 때문에 성공하지 못했다.

② 삼국의 입장

ㄱ 러시아 : 시베리아 개발을 위한 배후 지역이자 부
동항을 얻을 수 있는 한반도에 진출을 시도하였다.

ㄴ 일본 : 청·일 전쟁 승리 이후 제국주의 국가로 성장하여 팽창 정책을 추진하였다.

ㄷ 대한 제국의 대응 : 국외 중립을 선언하였으나, 러·일 전쟁으로 무효화되었다.

③ 과정 : 러시아의 한반도에서 세력 확대 → 일본이 러시아를 기습 공격(일본이 인천 연안의
러시아 함대 선제 공격) → 대한 제국의 국외 중립 선언을 무시하고 서울을 점령

④ 결과 : 일본의 승리로 포츠머스 조약이 체결되었다(미국이 중재).
→ 한반도에서 일본의 우월권 인정(한반도에서 러시아 축출)

(2) 일제의 국권 침탈

① 침탈 순서

$$\boxed{\text{외교권, 통감부}} \rightarrow \boxed{\text{고종 강제 퇴위, 군대 해산}} \rightarrow \boxed{\text{사법권}} \rightarrow \boxed{\text{경찰권}} \rightarrow \boxed{\text{국권 침탈}}$$

② 침탈 내용

1904년	• 한·일 의정서 − 군사 기지 사용권 획득 : 러·일 전쟁을 빌미로 한반도의 군사 전략상 요지 사용 권을 장악하였다. − 외교권 제한 : 일본의 동의 없이 제3국과 조약을 체결하는 것이 금지되었다. • 철도 부설 : 경부선(1905), 경의선(1906) 철도 부설을 강행했다. • 제1차 한·일 협약 : 대한 제국에 고문 파견하여 간섭하였다(고문 정치). → 외교(스티븐스), 재정(메가타 - 화폐 정리 사업 실시)

1905년	을사조약(제2차 한·일 협약, 을사늑약) 체결 → 대한 제국의 내정 전반을 간섭 • 경과 : 친일 대신(을사 5적)을 앞세워 강압적으로 체결하였다. • 결과 : <u>대한 제국의 외교권 박탈, 통감부 설치(초대 통감 ; 이토 히로부미)</u> 　　　　　　　일본의 보호국화
1907년	• 헤이그 특사 파견 : 네덜란드의 만국 평화 회의에 특사를 파견하여 을사조약의 무효를 국제 사회에 호소하려 하였다. → 고종 강제 퇴위 • 한·일 신협약(정미 7조약) : 일본인을 각 부의 차관으로 임명하였다(차관 정치). 　→ 대한 제국의 내정 장악 • 재정 궁핍의 이유로 대한 제국의 군대 해산 : 시위대 대대장 박승환의 자결 　→ 해산된 군대의 일부가 의병에 가담(정미의병)
1909년	기유각서 : 대한 제국의 사법권·감옥 사무권 박탈 → 경찰권 박탈(1910)
1910년	한·일 병합 조약(1910. 8) : 대한 제국의 국권(주권)을 강탈하였다. → 일본의 식민지로 전락, 통감부 대신 조선 총독부 설치

(3) 을사조약 반대 투쟁

① 일반 민중 : 상인의 철시, 학생의 휴학, 유생의 상소 등

② 자결 : 민영환 → 동포에게 남기는 글(유서)

③ 언론 : 장지연(황성신문)의 '시일야방성대곡', 대한매일신보, 제국신문 등

바로 바로 CHECK√

다음 내용과 관련이 있는 조약은?

- 최익현, 신돌석의 의병 활동
- 나철, 오기호의 오적암살단 조직
- 대한제국의 외교권 박탈, 통감부 설치

❶ 을사조약　　　② 한·일 의정서
③ 한·일 신협약　④ 한·일 병합 조약

알아두면 점수따는 역사이야기　　　　　　　　　　　　　일제의 국권 피탈

1) 제1차 한·일 협약(1904)
- 제1조 대한 제국 정부는 일본 정부가 추천하는 일본인 1명을 재정 고문에 초빙하여 재무에 관한 사항은 모두 그의 의견을 들어 시행할 것
- 제2조 대한 제국 정부는 일본 정부가 추천하는 외국인 1명을 외교 고문으로 외부에서 초빙하여 외교에 관한 중요한 업무는 모두 그의 의견을 물어 시행할 것

2) 제2차 한·일 협약(1905)
- 제2조 일본국 정부는 한국과 타국 간에 현존하는 조약의 실행을 완수하는 임무를 담당하고 한국 정부는 지금부터 일본국 정부의 중개를 거치지 않고서는 국제적 성질을 가진 어떤 조약이나 약속을 맺지 않을 것을 서로 약속한다. (→ 대한 제국의 외교권 박탈)
- 제3조 일본국 정부는 그 대표자로 한국 황제 폐하 밑에 1명의 통감을 두되 통감은 오로지 외교에 관한 사항을 관리하기 위하여 경성에 주재하고, ……

3) 한·일 신협약(1907)
- 제1조 한국 정부는 시정 개선에 관하여 통감의 지도를 받을 것
- 제5조 한국 정부는 통감이 추천하는 일본인을 한국 관리에 임명할 것

④ 고종의 외교적 노력

　　㉠ 미국에 헐버트 파견 : 지원 요청, 실패

　　㉡ 헤이그 특사 파견(이준, 이상설, 이위종) : 일본의 방해로 실패

　　㉢ 열강의 묵인 : 러시아(포츠머스 조약), 미국(가쓰라 – 태프트 밀약), 영국(제2차 영·
　　　　일 동맹) → 미국은 필리핀 지배권, 영국은 인도 지배권 때문에 일본의 한반도 지배권을 상호 인정
　　　　함(미국은 조·미 수호 통상 조약의 '거중 조정' 조항을 위반한 것)

⑤ 을사의병(1905)

2 항일 의병 운동과 의열 투쟁

(1) 항일 의병 운동의 전개

① 을미의병(1895)

　　㉠ 배경 : 을미사변, 단발령

　　㉡ 구성 : 보수적 유생층 주도, 농민과 동
　　　　　　　유인석, 이소응 등
　　　　학군의 잔여 세력이 가담

　　㉢ 활동 : 일본군과 지방 관청 공격, 단발을
　　　　강요하는 친일 관리·개화 관리 처단

　　㉣ 해산 : 아관 파천 이후 단발령 철회,
　　　　국왕의 해산 권고 조칙에 따라 해산
　　　　→ 해산 이후 일부 농민들이 활빈당을 조직
　　　　하여 반침략·반봉건적 활동을 전개

② 을사의병(1905)

　　㉠ 원인 : 을사조약

　　㉡ 구성 : 양반 유생(최익현), 전직 관료(민종식), 평민 출신 의병장(신돌석) 등장

　　㉢ 활동 : 을사조약의 폐기 및 국권 회복을 주장하며 항전을 전개하였다.

③ 정미의병(1907)

　　㉠ 원인 : 고종 강제 퇴위, 군대 해산

　　㉡ 구성 : 평민 의병장 다수, 해산 군인, 농민, 노동자, 상인 등 각계각층이 참여하였다.

바로 바로 CHECK√

(가)와 (나)에 들어갈 말을 바르게 짝지은
것은?

> 명성 황후가 러시아와 연결하여 일본을 견제
> 하려 하자 일본은 명성 황후를 시해한 (가)
> 을 일으켰다. 이후 개화파 정부는 (나)을 포
> 함한 을미개혁을 추진하였는데 이에 항거하여
> 전국의 유생들이 대대적으로 의병을 일으켰다.

　　　(가)　　　　(나)
① 갑신정변　–　단발령
② 갑신정변　–　아관 파천
③ 을미사변　–　아관 파천
❹ 을미사변　–　단발령

ⓒ 특징 : 해산 군인의 참여로 전투력 강
    화 → 의병 전쟁으로 발전
              전국으로 확산
ⓔ 활동 : 13도 창의군(13도 연합 의병) 결
    성 → 서울 진공 작전 전개(1908) →
    실패

④ 호남의병(1908) : 서울 진공 작전 실패 이
   후 호남 지방을 중심으로 유격전을 전개
   하였다.

⑤ 일본군의 진압 : 남한 대토벌 작전(1909)
   으로 의병 활동 위축 → 살아남은 의병들
   은 국권 피탈 이후 간도·연해주로 이동,
   독립 운동의 근거지 마련(홍범도, 이범윤)

⑥ 항일 의병 운동에 대한 평가
   ㉠ 의의 : 강렬한 민족의식 표출, 일제하
       무장 독립 투쟁의 기반 마련
   ㉡ 한계 : 일본보다 군사적으로 열세, 유생 의병장의 봉건적 한계 표출, 국제적 고립 상태

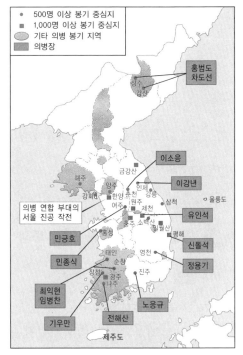

[의병 부대의 활동]

심화학습 항일 의병 전쟁의 전개(위정척사 사상)

구 분	계 기	특 징	의병장
을미의병 (1895)	을미사변, 단발령	• 보수적 유생 주도(최초의 의병) • 동학 농민 운동 잔여 세력 가담	유인석, 이소응(유생)
을사의병 (1905)	을사조약 체결	• 평민 출신 의병장 대두(신돌석) • 전민족적 국권 수호 운동	최익현(유생), 민종식(전직 관리), 신돌석(평민)
정미의병 (1907)	고종 강제 퇴위, 군대 해산	• 의병 전쟁(조직력, 전투력 향상) • 13도 창의군 편성(총대장 이인영) → 서울 진공 작전(1908) → 실패	이인영, 허위, 홍범도 (유생·평민·해산 군인)

(2) 항일 의거 활동

① 안중근 : 초대 통감 이토 히로부미 사살(만주 하얼빈, 1909), 동양 평화론 주장

② 전명운・장인환 : 통감부의 한국 통치를 찬양한 미국인 외교 고문 스티븐스를 미국 샌프
　　　　　　　　　　일본의 한국 지배 옹호
란시스코에서 사살하였다.

③ 나철・오기호 : 5적 암살단 조직 → 을사조약 체결에 협조한 을사 5적을 습격 → 실패

④ 이재명 : 이완용의 암살을 시도했으나 실패하였다.

3 애국 계몽 운동

(1) 애국 계몽 운동

① 배경 : 민족의 위기를 국민의 힘으로 극복해야 한다는 의식이 높아졌다.

② 목표 : 교육과 산업을 통한 실력 양성과 국권 회복 추구 → 사회 진화론의 영향을 받음

③ 주도 세력 : 개화 지식인, 개혁적 유학자, 관료 출신, 도시 시민층 등

④ 시기 : 을사조약(1905)을 전후하여 활발히 전개되었다.

⑤ 의 의
　ㄱ 국권 회복을 위한 실력 양성을 주장하였다.
　ㄴ 근대 국민 국가 건설의 목표를 제시하였다.
　ㄷ 장기적인 민족 독립 운동의 기반을 조성하였다.

(2) 애국 계몽 운동 단체

① 보안회(1904) : 러・일 전쟁 중 일제의 황무지 개간권 요구 반대 운동 → 성공

② 헌정 연구회(1905) : 근대적 입헌 의회 제도를 중
심으로 하는 정치 개혁 주장(독립 협회 계승)
　→ 입헌 군주제를 통한 국민의 민권 확대 주장, 일진회의
친일 행위 규탄

일진회	검색
송병준, 이용구가 만든 친일 단체로, 1910년 국권 피탈 직후 해산되었다.

③ 대한 자강회(1906) : 교육・산업을 통한 자강 주장, 고종의 강제 퇴위 반대 운동 전개, 지
회 설치, 대한 자강회 월보 간행

④ 대한 협회(1907) : 대한 자강회 계승, 민권 신장을 위해 노력 → 친일적 성격으로 변화

⑤ 신민회(1907 ~ 1911)

　　㉠ 조직 : 안창호·이승훈·양기탁 등 중심, 비밀 결사 조직

　　㉡ 목표 : 자주 독립을 위한 민족의 역량 육성, 공화정 추구

　　㉢ 활동

　　　• 민족 교육 : 대성 학교, 오산 학교 설립, 조선 광문회 조직
　　　　　　　　　　평양, 안창호　정주, 이승훈

　　　• 민족 산업 : 자기 회사(평양), 태극 서관 운영

　　　• 언론(문화) : 대한매일신보 발간(양기탁, 영국인 베델) → 국민 계몽

　　㉣ 독립 운동 기지 건설 : 만주 삼원보 지역의 무장 독립 전쟁에 중요한 밑거름이 되었다
　　　(신흥 무관 학교 설립 – 독립군 배출). → '애국 계몽 운동 + 의병 운동' 성격

　　㉤ 해체(1911) : 105인 사건 → 일제의 조작

105인 사건　　　　▼	검색

안명근이 황해도 일대에서 독립운동 자금을 모집하다가 적발되자 일제는 이를 빌미로 데라우치 총독 암살 사건을 조작하였다. 이때 600여 명의 민족 지도자들이 검거되고, 그중 105명이 기소되었는데, 대부분 신민회의 회원이었다.

바로 바로 CHECK√

다음에서 설명하는 단체는?

　• 105인 사건으로 해체
　• 국외 독립 운동 기지 건설
　• 문화적, 경제적 실력 양성 운동 전개

① 보안회　　　　　② 대한 자강회
❸ 신민회　　　　　④ 헌정연구회

(3) 교육 및 언론 활동

① 교육 활동 : 근대 학문 교육, 민중 계몽, 민족의식 고취

　㉠ 사립 학교 설립 : 대성 학교, 오산 학교, 보성 학교, 진명 여학교 등

　㉡ 학회 활동 : 서북 학회, 호남 학회, 기호 흥학회 등

　㉢ 야학 및 강습소 설립

② 언론 활동

　㉠ 황성 신문 : 을사조약 때 장지연의 '시일야방성대곡'을 게재하였다.

　㉡ 대한매일신보 : 영국인 베델과 양기탁이 발행하여 일제의 국권 침탈을 비판하였고,
　　국채 보상 운동을 지원하였다.

③ 일제의 탄압 : 신문지법 제정(1907), 사립 학교령 공포(1908)

4 경제적 구국 운동

(1) 제국주의 열강의 경제 침탈

① 청·일 전쟁 이후 : 일본이 조선 무역을 독점하여, 일본 생산품이 조선에 본격적으로 들어 왔다.

② 아관 파천 이후 : 러시아의 이권 침탈 → 일본, 미국, 프랑스, 영국 등도 최혜국 대우 규정을 내세워 각종 이권을 침탈(광산 채굴권, 삼림 채벌권, 철도 부설권 등)

③ 일제의 토지 약탈 : 러·일 전쟁 전후로 군용지 명목으로 토지를 약탈하였으며, 일본인들의 대농장 경영이 확산되었다.

(2) 화폐 정리 사업(1905 ~ 1909)

차관	▼	검색

정부, 은행, 기업 등이 외국 정부와 은행으로부터 빌려 오는 공적 자금

① 목 적

㉠ 명분 : 경제 혼란을 바로 잡는다는 이유

㉡ 실제 : 대한 제국의 황실 재정 해체, 대한 제국의 금융 장악 → 일본의 재정 장악

② 주도 : 재정 고문 메가타

③ 내 용

㉠ 상평통보와 백동화를 일본의 제일 은행 발행 화폐로 교환하였다.

㉡ 대한 제국의 화폐 발행권을 박탈하였다.

④ 문제점 : 짧은 교환 기간(3일), 질이 나쁜 백동화는 교환 불가

⑤ 결 과

㉠ 국내 상공업자와 민간 은행이 타격을 입은 반면 일본 상인에게는 이익이었다.

㉡ 유통 화폐가 부족한 전황 현상이 발생하였다.

㉢ 사업에 필요한 자금을 일본 차관으로 조달하여 국채가 증가하였다.

알아두면 점수따는 역사이야기　　　　　　　　　　　　　　화폐 정리 사업

상태가 매우 양호한 갑종 백동화는 개당 2전 5리의 가격으로 새 돈과 교환하여 주고, 상태가 좋지 않은 을종 백동화는 개당 1전의 가격으로 정부에서 매수하며, …… 단, 형질이 조악하여 화폐로 인정하기 어려운 병종 백동화는 매수하지 않는다.
－ 탁지부령 제1호, 1905. 6

→ 화폐 정리 사업은 화폐 상태가 좋지 않은 을종과 병종 화폐를 액면가보다 낮게 교환하거나 아예 교환해 주지 않았다. 그리하여 을종과 병종 화폐를 가지고 있었던 국내 중소 상공업자들이 많이 몰락하였다.

(3) 국채 보상 운동(1907)

① 배경 : 일본이 근대 시설 확충을 명분으로 차관을 강요하였다(경제 예속화).

→ 국채 1,300만 원(대한 제국 1년 예산)

② 경과 : 대구에서 시작, 서상돈 '국채 보상 기성회' 조직 → 대한매일신보 보도 → 전국으로 확산 → <u>국민들의 모금 운동</u>
　　　　　　　　　　　　　　　　　금연·금주·가락지

③ 결과 : 통감부의 방해, 부유층 참여의 저조

→ 일제의 **탄압**으로 중단

④ 의의 : 경제적 구국 운동

10　근대 문화의 형성

1　신문물의 수용

(1) 민권 의식의 성장

① 평등 사회 : 공노비 해방(순조, 1801) → 서얼과 중인의 관직 진출 허용(1882) → 노비 세습 폐지(1886) → 신분제 폐지(갑오개혁, 1894) → 호적제 개편(1896, 신분 대신 직업 기재)

② 사회 의식 성장 : 갑신정변, 동학 농민 운동, 갑오·을미개혁, 독립 협회의 자유 민권 운동, 애국 계몽 운동 전개 등 → 신분제·과거제 폐지, 봉건적 악습 폐지, 과부의 재혼 허용 등

③ 여성의 지위 향상 : <u>여학교 설립</u>, <u>여성 단체 조직</u>
　　　　　　　　　　순성 여학교, 진명 여학교 등　　찬양회 등

알아두면 점수따는 역사이야기　　　　　　　　　　　　　　　　　민권 의식의 성장

　나는 대한의 가장 천한 사람이고 무지몰각합니다. 그러나 충군(忠君) 애국(愛國)의 뜻은 대강 알고 있습니다. 이에, 이국편민(利國便民)의 길인즉, 관민(官民)이 합심한 연후에야 가하다고 생각합니다. 저 차일(遮日)에 비유하건대, 한 개의 장대로 바친즉 역부족이나, 많은 장대를 합한즉 그 힘이 공고합니다. 원컨대, 관민이 합심하여 우리 황제의 성덕에 보답하고 국운(國運)에 만만세 이어지게 합시다.
　　　　　　　　　　　　　　　　　　　　　　　　　― 백정 박성춘의 관민 공동회 연설문, 1898

(2) 근대 문물의 수용

① 서양 과학 기술의 수용 : 조사 시찰단(일본)·영선사(청) 파견, 각종 근대 기술 서적 도입, 외국 기술자와 교사 초빙, 갑오개혁 이후 유학생 파견

② 통신 : 전신(서울 ~ 인천, 1885), 전화(경운궁, 1898), 우정총국(우편 제도, 1884)

③ 교 통
ㄱ 전차 : 서대문 ~ 청량리(1899)
ㄴ 철도 : 경인선(1899), 경부선(1905), 경의선(1906) → **일본의 침략 도구로 활용**

④ 전기 : 전등(경복궁, 1887), 한성 전기 회사(전등과 전차)

⑤ 의료 : 광혜원 설립(1885), 광제원, 대한 의원, 세브란스 병원 등
최초의 서양식 병원, 후에 제중원, 서양 선교사 알렌

⑥ 기타 : 박문국(1883, 신문 출판), 전환국(1883, 화폐 발행), 기기창(1883, 근대적 무기 공장)

(3) 의식주 생활의 변화

① 의생활 : 서양식 복제, 한복 개량, 마고자·조끼 등장, 지팡이·안경 유행, 양산 사용,
남성의 양복, 여성의 양장
긴저고리와 통치마 권장, 여성의 장옷(쓰개치마) 폐지 → **의생활의 간소화·근대화, 신분에 따른 옷 구별 폐지**

② 식생활 : 두레상·겸상 보급, 커피·홍차·양식·양과자(서양 음식), 중국 요리와 찐빵(중국 음식), 어묵과 단무지(일본 음식) 전래

③ 주생활 : 공사관·호텔·성당·교회·학교 등 서양식 건물, 2층집과 일본식 주택 등장, 신분에 따른 가옥 규제 폐지 **예** 명동 성당·정동 교회(고딕 양식), 덕수궁 석조전(르네상스 양식)

역사문화 탐방

고딕 양식

[명동 성당]

[정동교회]

르네상스 양식

[덕수궁 석조전]

2 근대 언론 기관의 발달

(1) 근대 신문의 창간(국민 계몽·애국심 고취)

① 한성순보(1883)

    ㉠ 박문국에서 발행한 우리나라 최초의 신문(순 한문체)

    ㉡ 10일에 한 번씩 간행, 관보적 성격(정부 발행)

② 한성주보(1886) : 한성순보 계승, 최초의 상업 광고 게재(국·한문 혼용)

③ 독립신문(1896)

    ㉠ 최초의 민간 신문(서재필 등 주도)

    ㉡ 국민 계몽에 기여, 독립 협회 발행(한글판·영문판)

④ 제국신문(1898) : 일반 서민과 부녀자 대상, 국민 계몽에 주력(순 한글 신문)

⑤ 황성신문(1898)

    ㉠ 장지연의 항일 논설 '시일야방성대곡' 게재, 을사조약 규탄의 애국적 논설

    ㉡ 지식층과 유생층이 주요 대상(국·한문 혼용)

⑥ 대한매일신보(1904)

    ㉠ 영국인 베델(특파원 출신)·양기탁이 발행(최다 독자)

    ㉡ 의병 운동에 호의적, 강력한 반일 논조, 국채 보상 운동 주도

⑦ 만세보(1906) : 천도교계 신문(기관지), 여성 교육과 여권 신장에 관심(국·한문 혼용)

⑧ 경향신문(1906) : 천주교의 기관지(순 한글)

(2) 일제의 언론 탄압

① 신문지법 제정(1907) : 언론 활동 제약, 반일 논조 억압

② 국권 피탈 전후로 대부분 민족 신문을 폐간하였다. → 대한매일신보는 총독부의 기관지로 전락

3 근대 교육과 국학 연구

(1) 근대 교육

① 근대 사립학교 : 원산학사(1883, 최초) → 함경도 덕원 주민이 설립(신지식, 외국어 교육)

② 근대 공립학교 : 동문학(1883, 통역관 양성), 육영공원(1886, 최초의 현대식 학교, 상류층 자제 교육)

③ 정부의 노력

ㄱ 갑오개혁 시기 : 교육입국조서 반포(1895) → 사범·외국어·소학교 등 설립

ㄴ 대한 제국(1897) 이후 : 기술·실업 학교, 의학교 등을 설립하였다.

④ 애국 계몽 운동 시기(사립 학교 설립)

ㄱ 개신교 선교사 : 배재·이화·배화 학당, 정신·경신 학교 등

ㄴ 민족 지도자 : 대성·오산·보성·양정 학교, 진명 여학교 등

(2) 국사 연구

① 계몽 사학 : 민족 영웅전 저술, 외국의 흥망사 소개 → 애국심 고취, 민중 계몽

② 신채호 :「독사신론」 저술,「이순신전」,「을지문덕전」 등 저술 → 민족주의 역사학의 방향 제시

③ 박은식 : 최남선과 조선 광문회 조직 → 민족 고전 정리 및 간행

④ 외국의 흥망사 번역 :「미국 독립사」,「월남 망국사」, 「이태리 삼국 삼걸전」

> **독사신론** ▾ 검색
>
> 신채호가 대한매일신보에 50회에 걸쳐 연재하던 글을 모은 신론이다. 신채호는 역사 서술의 주체를 민족으로 설정하고, 과거의 화이론(華夷論)적 역사관이나 당시 일제에 의한 고대사 왜곡을 강력히 비판하였다.

알아두면 점수따는 역사이야기   근대 계몽 사학

• 오호라, 어떻게 하면 우리 이천만의 귀에 항상 애국이란 한 글자가 울리게 할까, 가로되 오직 역사로써 할지니라. 오호라, 어떻게 하면 우리 이천만의 눈에 항상 나라라는 한 글자가 배회하게 할까, 가로되 오직 역사로써 할지니라. …… 오호라, 내가 나라를 사랑하려거든 역사를 읽을지며, 사람들로 하여금 나라를 사랑하게 하려거든 역사를 읽게 할지어다.   – 신채호,「역사와 애국심의 관계」

• 선도의 위대한 사업을 칭송하여 국민의 영웅 숭배심을 고취하고자 함이고 …… 열성적, 모범적 위인의 행적을 그려 내어 이천 년 후에 을지문덕과 맞먹는 인물을 기르고자 함이니 모든 독자는 항상 이에 유념하여 이 책을 읽어야 할 것이다.   –「을지문덕전」서문

(3) 국어 연구

① 국·한문 혼용체 보급 : 유길준의 「서유견문」
② 순한글 신문 발행 : 독립신문, 제국신문 등
③ 국문 연구소 : 지석영, 주시경이 중심이 되어 국문의
정리와 국어의 이해 체계를 확립하였다.

서유견문	▼	검색

유길준이 미국과 유럽을 돌아다니면서 느낀 내용을 국·한문 혼용체로 기록한 서적이다.

4 문예와 종교의 새 경향

(1) 문 학

① 신소설 : 순한글, 언문일치의 계몽 문학 → 자주독립, 신식 교육, 여권 신장, 신분 타파, 자유 결혼 등 ⑩ 이인직 「혈의 누」, 이해조 「자유종」, 안국선 「금수회의록」
② 신체시 : 전통시에서 현대시로 넘어가는 과도기 장르 ⑩ 최남선 「해에게서 소년에게」
③ 외국 문학, 번역 문학 : 「천로역정」, 「빌헬름 텔」, 「이솝 이야기」, 「걸리버 여행기」

(2) 예 술

① 음악 : 창가 유행, 찬송가 등 보급
서양식 악곡에 우리말 가사를 붙임
② 연극 : 신극 운동 → 원각사 건립(한국 최초 서양식 극장), 은세계·치악산 등 공연
③ 미술 : 도화서 폐지 후 전문 화가들의 독립적 활동, 서양식 유화 도입
④ 판소리 : 신재효에 의해 판소리 여섯 마당 정리, 창극 등장(민속극의 하나)
심청가, 춘향가, 적벽가, 수궁가(토끼전), 변강쇠가, 흥부가

(3) 종 교

① 천주교 : 양로원·고아원 등 운영, 애국 계몽 운동에 참여
② 개신교 : 포교 활동 활발, 근대 교육 보급, 의술·평등 사상 전파
③ 천도교 : 손병희(동학 → 천도교), '만세보' 발간, 민족 종교
④ 대종교 : 나철·오기호 창시, 단군 신앙 발전, 민족 종교, 간도·연해주의 항일 무장 독립 운동에 기여
⑤ 유교 : 박은식 '유교 구신론' → 양명학(실천을 중시한 유학) 토대, 유교 개혁 추진
⑥ 불교 : 한용운 '조선 불교 유신론' → 불교 개혁

01 흥선 대원군 집권기에 해당하는 사실은?

기출

① 수원으로 사도 세자의 묘가 옮겨졌다.

② 서인과 남인 사이에 예송이 발달하였다.

③ 송시열을 중심으로 북벌운동이 전개되었다.

④ 척화비를 세우고 통상 수교 거부 정책을 폈다.

02 다음 (가), (나)의 사회 문제를 해결하기 위한 흥선 대원군의 정책으로 옳게 연결된 것은?

> (가) 고을마다 일정한 액수를 미리 정해놓고 군포를 부담시켰기 때문에 양반의 수가 많아지면, 상민은 점점 더 많은 군포를 부담하게 된다.
>
> (나) … 빌려주고 빌리는 건 양쪽 다 원해야지 억지로 강제하면 불편해져서 온 땅을 통틀어서 고개만 저을 뿐 빌리겠단 사람은 하나도 없네. 봄철 좀먹는 쌀 한 말 받고서 가을에 온전한 쌀 두말을 바치고 …
>
> – 정약용

	(가)	(나)
①	완납전 발행	환곡제 실시
②	대동법 실시	균역법 실시
③	균역법 실시	환곡제 실시
④	호포제 실시	사창제 실시

03 다음 중 흥선 대원군의 정책이 <u>아닌</u> 것은?

① 당백전 발행 ② 척화비의 건립

③ 경국대전 편찬 ④ 통상 수교 거부

01

① 정조, ② 현종, ③ 효종, ④ 고종

※ 흥선 대원군의 정책
- 왕권 강화 정책 : 인재 등용, 세도 정치 철폐, 경복궁 중건, 비변사 폐지, 의정부 기능 강화, 대전회통 편찬, 서원 정리, 삼정의 개혁
- 대외 정책 : 통상 수교 거절, 천주교 탄압

02

호포제는 양반에게도 군포를 받는 것으로 군포 부과의 형평성을 확보하였고, 사창제는 관청이 관장하는 환곡제와는 달리 마을 단위로 지방민이 자치적으로 곡물 대여 업무를 운영하는 제도이다.

03

③ 조선의 기본 법전인 경국대전은 세조 때 편찬을 시작해서 성종 때 완성하였다.

ANSWER

01. ④ 02. ④ 03. ③

04 다음 사건과 관련이 있는 나라는?

> • 신미양요를 일으킴
> • 제너럴셔먼호 사건

① 영국   ② 미국
③ 프랑스   ④ 러시아

04
미국의 상선 제너럴셔먼호가 대동강을 거슬러와 평양에서 통상을 요구하며 난동을 일으켰다가 평양 관민이 제너럴셔먼호(1866)를 소각시킨 제너럴셔먼호 사건을 계기로, 미국 함대가 강화도를 침략한 신미양요(1871)가 일어났다.

05 다음 사건과 관련이 깊은 흥선 대원군의 정책은?

기출

> • 병인양요   • 신미양요
> • 척화비 건립

① 개화 정책   ② 민생 안정 정책
③ 국가 재정 확보 정책   ④ 통상 수교 거부 정책

05
흥선 대원군은 안으로는 왕권을 강화하고, 민생 안정을 추구하는 정책과 대외적으로는 통상 수교 거부 정책을 실시하였다.

06 다음 〈보기〉 중 개항 전의 국내 · 외 정세를 바르게 고른 것은?

고난도

> ┌─ 보기 ┐
> ㉠ 국내에 「조선책략」이 소개되었다.
> ㉡ 국내에서 개화 세력이 형성되었다.
> ㉢ 일본에 정한론이 대두되었다.
> ㉣ 조 · 러 육로 통상 조약이 체결되었다.

① ㉠, ㉡   ② ㉠, ㉢
③ ㉡, ㉢   ④ ㉢, ㉣

06
㉠ 「조선책략」은 개항 이후에 국내에 소개되었다.
㉣ 조 · 러 육로 통상 조약은 1888년에 체결되었다.

ANSWER
04. ②   05. ④   06. ③

07 **기출** 다음 설명에 해당하는 역사적 사건은?

> • 프랑스군의 강화도 침략
> • 조선군이 문수산성, 정족산성에서 항전
> • 프랑스군이 외규장각 의궤 등 각종 문화재 약탈

① 을미사변　　　　② 병인양요
③ 아관 파천　　　　④ 간도 참변

07

병인양요(1866)
• 배경 : 병인박해
• 경과 : 프랑스 함대의 강화도 침략 → 양헌수의 활약(정족산성), 한성근의 활약(문수산성) → 프랑스군 격파
• 결과 : 강화읍 파괴, 프랑스 군대의 철수, 프랑군의 외규장각 도서(의궤)와 각종 문화재 약탈

---

08 **기출** 강화도 조약에 대한 설명으로 옳은 것은?

① 유생들은 적극적으로 환영하였다.
② 정부의 적극적 노력으로 이루어졌다.
③ 이를 계기로 전국에 척화비를 세웠다.
④ 치외 법권을 인정한 불평등 조약이었다.

08

강화도 조약은 우리나라 최초의 조약이며, 우리나라와 일본이 체결한 조약으로 해안 측량권과 치외 법권을 인정하는 등 불평등한 조약이었다.

---

09 다음 조약들의 공통점이 <u>아닌</u> 것은?

> • 강화도 조약
> • 조 · 미 수호 통상 조약

① 치외 법권　　　　② 근대적 조약
③ 불평등 조약　　　　④ 최혜국 대우

09

• 강화도 조약(1876) : 일본과 맺은 최초의 근대적 조약, 치외 법권, 해안 측량권, 3개 항구 개항
• 조 · 미 수호 통상 조약(1882) : 미국과 체결한 근대적 조약, 치외 법권, 최혜국 대우, 관세 부과, 거중조정 조항

---

10 다음 중 서양의 여러 나라 중 조선이 최초로 조약을 체결한 나라는?

① 영국　　　　② 러시아
③ 미국　　　　④ 프랑스

10

③ 서양 제국 가운데 최초로 미국과 조 · 미 수호 통상 조약을 체결하였다.

ANSWER
07. ②　08. ④　09. ④　10. ③

11 다음 밑줄 친 이 책과 관련이 있는 것은?

> 이 책은 2차 수신사로 갔던 김홍집이 가지고 온 것이다. 이 책은 동아시아의 정세와 조선의 외교 정책에 대해 쓴 것으로 고종이 관심을 가지고, 이를 복사하여 관리와 유생들에게 배포하였다.

① 천주실의　　　　② 해국도지
③ 조선책략　　　　④ 용담유사

12 다음 〈보기〉의 배경이 된 사상은?

┌─ 보기 ─────────────────────┐
│ • 영선사 파견　　　　• 신사 유람단 파견 │
│ • 통리기무아문 설치　• 별기군 창설 │
└──────────────────────────┘

① 개화 사상　　　　② 위정척사 사상
③ 동학 사상　　　　④ 척왜양이 사상

13 다음 사절단의 공통된 목적을 바르게 설명한 것은?

┌──────────────────────────┐
│ • 수신사　　　　• 조사 시찰단 │
│ • 영선사 │
└──────────────────────────┘

① 일본과의 우호 증진
② 청에 대한 원조 요청
③ 선진 문물 시찰 및 수용
④ 조약 체결을 위한 외교 사절

11
「조선책략」은 청의 외교관 황 쭌셴이 쓴 책으로, 일본에 수신사로 갔던 김홍집이 가져왔다. 정부는 이 책을 배포하고 미국과 조약을 맺으려 하였다.

12
조선 일부 지식인들의 통상 개화론이 문호 개방 전후로 개화 사상으로 발전하였는데, 수신사의 파견, 통리기무아문의 설치, 별기군 창설, 신사 유람단·영선사 파견 등으로 나타났다.

13
선진 문물 시찰 및 수용을 위해 일본에는 수신사와 조사 시찰단을 파견, 청에는 영선사를 파견하였다.

14 다음 중 강화도 조약 이후, 개화 정책을 주관하기 위해 설치한 최초의 근대적 행정 기구는?

① 교정청
② 별기군
③ 군국기무처
④ 통리기무아문

15 다음에서 설명하는 사상과 관련이 가장 많은 것은?

> 바른 것은 지키고 그릇된 것은 배척할 것을 주장하였다. 여기서 바른 것은 우리나라의 전통적인 유교 문화를, 그릇된 것은 서양의 문화와 사상을 가리킨다.

① 유생
② 별기군
③ 수신사
④ 개화파

16 위정척사 운동에 대한 설명으로 바르지 <u>못한</u> 것은?

① 내수외양(內修外養)의 정신을 담은 것이다.
② 화이관(華夷觀)의 극복을 그 목적으로 하였다.
③ 서양과의 교역을 반대하는 운동으로 시작되었다.
④ 근대 사회로의 전환을 위한 개화 정책을 반대하였다.

17 우리나라에서 처음으로 외국 군대의 주둔을 승인한 최초의 조약은?

① 제물포 조약
② 한성 조약
③ 톈진 조약
④ 시모노세키 조약

14
① 교정청 : 갑오개혁 이전에 고종이 설치한 자주적 개혁 기구
② 별기군 : 개항 이후 설치된 조선의 신식 부대
③ 군국기무처 : 갑오개혁 기구

15
위정척사는 올바른 것(성리학적 사회 질서)을 지키고 사악한 것(서양 문물)을 배척하자는 주장이다.

16
위정척사 운동
조선 왕조의 전제주의적 정치 체제, 지주 중심의 봉건적 경제 체제, 양반 중심의 차별적 사회 체제, 유교적 사상 체제를 유지하려 했다.

17
제물포 조약(1882)
임오군란 후 체결한 조약으로, 주요 내용은 배상금 지불, 공사관 보호를 위한 일본 군대의 주둔 등이다.

ANSWER
14. ④ 15. ① 16. ② 17. ①

18 다음의 내용이 배경이 되어 일어난 사건에 대한 결과로 적절한 것은?

> • 민씨 세력과 흥선 대원군 사이의 갈등
> • 일본 세력의 침투에 대한 국민의 반발
> • 구식 군인에 대한 차별적 대우

① 일본과 한성 조약을 맺게 되었다.
② 일본이 조선의 내정에 간섭하였다.
③ 개화 정책이 적극적으로 추진되었다.
④ 흥선 대원군이 다시 정권을 잡았으나 청에 납치되었다.

18
임오군란으로 일본과 제물포 조약을, 청과 조·청 상민 수륙 무역 장정을 체결하였고, 청의 내정 간섭이 심화되었다.

19 다음 내용과 관련 있는 사건은?
기출

> • 김옥균 등이 근대 국민 국가 건설을 목표로 일으켰다.
> • 청나라 군대의 개입으로 3일 만에 실패하였다.
> • 외세에 의존하여 민중의 지지를 받지 못하였다.

① 갑신정변　② 임오군란
③ 광무개혁　④ 동학 농민 운동

19
② 구식 군대의 차별 대우로 비롯된 사건으로 일본과 제물포 조약을 체결하고 청과는 조·청상민수륙무역장정을 체결하였다.
③ 대한제국이 추진한 개혁으로 구본신참을 원칙으로 하였다.
④ 아래로부터의 개혁으로서 고부 민란을 계기로 발생하였다. 2차 봉기는 항일 구국 투쟁으로서 일본군과 공주 우금치 전투를 전개하였으나 실패하였다.

20 다음에서 설명하는 인물은?

> • 제물포 조약 후 일본에 사절로 가면서 태극기를 처음 사용함
> • 우정국 개국 축하연을 이용하여 김옥균, 서광범, 홍영식 등과 갑신정변을 일으킴

① 김구　② 최제우
③ 박영효　④ 김홍집

20
임오군란 이후 박영효가 일본에 사절로 가면서 태극기를 처음 사용하였다.

ANSWER
18. ④　19. ①　20. ③

21 갑신정변 이후 열강의 침탈로부터 조선의 안전을 보장받으려고 제기된 주장은?

① 개화 사상　　　　② 동도서기론

③ 위정척사 사상　　④ 한반도 중립화론

21
조선 주재 독일 부영사 부들러가 청, 러시아, 일본이 보장하는 한반도 중립화안을 건의했고, 유길준도 제기했으나 실현되지 못하고 구상에만 머물게 되었다.

22 다음 〈보기〉의 내용을 주장한 것은?

고난도

> **보기**
> • 문벌 폐지　　　　• 지조법 개혁
> • 혜상공국 혁파

① 독립 협회　　　　② 동학 운동

③ 갑신정변　　　　④ 홍범 14조

22
갑신정변 때의 14개조 개혁 요강의 주요 내용이다.

23 다음은 개항 이후 열강의 경제 침투에 대한 글이다.

기출 ㉠~㉣의 밑줄 친 내용 중 옳지 않은 것은?

> 　개항 이후 불평등 조약으로 조선 상인의 피해가 컸다. ㉠강화도 조약에는 관세에 관한 규정이 없었고, 조약이 개정된 후에도 아주 낮은 관세만을 부과할 수 있었다. ㉡1880년대 들어서 외국 상인은 개항장에서만 무역을 할 수 있었지만, ㉢이들이 저지르는 불법 활동에 대해서 거의 처벌할 수 없었다. ㉣거래에 외국 화폐도 사용되었다.

① ㉠　　　　　　② ㉡

③ ㉢　　　　　　④ ㉣

23
㉡ 1880년대 들어서는 외국 상인이 나라 안을 자유롭게 다니며 영업하였다.

24 다음 사건에 해당하는 것은?

> 1885년 러시아의 남하 정책을 저지하기 위해 영국이 일으킨 사건

① 갑신정변　　　　　② 임오군란
③ 거문도 사건　　　　④ 운요호 사건

25 다음 중 1890년대 열강의 경제적 침투에 대한 설명으로 바르지 못한 것은?

① 일본을 배척하는 기운이 널리 퍼졌다.
② 동학 세력이 크게 성장할 수 있는 토대가 되었다.
③ 정부와 관리의 무능과 부패에 대한 불신이 커졌다.
④ 새로운 상품의 유통으로 국민의 경제적 수준이 높아졌다.

26 갑신정변 후 일본의 경제적 침투를 막기 위해 취해진 것은?

① 중개 무역 실시　　　② 방곡령 반포
③ 조세의 금납제 실시　　④ 은본위제 실시

27 〈보기〉의 내용과 관련 있는 농민 봉기는?
기출

> **보기**
> • 전주성 점령　　　　• 집강소 설치
> • 반외세적 성격　　　• 전통적 지배체제 반대

① 진주민란　　　　　② 만적의 난
③ 홍경래의 난　　　　④ 동학 농민 운동

28 동학 운동에 관한 설명으로 바르지 <u>못한</u> 것은?

① 근대 사회 건설을 위한 구체적 방안을 제시하지 못했다.

② 동학군은 일본군보다 우세하였으나 청의 가세로 실패하고 말았다.

③ 안으로는 봉건 체제에 대항하고 밖으로는 외국 자본주의 세력에 대항하여 싸웠다.

④ 대외적으로 청·일 전쟁을 유발시켰다.

29 기출 동학 농민군이 전주성을 점령한 뒤 호남 지방 각 군현에 설치하였던 자치 기구는?

① 의정부　　　　② 승정원

③ 집강소　　　　④ 도병마사

30 기출 다음 내용과 관계 깊은 것은?

> • 신분제 폐지　　• 조혼 금지
> • 조세 금납화　　• 과부의 재혼 허용

① 임오군란　　　② 갑신정변

③ 독립 협회　　　④ 갑오개혁

31 갑오개혁에 대한 설명으로 옳지 <u>않은</u> 것은?

① 사법권을 행정권에서 분리시켰다.

② 청과의 주종 관계를 끊고 개국 연호를 사용하였다.

③ 봉건적 전통 사회가 붕괴되면서 근대 사회로 전진하는 계기가 되었다.

④ 초정부적 존재인 비변사라는 회의 기관에 의해 개혁이 추진되었다.

28

② 동학군은 일본군보다 열세에 있었고, 더구나 혁명을 이끌만한 중핵체도 없었으므로 실패하고 말았다.

29

③ 집강소 : 폐정개혁안을 실천하고자 설치한 자치기구

30

갑오개혁(1894)

• 배경 : 내정 개혁의 필요성, 침략의 발판을 위한 일본의 강요

• 경과 : 군국기무처의 개혁 단행

• 정치적 개혁 : 2부 80아문제의 실시, 과거제 폐지, 개국 기원 사용, 사법권과 행정권 분리 등

• 경제적 개혁 : 재정의 일원화, 도량형 통일 등

• 사회적 개혁 : 조혼 금지, 재혼 허용

31

④ 군국기무처가 초정부적인 회의 기관으로, 갑오개혁을 추진하였다.

A N S W E R

28. ② 　29. ③ 　30. ④ 　31. ④

32 근대 사회의 전개 과정에서 다음의 주장이 모두 포함된 것은?

> • 노비 문서를 소각한다.
> • 왜와 통하는 자는 엄징한다.
> • 토지는 균등하게 나누어 경작한다.

① 갑신정변　　　　② 갑오개혁

③ 독립 협회　　　　④ 동학 농민 운동

33 갑신정변, 동학 농민 운동, 갑오 · 을미개혁에서 공통적으로 추구한 것은?

① 행정권과 사법권의 분리

② 토지의 평균 분작

③ 차별적 신분 제도의 철폐

④ 재정의 일원화

34 다음 〈보기〉는 한말의 역사적 사건들이다. 시대순으로 배열한 것은?

> ┌ 보기 ┐
> ㉠ 을미사변　　　　㉡ 대한 제국 성립
> ㉢ 갑오개혁　　　　㉣ 아관 파천

① ㉢ → ㉣ → ㉠ → ㉡

② ㉢ → ㉣ → ㉡ → ㉠

③ ㉢ → ㉡ → ㉠ → ㉣

④ ㉢ → ㉠ → ㉣ → ㉡

32

동학 농민 운동은 고부 군수 조병갑의 수탈이 발단이 되어 일어난 민란(전봉준)을 시작으로 1894년도에 발생한 운동이다.

※ 반봉건적 · 반침략적 민족 운동의 성격을 띤다.

33

①, ④는 갑오 · 을미개혁, ②는 동학 농민 운동이 추구한 것이다.

34

ㄷ 갑오개혁(1894) : 군국기무처 설치, 개혁 추진
ㄱ 을미사변(1895) : 명성 황후 시해
ㄹ 아관 파천(1896) : 친러파가 국왕을 러시아 공사관으로 피신시킴, 개혁 운동 중단
ㄴ 대한 제국 성립(1897) : 고종이 경운궁으로 환궁하여 자주 국가임을 내외에 선포

ANSWER

32. ④　**33.** ③　**34.** ④

35 다음 내용을 배경으로 일본이 일으켰던 사건은?

> 일본의 요동반도 진출이 러시아를 비롯한 삼국 간섭으로 실패하고 일본 세력이 위축되었다. 이에 명성 황후가 러시아와 연결하여 일본을 견제하려 하였다.

① 갑신정변   ② 아관 파천
③ 임오군란   ④ 을미사변

36 다음 빈칸 안에 들어갈 사건은?

> (   ) 이후 조선은 열강들에게 광산 채굴권, 삼림 채벌권, 철도 부설권 등 수많은 이권들을 빼앗기게 되었다.

① 갑신정변   ② 동학 농민 운동
③ 아관 파천   ④ 갑오개혁

37 밑줄 친 '이 신문'에 해당하는 것은?

> 최초의 민간 신문으로 <u>이 신문</u>은 아관 파천 이후 열강의 이권 침탈이 심화되는 상황에서 우리나라의 국권을 수호하기 위한 활동과 소식들을 소개하였다.

① 만세보   ② 한성순보
③ 독립신문   ④ 제국신문

38 다음과 같은 개혁 운동을 전개하였던 단체는?

> • 서재필 등 개화파 지식인이 조직
> • 의회 설립 운동을 전개하고, 헌의 6조를 채택

① 신민회 ② 신간회
③ 독립 협회 ④ 황국 협회

39 독립 협회의 활동으로 옳지 <u>않은</u> 것은?

① 민중에게 국권·민권 사상을 고취시켰다.
② 독립문을 세우고 독립신문을 창간하였다.
③ 관민 공동회를 개최하여 헌의 6조를 결의하였다.
④ 개화 정책에 반대하고 전통 질서 유지를 주장하였다.

40 대한 제국의 광무개혁에 대한 설명으로 옳지 <u>않은</u> 것은?

① 상공업 진흥책을 위해 공장, 회사를 설립하였다.
② 근대 자주 국가를 위한 공화정을 수립하고자 하였다.
③ 지계를 발급하여 근대적인 토지 소유권 제도를 확립하려고 하였다.
④ 이범윤을 간도 관리사로 파견하여 교민에 대한 보호 정책을 폈다.

41 다음 비석이 논란이 되어 빼앗긴 우리의 영토는?

> • 서쪽으로 압록강, 동쪽으로 토문강을 경계로 함
> • 조선과 청 양국 간의 국경을 확정하여 세움(1712)

① 간도 ② 울릉도
③ 독도 ④ 백두산

42 기출 다음 내용에서 (　) 안에 들어갈 말로 알맞은 것은?

> 숙종 때, 안용복이 울릉도에 출몰하는 일본 어민들을 쫓아내고, 일본에 건너가 울릉도와 (　)가 조선의 영토임을 확인받고 돌아왔다.

① 간도　　　　　　② 독도
③ 거문도　　　　　④ 위화도

42
독도는 러·일 전쟁 중에 일본이 일방적으로 자신들의 영토로 편입시켰으나, 광복과 함께 되찾은 우리의 영토이다.

43 일제의 침략 내용을 바르게 연결한 것은?

① 한·일 의정서 – 차관 통치
② 제1차 한·일 협약 – 경찰권 박탈
③ 제2차 한·일 협약 – 외교권 박탈
④ 기유각서 – 통감부 설치

43
③ 제2차 한·일 협약(을사조약, 을사늑약)은 1905년에 일제에 의해 강제로 체결된 조약으로, 외교권이 박탈되고 통감부가 설치되었다.

44 기출 일제의 국권 침탈 과정 중 다음과 관련된 것은?

> • 강제적인 조약 체결
> • 대한 제국의 외교권 박탈
> • 통감부를 설치하여 보호국으로 삼음

① 한·일 의정서　　　② 제1차 한·일 협약
③ 을사조약　　　　　④ 한·일 신협약

44
을사조약
제2차 한·일 협약이라고도 한다. 이완용을 비롯한 을사 5적이 체결하였으나 고종이 끝까지 서명하지 않았으며 황제의 재가가 없는 이 조약은 당연히 원인 무효이다. 일제는 이로써 대한 제국의 외교권을 빼앗고, 서울에 통감부를 설치하여 통감 정치를 하였다.

45 「시일야방성대곡」과 가장 관계가 깊은 조약은?

① 한·일 의정서　　　② 제1차 한·일 협약
③ 제2차 한·일 협약　④ 한·일 신협약

45
③ 제2차 한·일 협약(을사조약)이 체결되자, 황성신문의 주필이었던 장지연은 「시일야방성대곡」을 실어 일제를 규탄하고 민족적 항쟁을 호소하였다.

ANSWER
42. ②　43. ③　44. ③　45. ③

46 다음 사건들을 일어난 순서대로 배열한 것은?

> ㉠ 갑신정변   ㉡ 을사조약
> ㉢ 한일병합   ㉣ 동학 농민 운동

① ㉠ - ㉡ - ㉣ - ㉢   ② ㉠ - ㉣ - ㉡ - ㉢
③ ㉣ - ㉠ - ㉡ - ㉢   ④ ㉣ - ㉡ - ㉠ - ㉢

46
갑신정변(1884) → 동학 농민 운동(1894) → 을사조약(1905) → 한일병합(1910)

47 명성 황후 시해 사건과 함께 유생 중심의 최초 항일 의병이 일어나게 된 계기는?

① 아관 파천   ② 단발령
③ 을사조약   ④ 정미조약

47
항일 의병 투쟁의 배경 : 을미사변(명성 황후 시해 사건), 단발령

48 다음 〈보기〉와 가장 관계가 깊은 사람은?

고난도

> **보기**
> • 조선 후기에 위정척사를 주장하였다.
> • 일제 침략에 항거하여 의병을 일으켰다.

① 최익현   ② 오경석
③ 유홍기   ④ 박규수

48
①은 위정척사파이지만, ②·③·④는 개화파에 해당한다.

49 다음 내용과 관련 있는 인물은?

기출

> • 을사조약을 계기로 의병 활동을 전개하였다.
> • 동해안 일대에서 평민 의병장으로 활약하였다.

① 김규식   ② 손병희
③ 신돌석   ④ 최익현

49
을사의병
• 구성 : 양반출신 의병장(민종식, 최익현), 평민출신 의병장(신돌석)
• 활동 : 을사조약의 폐기와 친일내각 타도 주장

ANSWER
46. ②   47. ②   48. ①   49. ③

50 한말 의병 운동이 일어나게 된 계기가 <u>아닌</u> 것은?

① 고종 강제 퇴위　　② 방곡령 사건

③ 명성 황후 시해　　④ 을사조약 체결

51 다음에서 설명하는 지역은?

> • 러시아가 이곳의 개척을 위해 이주를 허가하였다.
> • 을사조약 이후 국권 회복을 위한 무장투쟁의 중심지가 되었다.

① 상하이　　② 미주

③ 만주　　④ 연해주

52 한말의 언론 기관과 활동에 관한 설명이다. 연결이 바른
고난도 것은?

① 황성신문 – 항일 논설 게재

② 제국신문 – 항일 운동의 선봉적 역할

③ 독립신문 – 부녀자 중심의 계몽

④ 대한매일신보 – 서구 근대 사상 고취와 관보의 성격을 띰

53 개항 이후 다음과 같은 경제 침략과 관계가 깊은 나라는?
기출

> • 대륙 침략을 위해 한반도의 남북을 연결할 철도 부설에 주력
> • 서울과 부산, 서울과 의주, 서울과 인천을 잇는 철도 부설권 차지

① 미국　　② 영국

③ 일본　　④ 러시아

54 을사조약 이후에 전개된 민족 운동의 방향은?

① 애국 계몽 운동
② 교조 신원 운동
③ 문화 개화 운동
④ 위정척사 운동

54
① 을사조약 체결 이후 국권 회복을 위해 민족 산업 육성을 통한 경제 자립 운동과 자주 독립의 정신적 기반을 확립하려는 민족 교육 운동이 중심이 되었다.

55 다음 내용과 관련 있는 단체는?
기출

> 일제의 황무지 개간 요구를 저지하는 구국 운동을 전개하였다.

① 보안회
② 정의부
③ 만민 공동회
④ 한인 애국단

55
보안회는 황무지 개간을 반대하는 운동을 전개하여 저지하였으나 일본 측의 압력으로 해산되었다.

56 애국 계몽 운동을 교란시키려고 일제가 만든 매국 단체는?

① 공진회
② 협동회
③ 일진회
④ 대한 자강회

56
일진회는 송병준, 이용구 등이 만든 친일 단체로 을사조약의 정당성을 주장하였다.

57 다음에서 설명하고 있는 애국계몽 단체는?
기출

> • 비밀결사 조직
> • 105인 사건으로 해체
> • 국외 – 독립군 기지 건설
> • 국내 – 문화적·경제적 실력 양성 운동

① 독립 협회
② 대한 협회
③ 신민회
④ 신간회

57
신민회는 국내에서의 애국 활동이 제약을 받게 되자, 그 활동을 위하여 국외의 독립 운동 기지 설정에 앞장서서 지역과 인물을 물색하였다.

ANSWER
54. ① **55.** ① **56.** ③ **57.** ③

58 한말의 애국 계몽 운동에 대한 설명으로 **틀린** 것은?

① 통감부는 일진회를 만들어 애국 계몽 운동을 교란 시키려고 하였다.

② 대한매일신보는 부녀자 층을 대상으로 국민 계몽, 자강 사상을 고취시켰다.

③ 보안회가 일제의 황무지 개척권 요구를 철회시켰다.

④ 광문회가 민족의 고전을 정리하고, 간행하기 위해 노력하였다.

58

② 제국신문은 중류층 이하의 대중과 부녀자 층을 대상으로 국민 계몽, 국채 보상 운동을 전개하였다.

59 다음 〈보기〉에서 애국 계몽 운동을 주도한 단체들이 설립된 순서를 바르게 한다면?

┌ 보기 ┐
ㄱ 대한 자강회   ㄴ 신민회
ㄷ 헌정 연구회   ㄹ 보안회
└────────────────┘

① ㄷ - ㄱ - ㄴ - ㄹ   ② ㄷ - ㄴ - ㄹ - ㄱ
③ ㄹ - ㄴ - ㄱ - ㄷ   ④ ㄹ - ㄷ - ㄱ - ㄴ

59

보안회(1904) → 헌정 연구회(1905) → 대한 자강회(1906) → 신민회(1907)

60 다음 〈보기〉에서 설명하는 것은?
기출

┌ 보기 ┐
• 한말에 전개된 경제적 민족 운동이다.
• 대구에서 시작되어 전국으로 확대되었다.
• 모금을 위해 금연·금주 운동을 전개하였다.
└────────────────────────┘

① 방곡령   ② 신간회 운동
③ 물산 장려 운동   ④ 국채 보상 운동

60

국채 보상 운동
한말의 애국 계몽 운동 중 경제 자립 운동의 하나로, 일본에 진 빚을 갚아 자주성을 회복하자는 운동이다. 광무 11년(1907년) 대구에서 시작된 이 운동은 한국 국민 2,000만이 매달 20전씩 절약하여 저축하면 3개월 사이에 국채를 갚을 수 있다는 취지를 내걸었다.

ANSWER

58. ② **59.** ④ **60.** ④

61 다음 밑줄 친 '이것'에 해당하는 것은?

> 이것의 시행으로 인해 국내 상공업자와 민족 은행 등이 큰 타격을 입었을 뿐만 아니라 일본의 제일 은행권이 대한 제국의 본위 화폐가 됨에 따라 일본이 대한 제국의 재정, 금융을 장악하게 되었다.

① 국채 보상 운동   ② 화폐 정리 사업
③ 물산 장려 운동   ④ 강화도 조약 체결

62 국채 보상 운동의 설명에 해당하지 <u>않는</u> 것은?

고난도

① 보안회의 주동으로 시작되었다.
② 금연·금주 운동으로 시작되어 전국적인 모금 운동으로 전개되었다.
③ 일본으로부터의 차관 1,300만 원을 보상하자는 것이었다.
④ 일본의 방해로 실패하였다.

63 일제가 침략적 의도를 가지고 설치한 근대 시설은?

① 전차   ② 광혜원
③ 우정국   ④ 경부선

64 다음 내용 중 바르게 연결된 것은?

① 만세보 – 최초의 신문
② 독립신문 – 한자 신문
③ 황성신문 – 베델, 양기탁 창간
④ 대한매일신보 – 국채 보상 운동 주도

61

제1차 한·일 협약으로 재정 고문이 된 메가타는 경제 혼란을 바로잡는다는 명분으로 화폐 정리 사업을 시행하였다.

62

① 국채 보상 운동은 1907년 대구에서 서상돈, 김광제 등이 중심이 되어 일으킨 전국적인 모금 운동이다.

63

④ 경부선은 일제의 군사상 필요에 의해 만들어졌다.

64

대한매일신보 : 베델·양기탁 창간, 국채 보상 운동 등을 주도함

ANSWER

61. ②   62. ①   63. ④   64. ④

65 다음 중 근대 교육의 내용으로 옳지 <u>않은</u> 것은?

① 정부에서 영어 강습 기관을 세웠다.

② 개신교 선교사들도 교육에 참여하였다.

③ 육영 공원은 양반 자제들 교육에 힘썼다.

④ 국민들은 가난에 굶주렸기 때문에 교육에 대한 열의가 부족하였다.

65

민족의 힘을 키우는 데 있어서 교육이 가장 필요하다는 생각이 국민들 사이에 퍼져 있었기 때문에 국민들 스스로 기금을 모아 사립학교를 세우기도 하였다.

66 다음 근대적 공업 시설의 연결이 바른 것은?

① 기기창 – 무기 제조   ② 전환국 – 우편 사무

③ 우정국 – 화폐 발행   ④ 박문국 – 광산 개발

66

② 전환국 : 화폐 발행
③ 우정국 : 우편 사무
④ 박문국 : 신문 인쇄 기관

67 다음 개항 이후 근대 문예의 경향이 <u>아닌</u> 것은?

① 신소설 등장   ② 풍속화 유행

③ 명동 성당 건축   ④ 원각사 건립

67

근대에는 신소설, 신체시, 외국 문학 번역, 창가 유행, 신극 운동, 서양식 건물이 등장하였다.
② 풍속화는 조선 후기에 발달하였다.

68 다음 중 개항 이후의 종교 활동을 <u>잘못</u> 설명한 것은?

① 동학은 천도교라 이름을 고쳤다.

② 나철이 단군 신앙을 바탕으로 대종교를 창시하였다.

③ 크리스트교 선교사들은 교육, 의료 사업에 활동하였다.

④ 간도, 연해주 등지의 한인 사회에서 정신적 지주로서 커다란 공헌을 한 것은 원불교이다.

68

④ 간도, 연해주 등지에서 민족적 종교로 역할을 한 종교는 대종교이다.

ANSWER

65. ④ 66. ① 67. ② 68. ④

CHAPTER
05

일제 강점과
민족 운동의 전개

일제 강점과 민족 운동의 전개

학습 point⁺

일본의 식민통치 체제의 변화는 연도별로 자세히 정리해야 합니다. 1910년대의 무단 통치와 1920년대의 문화 통치를 비교하고, 우리 민족의 저항운동의 원인과 과정, 결과를 순서대로 학습해야 하며, 특히 3·1 운동과 대한민국 임시 정부 수립 이후 활발히 전개된 국내·외의 민족 운동을 사건별·인물별로 정리해야 합니다. 또한 1930~1945년 일제 강점기의 민족 말살 정책과 병참 기지화 정책에 대한 민족 문화 수호 운동을 특히 민족주의 사학과 관련시켜 잘 정리해 두어야 합니다. 그리고 해외에서 벌어진 무장 독립군 활동의 갈래와 활동 내용, 특히 조선 의용대, 한국 광복군의 활동을 중심으로 한 독립 투쟁의 흐름도 잘 정리해야 합니다.

01 제1차 세계 대전과 새로운 국제 질서

1 제1차 세계 대전과 러시아 혁명

(1) 제국주의 열강의 대립

① 삼국 동맹(독일, 오스트리아, 이탈리아)과 삼국 협상(영국, 프랑스, 러시아)의 대립

② 독일의 3B 정책(베를린 – 비잔티움 – 바그다드)과 영국의 3C 정책(케이프타운 – 카이로 – 콜카타)의 대립

③ 모로코 사건(북아프리카) : 독일과 프랑스의 대립(1905, 1911)

④ 범게르만주의(독일, 오스트리아)와 범슬라브주의(러시아, 세르비아)의 대립

(2) 제1차 세계 대전의 전개

① 계기 : 사라예보 사건(1914)

② 전개 과정 : 사라예보 사건 → 동맹국과 협상국(연합국)의 전쟁 → 독일의 무제한 잠수함 작전 → 미국의 참전과 러시아의 이탈 → 협상국의 승리로 전쟁 종결

사라예보 사건	검색

발칸 반도의 사라예보에서 세르비아 청년이 오스트리아 황태자를 암살한 사건

(3) 러시아 혁명

① 배경 : 19세기 차르(러시아 황제)의 전제 정치 지속 → 무정부주의와 사회주의 확산

② 전개 과정 : 피의 일요일 사건(1905) → 3월 혁명(1917) → 11월 혁명(1917)

    ㉠ 피의 일요일 사건 : 노동자들의 시위 전개(입헌 정치 요구) → 정부의 무력 진압

    ㉡ 3월 혁명 : 제1차 세계 대전의 장기화에 대한 불만으로 혁명 → 임시 정부 수립, 전쟁 지속

    ㉢ 11월 혁명 : 레닌의 볼셰비키 혁명 → 사회주의 정부 수립 → 소련 성립

2 전후 세계 질서의 재편

(1) 베르사유 체제의 성립

① 파리 강화 회의 : 윌슨의 14개조 원칙(민족 자결주의) → 전승국의 이익에 따라 처리

② 베르사유 조약 : 독일 영토 축소, 식민지 포기, 군비 축소, 배상금 지급 → 독일 불만 증가

(2) 전쟁 후 상황

① 국제 연맹 창설 : 미국 등 강대국 불참, 무력 제재의 수단 없음(한계)

② 평화를 위한 노력 : 군비 축소 회의, 안전 보장 조약, 독일 배상금 감축 등

③ 민주주의 발전 : 민주 공화국 건설, 여성 참정권 인정
    독일, 오스트리아, 오스만 제국, 러시아

④ 미국과 일본의 발전 : 전승국, 전쟁 피해를 입지 않음 → 경제 호황

알아두면 점수따는 역사이야기   윌슨의 14개조 원칙

제1조 공개적으로 체결된 강화 조약 외에 어떠한 비밀 외교도 있을 수 없다.

제5조 모든 식민지의 문제를 결정함에 있어서는 해당 식민지 주민의 이해가 그 지배권의 결정권을 가지는 정부의 요구와 동등한 비중을 가진다. (→ 민족 자결주의)

→ 윌슨의 민족 자결주의는 식민지 약소 민족에게 독립의 희망을 주었다. 폴란드, 체코슬로바키아, 헝가리, 핀란드 등이 독립하였으며, 아시아에서도 우리나라의 3 · 1 운동, 중국의 5 · 4 운동, 인도의 반영 운동 등이 일어났다. 그러나 민족 자결주의는 패전국의 식민지에만 적용되어 약소 민족의 독립은 대부분 좌절되었다.

심화학습 제1차 세계 대전의 흐름

제국주의 국가 간의 대립 격화(식민지 쟁탈전) → 제1차 세계 대전 발발(1914) → 러시아 혁명(1917)

→ 제1차 세계 대전 종결(1918) → 파리 강화 회의, 베르사유 조약(1919)

(3) 아시아에서의 민족주의 운동의 전개

① 우리나라와 중국의 민족 운동

㉠ 우리나라 : 민족 자결주의 영향 → 3・1 운동, 대한민국 임시 정부 수립

㉡ 중국 : 5・4 운동(반군벌・반제국주의 운동) → 국민당과 공산당의 성립 → 제1차 국・공 합작(쑨원) → 국・공 분열(장제스), 군벌 축출 → 공산당(마오쩌둥)의 옌안 이동

② 인도와 동남아시아 지역의 민족 운동

㉠ 인도(영국의 식민지) : 간디의 비폭력・불복종 반영 운동 → 네루의 완전 독립 요구 운동

㉡ 베트남(프랑스의 식민지) : 호찌민이 이끄는 공산당(베트남 공산당)이 독립 운동을 주도하였다.

㉢ 인도네시아(네덜란드의 식민지) : 수카르노의 국민당이 독립 운동을 주도하였다.

02 1910~1920년대 일제의 식민지 지배 정책

1 헌병 경찰에 의한 무단 통치(1910년대)

(1) 헌병 경찰 통치

① 조선 총독부 : 식민 통치의 최고 기구, 일본인 주요 관리 배치

→ 일왕 직속으로 일본 의회와 내각 통제를 받지 않음

② 총독 : 현역 육・해군 대장 출신, 입법・행정・사법・군사권 장악

③ 중추원 설치 : 명목상 조선 총독부의 자문 기관 → 실제는 친일파로 구성, 개최 ✕

④ 일제의 통치 정책

㉠ 헌병 경찰 제도 : 즉결 처분권, 조선 태형령, 일반 경찰 업무 및 행정 업무 관리

태형	검색
몽둥이로 볼기를 치는 형벌로 갑오개혁 때 폐지되었으나, 일제가 1912년 태형령을 부활시켰다. 3・1 운동 후에 다시 폐지되었다.	

㉡ 한국인의 모든 정치 활동 금지, 언론・출판・집회・결사의 자유 박탈

㉢ 민족 신문 발행 금지 : 황성신문, 대한매일신보 등 → 신문지법 적용

㉣ 애국 운동 단체 해산 : 신민회 해산(105인 사건), 애국지사들의 체포・투옥・처형

㉤ 우민화 교육 : 제1차 조선 교육령(1911) → 일본어 중심 교육, 초보적인 기술과 실무적인 내용만 교육(고등 교육 기회 박탈), 보통 학교 수업 연한(4년), 교원에게도 제복을 입고 칼을 차게 함

(2) 식민지 경제 수탈 정책

① 토지 조사 사업(1912 ~ 1918)

목 적	• 표면적 : 근대적 토지 소유 제도의 확립 • 실제적 : 토지의 합법적 약탈 → 식민 통치에 필요한 재정 기반 마련
조 사	기한부 신고제 : 복잡한 신고 절차, 짧은 신고 기간, 반일 감정으로 신고하지 않았다.
결 과	• 우리나라 농민의 몰락 : 소작농 증가, 관습적 경작권 부정, 지주의 소유권만 인정 • 조선 총독부의 토지 소유 확대(전국토의 40% 소유) : 미신고 토지, 국공유지, 문중 토지 등을 약탈하였다. → 조선 총독부의 토지세 수입 증가 • 일본인 대지주 등장 : 총독부가 약탈한 토지를 동양 척식 주식회사나 일본인에게 싼 값으로 넘겼다. → 일본인 이주민 증가

② 산업 침탈

㉠ 회사령(1910) 공포

동양 척식 주식회사	검색
1908년 일제가 식민지 경제 수탈을 목적으로 설립한 회사로, 한국에 본점을 두었다. 토지 조사 사업으로 방대한 토지를 소유하게 되었으며, 일본에서 이주민을 모집하여 이 토지를 나누어 주기도 하였다.	

• 내용 : 허가제 → 조선 총독의 허가를 받아야 회사 설립 가능

• 의도 : 한국인의 회사 설립 억제 → 민족 자본의 성장 억제

• 결과 : 일본 기업은 전기・철도・금융업 등을 장악하였고, 한국 기업은 경공업에 한정되었다.

㉡ 광업령, 어업령, 삼림령 : 일본이 자연자원, 지하자원을 독점하였다. → 식민지 수탈 강화

③ 전매제 실시 : 독점(인삼, 소금, 담배 등) → 조선 총독부의 수입 증대

④ 교통망 확충 : ×자형 간선 철도망 완성, 철도 운행, 도로 건설 → 식민지 수탈이 원활해짐
   경원선, 호남선, 평남선, 함경선

2 민족 분열을 꾀한 문화 통치(1920년대)

(1) 민족 분열 통치

① 배 경

    ㉠ 3·1 운동으로 무단 통치의 한계를 인식하였다.

    ㉡ 일본 내에서 민주주의가 발전하였다.

    ㉢ 국제 여론의 악화

② 의도 : 친일파 양성, 친일 단체 조직 → 우리 민족의 이간, 분열을 꾀한 기만적인 식민 통치

③ 문화 통치의 실상

    ㉠ 문관 출신 총독 임명 → 실제로는 한 명도 없음

    ㉡ 보통 경찰 제도 → 경찰 기관과 인원·예산 증가, 치안 유지법(1925) 제정으로 감시·탄압 강화

> **치안 유지법** ▾ [검색]
> 일제가 반정부·반체제 운동을 누르기 위해 제정한 법률로, 사회주의를 특히 탄압하였다.

    ㉢ 민족 신문 간행 허용(조선·동아일보) → 언론 검열 강화(기사 삭제, 정간·폐간)

    ㉣ 참정권과 자치권 부여, 지방 자치제 시행 → 도 평의회 및 부·면 협의회 설치(의결권 ×, 자치나 참정권 허용 ×, 일부 친일 인사만 참여)

    ㉤ 한국인 교육 기회 확대, 제2차 조선 교육령, 보통 학교 수업 연한(6년)
   → 고등 교육, 전문 교육 제한

(2) 식민지 경제 수탈 정책

① 산미 증식 계획(1920 ~ 1934)

    ㉠ 목적 : 한국의 미곡 생산량을 늘려, 일본의 식량 부족 문제를 해결하고자 하였다.

    ㉡ 내용 : 품종 개량, 수리 시설 확충, 비료 사용 확대, 개간 등을 통해 쌀을 증산하여 일본으로 수탈하였다. → 일제는 증산량보다 많은 쌀을 일본으로 수탈(증산량 < 수탈량)

ⓒ 결과

- 한국의 식량 사정 악화와 쌀값 폭등 : 만주에서 조, 수수 등의 잡곡을 수입하였다.
- 농민들이 쌀 증산에 필요한 비용 부담으로 생활이 곤궁해져 화전민이 되거나 만주, 연해주 등지로 이주하였다.

② 산업 침탈

㉠ 회사령 폐지(1920)

- 내용 : 회사 설립을 허가에서 신고제로 전환하였다. → 일본 기업의 진출 용이
- 결과 : 일부 민족 기업이 성장하였다.   ⓒ 김성수의 경성 방직 주식회사, 평양 메리야스 공업 등

㉡ 일본 상품에 대한 관세 철폐(1923) : 일본 기업의 상품 수출 가속화로 한국인 기업이 타격을 입었다. → 한국은 일본 상품의 소비 시장으로 전락함

---

03 3·1 운동과 대한민국 임시 정부

1 1910년대 항일 운동

(1) 국내의 비밀 결사 운동

① 독립 의군부(1912)

㉠ 주도 : 고종의 밀명을 받은 임병찬과 유생들

㉡ 활동 : 의병 운동 계승, 복벽주의(고종 복위 목표), 전국 의병 봉기 계획, 조선 총독에 국권 반환 요구

② 대한 광복회(1915)

㉠ 주도 : 박상진, 김좌진 중심 → 의병 운동과 애국 계몽 운동의 결합

㉡ 활동 : 공화정 추구, 간도에 무관 학교를 설립하여 독립군 양성 계획, 군자금 마련, 친일 부호 처단

③ 기타 : 송죽회(여성 중심), 조선 국권 회복단(대한 광복회의 모체), 조선 국민회 등

(2) 국외 독립 운동 기지의 건설

   ① 북만주

      ㉠ 중광단(무장 독립 운동 단체) : 대종교에서 건립 → 3 · 1 운동 이후 북로 군정서군으로 발전

      ㉡ 간민회, 명동 학교 · 서전서숙
         자치 단체   민족 교육 기관

      ㉢ 용정촌 · 명동촌 등 건설, 밀산 한흥동

   ② 남만주

      ㉠ 신민회에서 삼원보 건설 : 신흥 학교(→ 신흥 무관 학교) 건설 → 민족 · 군사 교육

      ㉡ 경학사(자치 조직) : 서로 군정서군(독립군) 조직

   ③ 연해주

      ㉠ 신한촌 건설, 권업회 조직(자치 단체)

      ㉡ 대한 광복군 정부(1914) : 권업회를 중심으로 이상설 · 이동휘 조직

   ④ 기 타

      ㉠ 상하이 : 동제사, 신한 청년당 조직
           대동 단결 선언   파리 강화 회의에 김규식을 대표로 파견

      ㉡ 미주 지역 : 대한인 국민회, 멕시코의 숭무 학교 건립
             안창호 조직

2 3 · 1 운동(1919)

(1) 배 경

   ① 국내 : 일제의 무단 통치, 독립 의지 강화, 고종의 서거(일제에 의한 독살설)

   ② 국 외

      ㉠ 윌슨의 '민족 자결주의' 제창, 레닌의 약소 민족 후원 선언

민족 자결주의	▼	검색
민족의 운명은 그 민족이 스스로 결정해야 한다는 주장		

      ㉡ 파리 강화 회의에 김규식 파견(상하이 신한청년당)

      ㉢ 만주 무오 독립 선언(대한 독립 선언서) 발표

      ㉣ 일본 도쿄 유학생(조선 청년 독립단)의 2 · 8 독립 선언

(2) 전개 과정

① 1단계 : 종교계 중심의 민족 대표 33인과 학생 주도

※ 태화관에서 민족 대표의 '독립 선언서' 선언, 탑골 공원에서 학생과 서울 시민이 독립 선언서 낭독 및 만세 시위 전개, 비폭력 평화 시위 전개

② 2단계 : 전국 주요 도시로 확대, 상인(철시) · 노동자(파업) 계층 참여

③ 3단계 : 농촌 지역으로 확산, 무력 투쟁 전개(폭력적)

④ 해외 확산 : 만주, 연해주, 하와이, 일본 등

⑤ 일본의 탄압 : 평화적인 만세 시위를 헌병, 경찰, 군대를 동원하여 무자비하게 진압하였다. 예 유관순 옥중 순국, 화성 제암리 학살 사건

> **잠깐**
>
> **전 민족적인 운동으로 발전**
> • 참여 계층 : 학생, 일반 시민 → 농민, 노동자 계층 확대
> • 지역 : 서울 → 전국(주요 도시) → 농촌 → 해외 확산

(3) 의 의

① 민족의 독립 의지를 전 세계에 널리 알렸다.

② 우리 민족을 하나로 묶는 정신적 바탕이 되었다.

③ 일제의 식민 통치 방식 변화 : 무단 통치 → 문화 통치

④ 대한민국 임시 정부 수립의 계기 : 조직적이고 체계적인 독립 운동의 필요성이 제기되었다.

⑤ 중국의 5 · 4 운동, 인도의 비폭력 · 불복종 운동(반영 운동)에 영향을 주었다.

⑥ 독립 운동의 분수령 : 국외 무장 투쟁의 활성화, 독립 운동의 기반 확대

⑦ 전 계층이 참여한 최대 규모의 민족 운동이었다.

> **바로 바로 CHECK√**
>
> **다음에서 설명하는 민족 운동은?**
>
> • 민족 자결주의의 영향을 받음
> • 종교계 인사들이 민족 대표로 참여함
> • 일제의 통치를 문화통치로 바꾸는 계기가 됨
>
> ❶ 3 · 1 운동 ② 애국 계몽 운동
> ③ 6 · 10 만세 운동 ④ 광주 학생 항일 운동

알아두면 점수따는 역사이야기 일제의 3 · 1 운동 탄압

만세 시위가 확산되자 일제는 헌병 경찰은 물론 군인까지 긴급 출동시켜 시위 군중을 무차별 살상하였다. 정주, 사천, 맹산, 수안, 남원, 합천 등지에서는 일본 군경의 총격으로 수십 명의 사상자를 내었으며, 화성 제암리에서는 전 주민들을 교회에 집합시킨 뒤 감금하고 불을 질러 학살하였다. 또 시위에 참가하였다는 이유로 무수한 사람들이 투옥 당하였고, 일본 경찰에게 비인도적인 악형을 당하여 수많은 사람들이 목숨을 잃었다. 당시 만세 시위에 참가한 인원은 총 200여만 명이며, 일본 군경에게 피살당한 사람은 7,509명, 부상자는 15,850명, 체포된 사람은 45,306명이었고, 헐리고 불탄 민가가 715호, 교회가 47개소, 학교가 2개소였다. ― 「한국 독립 운동지혈사」

3 대한민국 임시 정부

(1) 대한민국 임시 정부의 수립

① 배경 : 3 · 1 운동 이후 조직적인 독립 운동 전개 필요, 통합된 지도부 필요

② 국내외의 임시 정부 수립 : 대한 국민 의회(연해주 블라디보스토크), 대한민국 임시 정부 (중국 상하이), 한성 정부(서울)

③ 통합 : 상하이의 대한민국 임시 정부로 통합하였다(1919. 9). → 한성 정부의 정통 계승

㉠ 이유 : 거리가 멀어 일제의 영향력이 미치지 않고, 외교 활동에 유리하기 때문이었다.

㉡ 임시 정부의 위치 논란 : 외교론자(상하이) ↔ 무장 투쟁론자(간도, 연해주)

(2) 대한민국 임시 정부의 조직

① 대통령 중심제 채택 : 대통령(이승만), 국무총리(이동휘)

② 삼권 분립을 명시한 헌법 제정 · 공포 : 임시 의정원(입법), 국무원(행정), 법원(사법)

③ 의 의

㉠ 우리나라 최초로 민주 공화제 정부가 탄생하였다. → 국민 주권, 자유 민주주의

㉡ 독립 운동 세력을 하나로 통합하였다.

㉢ 체계적이고 조직적인 독립 운동을 전개하였다.

알아두면 점수따는 역사이야기　　　　　　　　　　　　　　　　대한민국 임시 헌장 (1919. 4)

제1조 대한민국은 민주 공화제로 한다.

제2조 대한민국은 임시 정부가 임시 의정원의 결의에 의하여 이를 통치한다.

제3조 대한민국의 인민은 남녀귀천 및 빈부의 계급이 없고 일체 평등하다.

제4조 대한민국의 인민은 종교, 언론, 저작, 출판, 결사, 집회, 통신, 주소 이전, 신체 및 소유의 자유를 향유한다.

제5조 대한민국의 인민으로 공민 자격이 있는 자는 선거권 및 피선거권을 가진다.

→ 대한민국 임시 정부는 1919년 4월 국내외 대표들이 모여 임시 의정원을 구성하였고, 발표한 대한민국 임시 헌장은 9월에 공포된 대한민국 임시 헌법의 기초가 되었다.

(3) 대한민국 임시 정부의 활동

① 외교 활동

    ㉠ 구미위원부를 설치하였다(미국).

    ㉡ 김규식을 파리 강화 회의에 파견하였다. → **독립 청원서 제출**

② **연통제**(국내 비밀 행정 조직), **교통국**(통신 기관) 조직 : 국내 각 지역의 독립 운동 지도, 독립 운동 자금 마련

③ **독립 신문 간행** : 독립 운동 소식 전달, 독립 운동 방향 제시

④ **사료 편찬소** : 한 · 일 관계 사료집 간행

⑤ **애국 공채 발행** : 독립 운동 자금 모금

⑥ **군사 활동**

    ㉠ 군무부 설치 : 산하에 서로 군정서군과 북로 군정서군을 편재하였다.

    ㉡ 직할 부대 편성 : 광복군 사령부, 광복군 총영, 육군 주만 참의부

⑦ **한 계**

    ㉠ 일제의 탄압으로 연통제 · 교통국이 붕괴되었고, 강대국의 외면으로 외교 활동의 성과가 미약하였다. → **이승만의 위임 통치 청원 제출 사실로 임시 정부 해산과 국민 대표 회의 소집 요구, 민족지도자들의 이념 · 방법 갈등**

    ㉡ 국민 대표 회의(1923) : 창조파(새 정부 수립)와 개조파(임시 정부 개조)로 분열되어 회의 결렬 → 임시 정부 침체

    ㉢ 임시 정부의 개편 : 이승만 탄핵 → 2대 대통령 박은식 선출 → 내각 중심의 국무령제로 개편(1925) → 훗날, 김구가 주석이 되어 광복이 될 때까지 임시 정부를 이끎

심화학습 임시 정부 헌정사

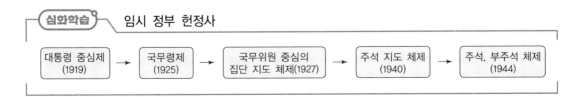

04　1920년대 국내·외 민족 운동의 전개

1　국내에서 전개된 민족 운동

(1) 사회주의 운동

① 사회주의 사상 유입 : 3·1 운동 이후 민족 운동의 새로운 이념으로 수용 → 사회 운동의
   <u>청년, 지식층을 중심으로 확산</u>
   활성화

② 민족 운동의 분화

　㉠ 민족주의 운동

　　• 목표 : 민족의 독립

　　• 방향 : 실력 양성 운동, 농촌 계몽 운동

　　• 주체 : 지식인, 지주, 자본가 등

　㉡ 사회주의 운동

　　• 목표 : 민족 해방, 계급 해방

　　• 방향 : 청년 운동, 학생 운동, 농민·노동 운동

　　• 주체 : 지식인, 농민, 노동자 등

③ 사회주의 운동 : 노동자, 농민을 단결시켜 일본 제국주의를 타도하고 독립을 쟁취하고자
   하였다.

(2) 실력 양성 운동

① 실력 양성 운동 : 경제·교육·문화 방면에서 민족의 실력을 키우려는 민족 운동
   → 사회 진화론의 수용, 일제 문화 통치에 대한 기대

② 물산 장려 운동

　㉠ 배경 : 회사령 철폐, 관세 폐지로 일본 자본의 투자가 급증하였다.

　㉡ 목적 : 한국인의 산업을 보호하고 민족 자본을 육성하고자 하였다. → 경제적 구국 운동

　㉢ 구호 : 내 살림 내 것으로, 조선 사람 조선 것으로, 우리가 만든 것 우리가 쓰자

　㉣ 내용 : 국산품 애용, 자급자족, 소비 절약, 일본 상품 배격

　　ⓜ 전개 : 조만식, 조선 물산 장려회 설립

　　　　→ 여러 단체의 참여 → 전국 확산
　　　　　　자작회, 토산 애용 부인회

　　ⓗ 결과 : 일제의 방해로 실패

　　　　→ 사회주의 계열의 비판
　　　　　　자본가들의 이익 추구로 상품 가격이 상승됨

바로 바로 **CHECK√**

1920년대 "내 살림 내 것으로"라는 구호를 내걸고, 평양에서 시작되어 전국적으로 확산된 민족 운동은?

① 상권 수호 운동　　② 국채 보상 운동
❸ 물산 장려 운동　　④ 민립 대학 설립 운동

③ 민립 대학 설립 운동(1922)

　　㉠ 배경 : 일제의 우민화 교육 → **초등·실업 교육에 한정, 고등 교육 대책은 미미한 수준**

　　㉡ 목적 : 우리 민족의 힘으로 고등 교육 기관인 대학을 설립하려 하였다.

　　㉢ 전개 : 이상재·이승훈·한용운 중심, 조선 민립 대학 기성회 조직(1923) → 전국적인 모금 운동 전개

　　　　※ 구호 : '한민족 1천 만이 한 사람이 1원씩'

　　㉣ 결과 : 일제의 방해로 실패, 일본의 회유책으로 경성 제국 대학 설립

(3) 학생 운동

① 6·10 만세 운동(1926)

　　㉠ 배경 : 3·1 운동 이후 학생 운동 활발(학생 의식 성장), 일제의 식민지 차별 교육

　　㉡ 전개 : 사회주의 세력이 일부 민족주의 세력, 학생층과 연대해 대규모 만세 시위 계획 → 사전에 발각, 실패 → 순종 인산일(6월 10일)에 학생들이 만세 시위 전개 → 시민의 합세 → 무장 경찰에 의해 진압

　　㉢ 의의

　　　　• 3·1 운동 이후 침체된 국내 민족 운동에 활력을 불어 넣었다.

　　　　• 민족주의 세력과 사회주의 세력 협력의 토대를 마련하였다.

알아두면 점수따는 역사이야기　　　　　　　　　　　　조선 물산 장려 취지서

　보아라! 우리의 먹고 입고 쓰는 것이 거의 다 우리의 손으로 만든 것이 아니었다. 이것이 세상에 제일 무섭고 위태한 일인 줄을 오늘에야 우리는 깨달았다. 피가 있고 눈물이 있는 형제 자매들아, 우리가 서로 붙잡고 서로 의지하여 살고서 볼 일이다.

　입어라! 조선 사람이 짠 것을 / 먹어라! 조선 사람이 만든 것을 / 써라! 조선 사람이 지은 것을 / 조선 사람, 조선 것

② 광주 학생 항일 운동(1929)

    ㉠ 배경 : 광주 통학 열차 안에서 한·일 학생의 충돌

    ㉡ 전개 : 일본 경찰의 편파적인 태도에 항거하여 시작(광주) → 학생과 시민들의 시위 운동 → 신간회의 지원으로 전국적인 운동으로 발전

    ㉢ 주장 : 민족 차별 중지, 식민지 교육 제도 철폐, 일본 제국주의 타도 주장

    ㉣ 의의 : 3·1 운동 이후 최대 규모의 민족 운동 → **학생의 날 기원(11월 3일)**

(4) 민족 유일당 운동

① 배 경

    ㉠ 국외 : 중국의 제1차 국·공 합작의 영향으로 독립운동의 단일 노선 확립 요구 증대, <u>만주 지역의 3부 통합</u>
            참의부, 정의부, 신민부

    ㉡ 국내

      • 민족주의 진영 : 자치 운동 전개(이광수, 최린 등) → 타협적 민족주의(민족 개조론, 자치론)와 비타협적 민족주의로 분열

      • 사회주의 진영 : 조선 공산당 결성과 일제의 사회주의 탄압 → 정우회 선언(1926)

② 신간회(1927 ~ 1931)

    ㉠ 배경 : 6·10 만세 운동을 계기로 사회주의 세력과 비타협적 민족주의 세력 간 연합 도모, 정우회 선언(1926) → **민족 유일당 운동**

    ㉡ 강령 : 정치·경제적 각성, 민족 단결, 기회주의자 배격

알아두면 점수따는 역사이야기   신간회

1. 우리는 정치적, 경제적 각성을 촉진한다.
2. 우리는 단결을 공고히 한다.
3. 우리는 기회주의를 일체 부인한다.   — 「신간회 강령」

→ 비타협적 민족주의 세력과 사회주의 세력의 협력을 통해 창립된 신간회는 일제의 식민 통치 정책을 비판하였으며, 민족의식을 고취시키고 민족의 권익을 지키기 위한 활동을 전개하였다. 조선 청년 총동맹, 조선 농민 총동맹, 조선 노동 총동맹 등 대중 단체의 회원들이 적극 참여한 신간회는 전국에 140여 개의 지회를 두고 회원 수가 4만 명에 이를 정도의 규모로 발전하여 일제 강점기 최대 규모의 반일 사회 운동 단체가 되었다.

ⓒ 결성 : 비타협적 민족주의 세력과 사회주의 세력이 연합하여 신간회 조직(1927), 근우회(여성, 자매단체) 결성 → 민족의 독립 운동 주도 → 활동 방향을 둘러싼 내분으로 해체(1931)

ⓓ 활동
- 주장 : 한국어 교육 실시, 학문 연구 자유, 일본 식민지 기관 철폐, 차별 교육 금지
- 전국 각지에 지회 설립, 강연회·연설회로 민족의식·항일 의식 고취, 소작 쟁의·노동 쟁의 지원
- 광주 학생 항일 운동 지원 : 진상 조사단 파견, 일본에 항의

바로 바로 CHECK✓

1920년대에 다음과 같은 강령을 내세우며 이념을 초월하여 조직된 독립 운동 단체는?

- 민족의 단결을 공고히 할 것
- 민족의 정치적·경제적 각성을 촉구할 것
- 기회주의자를 배격할 것

① 보안회　　❷ 신간회
③ 일진회　　④ 독립 협회

ⓔ 의의 : 일제 강점기 최대 규모의 정치·사회 단체, 민중의 전폭적 지지, 합법적 민족 운동 전개

(5) 농민·노동 운동

① 농민 운동
- ㄱ 배경 : 토지 조사 사업과 산미 증식 계획으로 농민들이 소작인으로 전락하였다.
- ㄴ 소작 쟁의 : 생존권 투쟁(소작료 인하 주장 등) → 점차 반제 항일 투쟁으로 변모
- ㄷ 대표 : 암태도 소작 쟁의(1923)
- ㄹ 확산 : 농민 조합 조직(조선 농민 총동맹) → 소작 쟁의 횟수, 참여 인원 수 증가

② 노동 운동
- ㄱ 배경 : 일제의 식민지 공업화 정책, 사회주의 사상의 확산에 따른 계급의식 각성
노동자 수 급증, 저임금·장시간 노동
- ㄴ 노동 쟁의 : 생존권 투쟁 → 일제의 탄압 심화로 반제국주의·반일 투쟁으로 변화
임금 인상, 노동 시간 단축, 작업 환경 개선 요구, 부당 해고 반대 등
- ㄷ 대표 : 원산 총파업(1929)
- ㄹ 노동 단체 결성 : 노동조합, 조선 노동 총동맹(1927)

(6) 사회 운동

① **소년 운동** : 방정환 주도, 천도교 소년회, 어린이날 제정, 잡지 「어린이」 간행, 소년운동 협회 결성

② **여성 운동** : 여성 의식 계몽 활동, 여성의 권리 신장과 사회적 지위 개선 노력, 여성 운동 전개, 근우회 조직

③ **형평 운동** : 백정의 신분 해방 운동, 진주에서 조선 형평사 조직(1923), 저울처럼 평등한 세상 건설 주장

2 3·1 운동 이후 무장 독립 전쟁의 전개

(1) 독립군 부대

① **중심지** : 3·1 운동을 전후하여 만주, 간도, 연해주 일대에 독립군 부대가 조직되었다.

   ㉠ 만주·간도 : 대한 독립군, 북로 군정서군(대종교), 서로 군정서군(신흥 무관 학교 출신), 국민회군, 광복군 총영(임시 정부 부대)

   ㉡ 연해주 : 혈성단

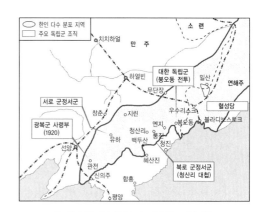

[만주와 연해주의 독립군 부대]

알아두면 점수따는 역사이야기　　　　　　　　형평 운동

공평은 사회의 근본이고 사랑은 인간의 본성이다. 고로 우리는 계급을 타파하고 모욕적인 칭호를 폐지하여 교육을 장려하고 우리도 참다운 인간으로 되고자 함이 본사(本社)의 중요한 뜻이다. 지금까지 조선의 백정은 어떠한 지위와 압박을 받아 왔던가? 과거를 회상하면 종일 통곡하고도 피눈물을 금할 수 없다. …… 따라서, 이 문제를 선결하는 것이 우리들의 급선무라고 설정함은 당연한 것이다. …… 직업의 구별이 있다고 한다면 금수의 생명을 빼앗는 자는 우리들만이 아니다.

－ 조선 형평사 창립 취지문, 1923. 4. 25

→ 백정들이 평등한 대우를 요구한 형평 운동은 여론의 광범위한 지지를 얻었으며, 백정들의 인권 향상에 이바지하였다. 조선 형평사는 파업과 소작 쟁의에 참여하는 등 다른 분야의 단체들과 협력하면서 사회 운동이 활성화되는 데 큰 영향을 끼쳤다. 이를 통해 형평 운동은 신분 해방 운동과 민족 운동의 성격을 함께 띠게 되었다.

② 활 동

　　㉠ 국경 부근에서 일본군을 공격하였다.

　　㉡ 국내에 진입하여 일본 군대, 경찰, 식민 통치 기관을 공격하였다.

(2) 독립군의 승리

① 봉오동 전투(1920. 6) : 홍범도의 대한 독립군이 봉오동을 습격해 온 일본군을 크게 격파하였다.

　　→ 독립군과 민중들의 반일 독립 의지 고취, 일제의 대규모 토벌 계획 수립

② 청산리 대첩(1920. 10) : 일본군이 훈춘 사건 조작 후 공격 → 김좌진의 북로 군정서군과 독립군 연합 부대가 청산리 일대에서 일본군을 크게 격파 → 우리 민족의 독립 전쟁사에서 가장 큰 승리

③ 승리 요인 : 동포들의 협력, 지형을 이용한 작전, 목숨을 아끼지 않는 투지 등

> **훈춘 사건** ▼ | 검색
>
> 일제에 매수당한 마적들이 훈춘을 공격하여 살인, 약탈을 자행하고 일본 영사관에 불을 지른 사건이다(1920. 10). 일제는 이를 독립군의 소행이라 주장하면서 대규모 군대의 만주 출병 명분으로 삼았다.

> **바로 바로 CHECK√**
>
> 김좌진의 북로 군정서군을 비롯한 독립군 연합 부대가 일본군을 크게 격파한 전투는?
>
> ① 행주 대첩　　　❷ 청산리 전투
> ③ 봉오동 전투　　　④ 한산도 대첩

(3) 독립군의 시련

① 간도 참변(1920) : 간도 한인 마을 습격, 동포 무차별 학살, 방화·약탈·파괴 자행

　　→ 전투 패배에 대한 일제의 보복, 독립군의 지지 기반 붕괴 목적

② 독립군의 이동 : 독립군 집결 → 일본의 공격을 피해 러시아령 자유시(스보보드니)로 이동
　　　　　　　　　밀산에서 서일 총재로 한 대한 독립군단 조직

③ 자유시 참변(1921) : 소련이 독립군의 무장 해제 요구 → 독립군의 저항, 충돌로 인한 수백 명의 독립군 희생 → 다시 만주로 이동

④ 미쓰야 협정(1925) : 일제가 독립군 탄압을 위해 만주 군벌과 협정 체결 → 독립군 활동 위축

(4) 독립군의 통합

① 배 경

　　㉠ 자유시 참변 이후 독립군 조직을 정비하였다.

　　㉡ 역량 강화를 위한 통합 운동을 추진하였다.

② 3부의 성립(1920년대 중반)

    ㉠ 구성 : 참의부(압록강 부근, 임시 정부 직할), 정의부(남만주 일대), 신민부(북만주 일대)

    ㉡ 성격 : 공화주의적 자치 정부의 성격

       • 민정 조직, 군정 조직을 갖추었다.

       • 행정, 입법, 사법부로 구성되었다.

       • 세금으로 조직과 군대를 운영하고, 교육 사업을 전개하였다.

③ 3부 통합 운동(1920년대 후반) : 민족 유일당 운동의 영향

    ㉠ 국민부(남만주) : 조선 혁명당 결성, 조선 혁명군 조직

    ㉡ 혁신 의회(북만주) : 한국 독립당 결성, 한국 독립군 조직

(5) 국내 · 외 의거 활동

① 의열단(1919) : 김원봉이 만주 지린성에서 조직하였다. → 상하이를 중심으로 활동

    ㉠ 목표 : 신채호의 '조선 혁명 선언'을 지침으로 채택하였다. → 개인 폭력 투쟁을 통한 독립 쟁취

    ㉡ 활동 : 일제의 주요 식민 통치 기관 폭파, 고위 관리와 친일파 처단 → 김익상(조선 총독부), 김상옥(종로 경찰서), 나석주(동양 척식 주식회사) 폭탄 투척

    ㉢ 변화 : 개인 투쟁의 한계 인식 → <u>조직적인 항일 무장 투쟁 준비</u>
                                중국 황포 군관 학교 입교, 조선 혁명 간부 학교 설립, 민족 혁명당 결성

② 한인 애국단(1931) : 김구가 상하이에서 결성하였다.

    ㉠ 이봉창 : 도쿄에서 일본 국왕 마차에 폭탄을 투척하였다(1932). → 실패

    ㉡ 윤봉길 : 상하이 홍커우 공원(상하이 사변 전승 기념식)에 폭탄을 투척하였다(1932). → 중국인에게 감동을 줌으로써 국민당(장제스) 지원을 받음

> **상하이 사변**   검색
>
> 만주 침략과 만주국의 수립을 비판하는 국제 여론이 거세어지자, 1932년 일제가 세계의 이목을 돌리기 위해 상하이를 무력으로 침략한 사건

    ㉢ 영향

       • 침체에 빠진 임시 정부에 활기를 불어넣었다.

       • 중국군과의 연합을 이끌어 냈다.

       • 한국광복군 탄생의 바탕이 되었다.

(6) 국외 이주 동포의 독립운동

① 만주 : 19세기 후반부터 농민 이주 본격화, 국권 피탈 후 정치적 망명 증가 → **독립운동 기지 건설, 항일 민족 운동의 중심지**

② 연해주 : 한인 집단촌 형성, 항일 독립 운동의 중심지, 스탈린이 한인들을 중앙아시아로 강제 이주(1937) → 오늘날의 고려인(카레이스키)

③ 일본 : 주로 노동자나 유학생 이주, 관동 대지진으로 학살(1923)

관동 대학살	검색
1923년 일본에 관동 대지진이 일어나 민심이 크게 동요하자, 일본은 사회 불안 원인을 조선인 탓으로 돌렸다. 조선인이 폭동을 일으키려고 우물에 독을 넣었다는 낭설이 퍼지면서 지진의 피해로 흥분한 일본인들은 조선인을 찾아내어 살해하였다.	

④ 미국 : 하와이 · 멕시코에 노동 이민(최초), 독립운동 자금을 모아 임시 정부로 송금

---

05 전체주의의 대두와 제2차 세계 대전

1 대공황과 전체주의의 대두

(1) 대공황의 발생

① 배경 : 제1차 세계 대전 후 과잉 생산, 실업자 증가, 상품 구매력 감소

대공황	검색
공황이란 생산과 소비가 균형을 잃어 경제가 어려워지고 혼란에 빠진 상황을 가리키는데, 1929년 미국에서 시작된 세계적 경제 불황을 대공황이라 한다.	

② 대공황의 발생 : 미국의 주가 대폭락(1929)
→ 전 세계로 대공황 확산

③ 각국의 대응책

㉠ 미국 : 뉴딜 정책 시행 → 실업자 고용 증대, 수정 자본주의 채택

수정 자본주의	검색
자본주의의 모순을 국가가 나서서 완화하고 구성원의 복지를 추구하는 것이 특징이다.	

㉡ 영국, 프랑스 : 블록 경제 → 본국과 식민지 간의 경제적 유대 강화

(2) 전체주의의 대두

① 의미 : 개인은 집단 속에서 가치를 지닌다고 주장하며, 국가가 개인에 대해 절대적인 권력을 행사하는 체제

② 특징 : 일당 독재, 군국주의, 국가 지상주의, 팽창주의, 언론 · 사상의 통제

③ 대표 국가

　⊙ 이탈리아의 파시즘 : 무솔리니의 파시스트당 → 대외 침략(에티오피아 침략)

　ⓒ 독일의 나치즘 : 히틀러의 나치당 → 반유대주의 정책(인종주의, 유대인 학살)

　ⓒ 일본의 군국주의 : 재벌 · 군부 · 보수 세력의 대두 → 만주 사변(1931), 중 · 일 전쟁(1937)

---

2 제2차 세계 대전

(1) 전 개

① 추축국의 형성 : 독일, 이탈리아, 일본

> **추축국**　　　　　　　　　▼　검색
> 제2차 세계 대전을 일으킨 중심 국가

② 시작 : 독일의 폴란드 침략(1939)

③ 경 과

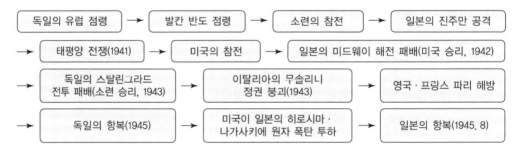

| 독일의 유럽 점령 | → | 발칸 반도 점령 | → | 소련의 참전 | → | 일본의 진주만 공격 |

→ | 태평양 전쟁(1941) | → | 미국의 참전 | → | 일본의 미드웨이 해전 패배(미국 승리, 1942) |

→ | 독일의 스탈린그라드 전투 패배(소련 승리, 1943) | → | 이탈리아의 무솔리니 정권 붕괴(1943) | → | 영국 · 프랑스 파리 해방 |

→ | 독일의 항복(1945) | → | 미국이 일본의 히로시마 · 나가사키에 원자 폭탄 투하 | → | 일본의 항복(1945. 8) |

(2) 결 과

① 연합국의 승리(1945) : 이탈리아, 독일, 일본 순서로 항복하였다.

② 결과 : 얄타 체제의 성립, 국제 연합(UN)의 창설, 냉전 체제의 성립

> **잠깐**
> **대동아 공영권**
> 동아시아와 동남아시아를 포함하는 광대한 지역의 정치 · 경제적인 공존과 공영을 도모하는 블록화로, 제2차 세계 대전 당시 일본이 아시아의 여러 나라를 침략하면서 내세운 명분이다.

제1차 세계 대전과 제2차 세계 대전

구 분	제1차 세계 대전	제2차 세계 대전
원 인	제국주의	전체주의
발 단	사라예보 사건	독일의 폴란드 침공
미국의 참전 계기	독일의 무제한 잠수함 작전	일본의 진주만 기습 공격
국제기구	국제 연맹	국제 연합

06 1930년대 민족 말살 정책

1 일제의 대륙 침략의 배경

(1) 대공황의 발생(1929)

미국의 주가 대폭락 → 대공황 발생 → 후진 자본주의 국가인 일본 경제에 타격 → 사회 혼란을 배경으로 군부 집권

(2) 침략 전쟁의 본격화

만주 사변(1931) → 상하이 사변(1932) → 만주국 수립 (1932) → 중·일 전쟁(1937) → 태평양 전쟁(1941)

만주국	▼	

일본 관동군은 1931년 9월에 만주 일대를 점령한 뒤 다음 해에 만주국을 세웠다. 만주국의 실권은 관동군 사령관이 장악하였고, 중국인인 국무총리 및 각 부 대신은 허수아비에 지나지 않았다.

2 1930년대 일제의 민족 말살 정책

(1) 민족 말살 통치

① 목 적

　㉠ 한국인의 민족 정신을 말살하여 침략 전쟁에 쉽게 동원하고자 하였다.
　　　한국인의 철저한 일본인화
　㉡ 천황에게 충성하는 백성으로 동화를 유도하였다.

② 주요 정책 : 황국 신민화 정책 본격화 → 한민족의 역사와 문화 말살 목적

　ⓝ 내선일체, 일선동조론 주장 : 역사 왜곡을 추진하였다.
　　일본과 조선이 한 몸　　　└ 조선인과 일본인은 조상이 같다

　ⓛ 황국 신민 서사(1937) : 학교, 관공서 등에서 일
　　본 천황에 대한 충성 맹세문을 암송하게 하였다.

> **황국 신민화 정책** ▾ 〔검색〕
> 일본 제국의 신민(신하된 백성)으로 만들
> 려는 정책

　ⓔ 신사 참배 : 전국 곳곳에 신사를 세워 참배를 강
　　요하였다.

　ⓔ 궁성 요배 : 아침마다 일왕이 거처하는 도쿄를 향해 절을 하도록 강요하였다.

　ⓜ 일본식 성명 강요(창씨개명) : 일본식 이름으로 바꾸고, 거부 시에는 불이익을 주었다.

　ⓗ 제3차 조선 교육령(1938) 공포 : 일본어 사용을 강요하고, 우리말 · 우리 역사 교육을
　　금지하였다.

　ⓢ 학교 명칭의 개정(1941) : 소학교 → 국민 학교
　　　　　　　　　　　　　'황국 신민의 학교'란 의미

　ⓞ 한글 신문의 폐간(1940) : 조선일보 · 동아일보 등을 폐간하였다.

　ⓩ 애국반 조직 : 애국일(매월 1일)에 일장기를 게양하였고, 근로 봉사를 강요하였다.

③ 사상 통제와 민족 문화 억압

　ⓝ 조선 사상범 보호 관찰령 : 독립운동가, 민족주의자, 사회주의자를 감시하였다.

　ⓛ 친일 지식인 동원 : 사상 통제, 침략 전쟁의 미화, 전쟁 찬양에 이용하였다.

　ⓔ 사상범 예방 구금령 : 체포 없이 아무 때나 독립
　　운동가들의 구금이 가능하였다.

> **사상범 예방 구금령** ▾ 〔검색〕
> 일제가 태평양 전쟁을 몇 개월 앞둔 1941년
> 3월에 공포한 법령으로, 이를 통해 지도급
> 인사를 언제라도 감금할 수 있게 되었다.

　ⓔ 조선어 학회 사건(1942) : 조선어 학회의 회원들
　　을 치안 유지법 위반으로 구속하였다. → **독립 운
　　동 조직으로 몰아 해산**

알아두면 점수따는 역사이야기　　　　　　　　　　　　　　　　민족 말살 정책

1) 황국 신민 서사
　• 우리는 황국 신민이며 충성으로 군국(君國)에 보답하자.
　• 우리 황국 신민은 서로 믿고 사랑하며 협력하여 단결을 굳게 하자.
　• 우리 황국 신민은 인고 단련의 힘을 키워서 황도(皇道)를 선양하자.

2) 일본식 성명 강요 방침
　• 창씨를 안 한 자들의 자녀에 대해서는 각급 학교의 입학과 진학을 거부한다.
　• 창씨를 안 한 자는 공사 간 그들의 기관에 일체 채용 하지 않고 현직자도 점차 해임 조치한다.
　• 창씨를 안 한 자는 행정 기관에서 처리하는 모든 사무를 취급해 주지 않는다.

(2) 병참 기지화 정책

① 배경 : 대공황과 일본의 경제적 혼란 → 만주 사변 등 대륙 침략 강행, 일본의 군국주의화

② 남면북양 정책

ㄱ 산미 증식 계획을 중단하고, 공업 원료 증산 정책으로 전환하였다.

ㄴ 남면북양 정책 : 남부 지방에는 면화 재배, 북부 지방에는 양 사육을 강요하였다.

→ 일본의 면직물 · 모직물 산업의 원료 공급지화

③ 병참 기지화 정책(식민지 공업화 정책)

ㄱ 목적 : 중 · 일 전쟁 이후 일본은 조선을 대륙 침략을 위한 병참 기지로 삼고, 군수 공업을 본격적으로 육성하였다. → 전쟁 수행에 필요한 물자 조달

ㄴ 내용 : 경공업 정책에서 군수 공업 체제로의 전환, 발전소 및 철도의 건설, 일본 재벌 기업의 진출

ㄷ 영향

- 산업 간의 불균형 심화 : 군수 산업 위주의 중화학 공업만 기형적으로 발전하여, 소비재의 생산이 감소하였다.
- 중화학 공업이 북부 지방에 편중되어 지역의 불균형이 심화되었다.

  ※ 북부 지방에 집중된 이유 : 만주와 가깝고 지하자원이 풍부

- 한국인 노동자에 대한 가혹한 착취 : 장시간 · 저임금 노동 → 노동 쟁의 활성화

(3) 물적 · 인적 자원의 수탈

① 국가 총동원법(1938) : 중 · 일 전쟁 후 인력과 물자를 수탈하기 위해 제정되었다.

② 물적 자원 수탈 : 식량과 자원 공출, 지하자원 수탈
  쇠붙이, 놋그릇, 숟가락 등

ㄱ 쌀 강제 공출 : 태평양 전쟁의 발발로 군량미의 확보가 필요하였다. → 산미 증식 계획 재개, 미곡 공출 제도, 식량 배급 제도

식량 배급 제도	검색
농가당 공출량을 할당하여 강제 수탈하여, 필요한 식량을 배급받게 함	

ㄴ 전쟁 물자의 수탈 : 태평양 전쟁 후 무기 생산에 필요한 금속 등을 강제 공출하였다.

ㄷ 군수 광물의 약탈 : 전쟁 수행을 위한 석탄, 철광석, 텅스텐 등을 약탈하였다.

강제 공출	검색
민간의 물자나 식량을 강제로 정부에 바치게 하는 것으로 쇠붙이 공출이 가장 심하였다. 이때 놋그릇은 물론, 학교의 교문, 교회와 절의 종 등도 강제로 공출하여 전쟁 무기를 만드는 데 사용하였다.	

ㄹ 금 약탈 : 만주 사변 이후 일본의 국제 수지 악화를 해결하기 위함이었다.

③ 인적 자원 수탈

　　㉠ 전쟁터 동원 : 지원병제(1938), 학도 지원병제(1943), 징병제(1944)

　　　　※ 징병제 : 만 20세 되는 청년을 전쟁에 동원, 약 24만 명의 청년이 동원되었다.

　　㉡ 강제 노동 동원 : 징용령(1939) → **광산, 공장 등**

　　　　• 광산, 군수 공장 동원, 전쟁 시설에 강제로 노동력을 동원하였다.

　　　　• 일본·중국·사할린까지 끌려 갔으며, 약 70만 명이 강제 징용으로 끌려 갔다.

　　㉢ 여성 강제 동원 : 일본군 위안부(1944), 근로 정
　　　　신대 동원

④ 친일 자본가와 지식인 동원 : 일제의 침략을 찬양
　　하고, 징병과 징용을 독려하였다.

⑤ 주민 통제 : 반상회 조직, 애국 저금 강요, 근로 보국대 조직, 애국 행상 동원

일본군 위안부 　　　　　　▾	검색

'위안부'란 일제 강점기에 일본군 위안소
로 연행되어 강제로 성폭행당한 여성들을
일컫는 말이다. 일제는 식민지와 점령지
에 있는 수많은 여성들을 강제로 끌고가
성 노예 역할을 강요하였다.

바로 바로 CHECK✓

01 일본이 1930년대 이후 실시한 우리 민족에
대한 강압 정책의 내용으로 옳지 **않은** 것은?

　① 신사 참배 강요
　② 일본식 이름 강요
　③ 우리 말 사용 금지
　❹ 토지 조사 사업 실시

02 다음과 관계 있는 일제의 식민 정책은?

　• 일본식 성명 사용 강요
　• 우리 말과 글을 쓰지 못하게 함
　• 황국 신민 서사 암송 및 신사 참배 강요

　① 무단 통치　　　② 문화 통치
　③ 병참 기지화 정책　❹ 민족 말살 통치

알아두면 점수따는 역사이야기　　　　　　　　　　　　　　강제 징용

　일본의 비바이 탄광으로 끌려갔다. 머리에는 이가 우글거리고 등허리의 상처는 썩어 문드러지고 있었다. 거기에서 조선어를 사용하면 한 끼 식사를 굶어야만 했는데, 식사라고 해도 콩을 쪄서 난징 쌀과 섞어 먹는 것이다. 국은 소금 국으로 건더기는 하나도 없었다. 갱 내에서 목이 마르면 갱 내의 붉은 물을 마시고는 설사하기가 다반사였다. 그래도 끌고 가서 아침 6시부터 저녁 11시까지 일을 시켰다.　　　　　　　　　　　　　　　- 김대상, 「일제하 강제 인력 수탈사」

→ 일제는 전쟁에 필요한 노동력을 강제 징발하기 위해 1939년 국민 징용령을 실시하여 우리 민족을 북부의 공업 지대, 일본, 사할 린, 동남아시아의 군수 공장과 광산, 비행장, 철도 공사 등에 동원하였다. 일제는 초기에 주로 취업을 구실로 청·장년층을 모집 하였으나 전쟁 말기에는 강제로 연행하여 임금도 제대로 지불하지 않고 혹사시켰다. 끌려간 노동자들은 굶주림에 시달렸으며, 도 망을 기도하거나 반항을 하면 심한 폭행을 당하였다.

심화학습 일제 강점기의 민족의 수난(시대별)

단 계	식민 통치 체제	경제적 수탈
1910년대	• 무단 통치, 헌병 경찰 통치 • 무관 총독, 언론·집회 탄압	• 토지 조사 사업(토지 약탈) • 회사령(허가제)
1920년대	• 문화 통치, 보통 경찰제 • 기만책, 분열책 • 한글신문 허용	• 산미 증식 계획(식량 수탈) • 회사령 폐지(신고제)
1930년대 이후	• 민족 말살 통치 • 우리말·우리역사 교육 금지 • 일본식 성명 강요 • 신사참배, 일선동조론 • 황국 신민화 • 징용, 징병, 정신대	• 병참 기지화 정책 : 군수공업, 중화학공업 • 남면북양 정책

07 1930년대 국내 민족 운동의 전개

1 사회 운동의 전개

(1) 문맹 퇴치 운동(농촌 계몽 운동)

① 배경 : 일제의 식민지 우민화 정책에 대한 반발

② 문자 보급 운동 : 조선일보의 한글 교재 배부, 전국 순회 강연

③ 브나로드 운동 : 동아일보의 생활 계몽 운동
러시아어 '민중 속으로'

→ 한글 교육, 계몽 활동 전개, 학생들이 방학을 이용하여 적극 참여

④ 언론 운동, 야학과 강습소 설치

(2) 노동·농민 운동(1930년대)

① 배경 : 만주 사변을 전후하여 일제의 탄압이 강화되었다.

㉠ 사회주의의 영향

㉡ 대공황의 영향 : 임금 인하, 조업 단축, 일본 재정 긴축, 한국 농산물 가격의 폭락

　　ⓒ 노동 조건의 악화 : 식민지 공업화에 따라 노동자의 수 급격히 증가, 12시간 이상의 노동, 최저 생계비에 못 미치는 임금, 민족 차별 대우 등

　　ⓔ 농민의 분화 : 소작농의 증가, 일본 대지주의 성장

② 성격 : 1930년대 이후 사회주의적 성격의 심화(혁명적, 비합법적 조합 중심의 전개)

　　→ 항일 운동적 성격

③ 혁명적 조합

　　㉠ 배경 : 일제의 통제로 합법적인 노동, 농민 운동이 불가능하였다.

　　ⓛ 조직 : 사회주의자들을 중심으로 비합법적인 혁명적 조합을 결성하였다.

　　ⓒ 혁명적 노동 조합 : 공업이 발달한 북부 지방에서 활동하였다.

　　ⓔ 혁명적 농민 조합 : 기존 단체를 계승하고 해소된 신간회 지부를 포함하였으며, 민족 운동의 중심 역할을 하였다.

④ 농민·노동 운동의 전개와 변화

　　㉠ 농민 운동의 변화

　　　• 내용 : 혁명적 농민 조합의 결성, 소작료 인하 요구, 토지세의 지주 부담 요구, 소작권 이동·군수용 물자 강제 수매·부역 동원의 반대

　　　• 성격 변화

　　　　- 단순한 생존권 투쟁에서 항일 민족 운동으로 발전하였다.

　　　　- 일본 제국주의 타도를 외치며 급진적 폭력 투쟁으로 발전하였다.

　　　• 쇠퇴 : 일제의 강력한 탄압으로 점차 소멸되었고, 일부 농민들은 생존권 수호 투쟁과 반전 투쟁을 함께 전개하였다.

　　ⓛ 노동 운동의 변화

　　　• 등장 배경 : 조선 공업화 정책에 따른 노동자 수 증가, 열악한 노동 조건 및 장시간 노동, 저임금 문제

　　　• 내용 : 임금 인상, 8시간 노동, 민족 차별 폐지 요구

　　　• 성격 변화 : 사회주의 세력과 연계하여 혁명적 노동 조합을 결성하였다.

　　　　→ 파업의 횟수와 규모 증가, 항일 정치 투쟁으로 확대

　　　• 쇠퇴

　　　　- 중·일 전쟁 이후 일제는 계엄령을 선포하고 노동 운동 참가자들을 사상범으로 처벌하였다.

　　　　- 일부 노동자들은 폭력적인 운동을 지속하였다.

2 민족 문화 수호 운동

(1) 일제의 식민 교육 정책과 민족 교육 운동

① 조선 교육령 : 총 4차례 개정으로 식민지 교육을 강화하였다.

　㉠ 제3차 조선 교육령(1938) : 보통 학교를 '소학교'로 개칭, 한국어를 선택 과목화

　　→ 다시 소학교를 '국민 학교'로 개칭(1941)

　㉡ 제4차 조선 교육령(1943) : 전시 동원 체제 강화, 한국어 과목 폐지

② 일제의 한국사 왜곡(식민 사관)

　㉠ 목적 : 한국인의 주체성과 민족성을 박탈하여 일제의 강제 병합과 지배를 정당화하고 자 하였다.

　㉡ 조선사 편수회(총독부 산하 기구), 청구 학회의 활동

　㉢ 논리 : 식민 통치 합리화

정체성론	• 우리 민족의 역사는 오랫동안 정체되고 발전하지 못하였다는 주장 • 한국 역사는 단순 왕조 교체의 역사 → 중세 봉건 사회의 부재로 개항 이전까지 정체되어 있어 자본주의로의 발전이 불가능 → 한국의 근대화를 위해 일본의 도움이 필요
타율성론	• 우리 민족의 역사는 주체적으로 발전하지 못하고 주변 국가에 종속되어 전개되었다는 주장 • 한국사의 전개 과정이 외세의 간섭과 압력에 의하여 타율적으로 이루어졌다. 　→ 한국사의 주체성과 자주성 부정, 중국·만주·일본 등 외세의 간섭과 압력에 의한 변화와 강대국에 대한 사대주의 @ 임나일본부설
당파성론	• 우리의 민족성은 분열성이 강하여 항상 내분하여 싸웠다는 주장 • 조선 왕조의 정치는 당쟁의 과정으로 정치적 혼란과 멸망의 원인이 되었다. 　→ 당파성이 민족성으로 굳어져 한국인의 단결은 불가능
일선 동조론	한국인과 일본인은 같은 조상을 가진 민족이라는 주장

(2) 한국사 연구

① 배경 : 민족 문화를 수호하려는 국학 운동, 일제 식민 사학에 대한 저항

② 민족주의 사학 : 민족의 자주성과 전통 강조, 독립 운동의 일환으로 역사 연구

　㉠ 신채호 : 고대사 연구 주력, 낭가 사상 강조, 자주적인 역사 서술 강조, 역사는 '아(我)와 비아(非我)의 투쟁' → 「조선 상고사」, 「조선사 연구초」 저술

ⓛ 박은식 : 민족 '혼' 강조

→ 「한국통사」, 「한국독립운동지혈사」 저술

ⓒ 정인보(1930년대) : '얼' 강조, 민족주의 사학 계
승, 안재홍・문일평 등과 함께 조선학 운동 전개

③ 사회 경제 사학

㉠ 유물 사관에 입각한 한국사의 발전을 강조하
였다. → 일제의 정체성론 비판

※ 역사 발전 단계 : 원시 공동체 → 고대 노예제 → 중세 봉건제 → 근대 자본주의 → 공산주의

ⓛ 백남운 : 「조선사회경제사」 저술 → 세계사의 보편적인 발전 법칙을 한국사에 적용

④ 실증주의 사학

㉠ 문헌 고증을 통한 우리 역사의 객관적 사실을 연구하였다. → 랑케 사학의 영향

ⓛ 이병도, 손진태 : 진단 학회 조직, 진단 학보 발간

| 조선학 운동 | ▼ | 검색 |

1930년대 중반 이후 일제의 탄압이 심해
지면서 공개적인 정치 운동이 어려워지자
비타협적 민족주의자들을 중심으로 전개
되었다. 우리 민족의 전통 사상과 문화 속
에서 민족의 고유한 특색을 찾아내어 문
화적으로 민족의 주체성을 유지하려는 운
동이었다.

바로 바로 CHECK✓

01 다음과 관련이 있는 인물은?

- 「조선 상고사」, 「조선사 연구초」 저술
- 역사에서 '아(我)와 비아(非我)의 투쟁'을
  강조

① 백남운   ② 정인보
③ 문일평   ❹ 신채호

02 다음 내용과 관련이 있는 인물은?

- 대한민국 임시 정부에 참여
- 「한국통사」, 「한국독립운동지혈사」 저술

① 김구   ② 백남운
③ 신채호   ❹ 박은식

알아두면 점수따는 역사이야기   민족주의 사학

- 옛사람이 이르기를, 나라는 없어질 수 있으나 역사는 없어질 수 없다고 하였으니, 그것은 나라는 형체이고 역사는 정
  신이기 때문이다. 이제 한국의 형체는 허물어졌으나, 정신만이라도 오로지 남아 있을 수 없는 것인가?
  — 박은식, 「한국통사」

- 역사란 무엇이뇨. 인류 사회의 아(我)와 비아(非我)의 투쟁이 시간부터 발전하며 공간부터 확대하는 심적 활동 상태의
  기록이니, 세계사라 하면 세계 인류의 그리 되어온 상태의 기록이며, 조선사라 하면 조선 민족의 그리 되어온 상태의
  기록이니라.
  — 신채호, 「조선 상고사」

(3) 국어 연구와 한글 보급

① **조선어 연구회**(1921) : 한글 보급 노력, '가갸날'(한글날) 제정, '한글' 잡지 간행, 조선어 강습회 개최

② **조선어 학회**(1931)

㉠ 계승 : 조선어 연구회를 계승하였다. → **최현배, 이극로 중심**

㉡ 역할

- 문맹 퇴치 운동을 지원하였다.
- 한글 맞춤법 통일안과 표준어 및 외래어 표기법 통일안을 제정하였다.
- '우리말 큰 사전'의 편찬을 시도하였지만 실패하였다. → **이희승, 최현배**

㉢ 해산 : 일제가 치안 유지법을 적용하여 조선어 학회 사건(1942)으로 해산하였다.

(4) 종교 활동

① **천주교** : 민중 계몽 운동, 사회 사업 힘씀, 무장 항일 운동 전개(의민단)
고아원, 양로원 설립

② **개신교** : 사립 학교 설립, 신사 참배 거부 운동
교육 · 계몽 활동

③ **대종교** : 나철 · 오기호 창시, 단군 신앙, 무장 독립 전쟁 수행, 민족 의식 고취
중광단 → 북로군정서군

④ **천도교** : 손병희 중심(동학 계승), 3 · 1 운동 주도 세력, 청년과 농민층 계몽, 제2의 독립 선언 운동 계획, 청년 · 여성 · 소년 운동 전개, '개벽'과 '신여성' 발간

⑤ **불교** : 한용운, '조선 불교 유신론' 주장, 사찰령 폐지 운동

⑥ **원불교** : 박중빈 창시, 저축과 근로 중시, 새 생활 운동, 봉사 활동 전개, 개간 사업, 미신 타파, 금주 · 단연 등의 생활 개선 운동

(5) 문학과 예술 활동

① 문 학

㉠ 1910년대 : 계몽 문학, 개화기의 신문학 계승
이광수, 최남선 등

㉡ 1920년대

- 동인지 활동 활발

- 신경향파 문학 등장(사회주의 영향) → 카프 결성
- 일제에 저항하고 조국애를 표현하는 저항 문학 등장, 식민지 현실 속에서 민족 정서를 표현(심훈, 김소월, 한용운)

ⓒ 1930년대 : 순수 문학, 친일 문학, 1920년대의 저항 문학 계승
　　　　　　　　이광수, 최남선　　　　이상화, 이육사, 윤동주 등

② 예 술

ⓐ 음악 : 창가 유행, 민족의 정서와 울분 표현, 안익태의 활동
　　　　　　　　홍난파, 현제명　　　　　　'애국가', '코리아 환상곡' 작곡

ⓑ 연극 : 신파극과 서양식 연극 도입, 토월회와 극예술 연구회의 활동으로 신극 운동 전개, 민중 각성 촉구

ⓒ 영화

- 나운규의 '아리랑(1926)'은 항일 의식과 민족 정서를 반영하였다.
- 1935년에는 최초의 유성 영화가 제작되었다.
- 일제는 조선 영화령(1940)을 공포하여 영화 예술을 탄압하고 전쟁 찬양 작품만 강요하였다.

심화학습 ── 문학 · 예술 활동

1) 문학 : 윤동주, 심훈, 이육사, 이상화, 한용운 등 → 민족 의식 표현
2) 영화 : 나운규 '아리랑' → 한국 최초 영화, 한국적 정서 · 저항 의식 표현
3) 음악 : 홍난파 '봉선화', 현제명 '고향 생각', 윤극영 '반달' 등
4) 미술 : 이중섭 '소'
5) 연극 : 토월회, 극예술연구회

3 사회의 변화

(1) 도시의 성장

① 서울과 평양, 항만과 철도역이 있는 곳, 공업의 중심지가 근대적 도시로 성장하였다.
　　→ 도시 중심, 은행 · 극장 · 백화점 · 가로등 · 포장도로 등이 세워짐

② 도시화의 진행 : 도시 인구의 증가 → 일본인과 조선인의 거주 지역 구분(도시 중심은 일본인 및 소수 한국인 거주), 일본인이 도시의 주요 경제권 장악

③ 대중 문화 형성 : 잡지, 영화 등을 통해 서양 문화가 전래되었다.

　　㉠ '모던걸'과 '모던보이'의 신조어 등장

　　㉡ 새로운 소비 문화 등장 : 화신백화점, 광고 벽보

　　㉢ 신문, 잡지, 영화, 가요의 유행

　　㉣ 서양 영화의 상영, 한국 영화 제작의 증가 : 나운규의 '아리랑' 흥행

　　㉤ 야구, 축구, 스케이트 등의 서양 스포츠 보급

(2) 식민지 한국의 현실

① 농민의 절대적 빈곤 : 이농 현상 심화, 해외 이주 또는 화전민 전락

② 자본주의 소비 문화 : 백화점, 다방, 스타, 라디오 방송국의 등장, 스포츠 유행

③ 산업 간 불균형 : 지역적 차이 → 농업과 공업 및 경공업과 중공업의 불균형

④ 일제의 일상 생활 통제

　　㉠ 호주제 : 남성만 호주가 될 수 있게 하였다. → 제도적으로 남녀 차별 의식 강화

　　㉡ 일상 생활의 규제 : 호적·토지 대장 작성 및 갱신, 장례·묘지 허가제, 담배 전매, 술 생산 규제 등을 실시하였다.

⑤ 평등 의식 확산 : 백정들의 형평 운동 전개, 중인 출신의 성장

> **잠깐**
> **백정 출신 차별**
> 호적에 직업란을 두거나, 이름 옆에 점을 찍어 차별의 빌미를 마련하였다.

(3) 농촌의 개편과 농촌 안정화 정책

① 농촌 구조의 변화 : 식량 공급지로 개편 → 지주제 강화, 쌀 중시의 단일 경작 방식 고정

② 농민의 몰락 : 고율 소작료, 각종 세금·비료 대금·농기구 비용 부담 → 소작농·농업 노동자로 몰락, 화전민화, 빚을 갚기 위해 해외 이주 증가

③ 농촌 진흥 운동 : 농민 구제 구실 → 춘궁 퇴치, 부채 박멸, 소비 절약을 통한 자력 갱생 주장, 조선 농지령 제정 → 농민의 불만 무마 및 농촌 통제를 강화하기 위한 미봉책

> **농촌 진흥 운동** ▼ 검색
> 대공황으로 농촌 경제가 위태롭게 되자, 조선 총독부는 1932년부터 한국 농촌 사회 안정을 통한 식민지 지배 체제의 안정을 목표로 농촌 진흥 운동을 추진하였다. 초기에는 농촌의 생활 개선이나 농민의 정신 계몽에 주력하였다.

(4) 의식주의 변화

① 의생활

ᄀ 검정 옷 강요, 일제가 국민복(남성)·몸뻬(여성)의 착용 강요

ᄂ 서양식 머리와 옷차림을 한 모던 걸과 모던 보이의 등장

ᄃ 양복·양장과 모자와 구두 착용, 단발머리 유행

② **식생활** : 서양 음식 소개, 일본식과 중국식 음식의 토착화, 외식 문화 생김

예 자장면, 호떡, 가락국수, 어묵, 캐러멜, 맥주, 커피, 빵과 과자 등

③ 주생활

ᄀ 개량 한옥(1920년대), 상류층의 고급 주택(1930년대), 영단 주택(1940년대)

ᄂ 도시에서는 일본식과 서양식을 절충한 주택 등장, 토막집(빈민)

08 1930년대 국외 민족 운동의 전개

1 1930년대 항일 무장 투쟁

(1) 한·중 연합 작전(1930년대 초)

① 배경 : 만주 사변(1931)과 만주국 수립 → 중국 내 항일 감정 고조, 한국 독립 운동의 새로운 활로 모색 → 중국군과 연합하여 일본군에 큰 승리를 거둠

② **활동** : 3부 통합 운동의 결과, 국민부(조선 혁명군)와 혁신의회(한국 독립군)가 결성되었다.

ᄀ 혁신 의회(북만주) : 한국 독립당 조직, 한국 독립군(지청천) 편성

ᄂ 국민부(남만주) : 조선 혁명당 조직, 조선 혁명군(양세봉) 편성

한국 독립군 (북만주)	• 한국 독립당 군사 조직(지청천 지휘), 중국 호로군과 연합 • 항일전 : 쌍성보·사도하자·대전자령·동경성 전투에서 승리하였다.
조선 혁명군 (남만주)	• 조선 혁명당 군사 조직(양세봉), 중국 의용군과 연합 • 항일전 : 영릉가·홍경성 전투에서 승리하였다.

③ 약 화

　　㉠ 양세봉 암살 이후 세력이 약화되었다.

　　㉡ 일본군의 대토벌 작전 이후 중국군의 사기가 저하되었다.

　　㉢ 한·중 양군의 투쟁 방법과 주도권의 대립이 심화되었다.

　　㉣ 대한민국 임시 정부가 만주 독립군에게 중국 본토로 이동을 요청하여 지청천을 비롯한 지도부가 한국 독립군을 해산하고 중국 관내로 이동하여 한국 광복군 창설에 참여하였다.

(2) 만주 지역의 항일 독립 투쟁

① 배경 : 사회주의 확산으로 소작료 인하, 소작권 요구 투쟁이 항일 유격대로 발전하였다.

② 추수·춘황 투쟁 : 중국 지주와 군벌을 상대로 소작료 인하, 생존권·자치권 확보 등을 요구하였다.

　　→ 공산주의자들의 소규모 무장 투쟁(항일 유격대 조직)

추수·춘황 투쟁 　　▼ 검색
만주로 이동한 농민들은 중국인 지주의 농토를 경작하면서 민족 차별을 받았다. 사회주의 사상이 확산되면서 만주에서 농민들과 사회주의자들이 가을걷이와 춘궁기 때 중국인이나 친일 지주들로부터 쌀을 빼앗아 가난한 농민에게 나누어 주었다.

③ 동북 인민 혁명군(1933)

　　㉠ 중국 공산당이 항일 유격대를 규합(한인 다수 포함)하여 인민 혁명 정부를 세우고 토지 개혁을 단행하였다.

　　㉡ 중국 공산당과 한인 유격대원의 갈등으로 동북 항일 연군으로 개편되었다.

④ 동북 항일 연군(1936) : 동북 인민 혁명군이 개편

　　㉠ 동북은 만주 지방을 의미하고, 항일 연군이란 일제 타도를 위해 이념, 노선, 계층, 국적, 민족에 관계없이 연합한 부대라는 뜻이다.

　　㉡ 중국 공산당의 지원 아래 한국 사회주의자들에 의한 무장 부대가 만주에서 항일전 전개 → 여러 차례 국내 진입 작전 전개 → 보천보 전투(1937) 승리

　　㉢ 일제의 공세 강화로 항일 유격대의 소부대 편성 → 일부는 소련령으로 퇴각하여 군사 훈련

⑤ 조국 광복회 : 동북 항일 연군 내의 한국인 간부들을 중심으로 결성되었다(1936).

　　㉠ 목적 : 사회주의자들의 항일 연군이 갖는 계급 투쟁 극복 → 항일 통일 전선 형성, 이념을 초월한 인민 정부 수립 목적, 항일 유격대의 국내 진입 작전 지원

　　㉡ 활동 : 사회주의계와 민족주의계가 결합하여 함경도 등 국내와의 연결망을 구축 → 1940년대 소련 영토로 이동

2 민족 통일 전선의 형성(1930년대 중반 이후)

(1) 민족 혁명당과 조선 의용대

① 민족 혁명당(1935)

⊙ 배경 : 만주 사변으로 인한 독립군의 중국 관내 이동, 반일 민족 연합 전선의 필요성 등장

ⓛ 과정 : 한국 독립당, 의열단, 조선 혁명당, 신한 독립당 등이 참여하여 한국 대일 전선 통일 연맹을 결성하였다. → 민족 혁명당 창당

ⓒ 우익 계열 탈당 : 김원봉의 주도 → 사회주의 계열이 주도하자 민족주의 진영의 인사들(조소앙, 지청천) 탈퇴 → 통일 정당의 성격이 약화 → 김원봉은 '조선 민족 혁명당'으로 개편

ⓔ 조선 민족 전선 연맹 결성(1937) : 약화된 민족 통일 전선 강화

② 조선 의용대(1938)

⊙ 창설 : 김원봉이 조직 → 조선 민족 전선 연맹의 군사 조직

ⓛ 활동 : 중국 국민당과 연합 활동, 심리전·포로 심문·첩보 활동·후방 교란 활동 전개

> **심리전** ▾ 검색
> 적의 사기를 떨어뜨리려고 대적 방송, 유인물 살포 등을 통해 적의 심리를 교란하는 작전

ⓒ 분열·이동 : 일부 세력이 중국 국민당의 과도한 통제와 소극적인 투쟁에 반발하였다.

• 김원봉 중심의 잔류 세력 → 일부는 임시 정부의 '한국광복군'에 합류(1942)

• 화북 이동 세력 → 조선 의용대 화북 지대 결성 → 일부는 조선 독립 동맹의 '조선 의용군'에 합류(1942)

(2) 조선 독립 동맹과 조선 의용군

① 조선 독립 동맹(1942)

⊙ 결성 : 화북 조선 청년 연합회가 화북 지역으로 이동해 온 조선 의용대원을 흡수하여 조직하였다.

• 중국 화북 지역의 사회주의자들이 중심이 된 단체

• 중국 공산당의 조선인 간부들이 화북 지역으로 들어온 조선 의용대와 함께 조선 청년 연합회를 결성하였다가, 이듬해 조선 독립 동맹으로 개편하였다.

ⓛ 강령 : 국민의 자유와 평등을 규정한 조선 민주 공화국의 수립 → 반일 민족 통일 전선의
건설, 무장 투쟁의 수행 주장

② 조선 의용군(1942) : 옌안에서 창설, 조선 의용대 화북 지대의 편입, 중국 공산당과 연합
활동 → 광복 이후 북한의 인민군으로 편입

3 대한민국 임시 정부의 재정비와 한국 광복군

(1) 대한민국 임시 정부의 재정비

① 한인 애국단의 활동

ⓐ 목적 : 만보산 사건으로 생긴 중국인의 반한 감
정 해소, 침체된 대한민국 임시 정부의 활성화

ⓑ 활동 : 이봉창의 일왕 폭살 기도, 윤봉길의 상하
이 훙커우 공원 의거 → 중국 국민당 정부가 임시 정
부를 지원하는 계기

> **만보산 사건(1931. 7)** [검색]
>
> 한·중 농민 간에 발생한 수로 싸움에서
> 일본 경찰이 조선 농민을 편들면서 중국
> 농민에게 발포까지 했는데, 이를 계기로
> 국내와 만주에서 두 민족 사이에 유혈 충
> 돌이 여러 차례 발생하였다. 그 결과 중국
> 인의 반한 감정이 확산되어 만주 지역의
> 동포들과 독립군은 어려움을 겪어야 했다.

② 임시 정부의 이동

ⓐ 이동 배경 : 상하이 사변, 한인 애국단 소속의 윤봉길 의거, 일본의 중국 침략

ⓑ 일본의 침략을 피해 중국 국민당과 함께 이동(1932) → 최종 충칭에 정착(1940)

ⓒ 한국 국민당(1935) : 김구가 민족 혁명당의 임시 정부 해체 주장에 대항하여 창당하
였다.

ⓓ 한국 광복 운동 단체 연합회(1937) : 민족 혁명당을 탈당한 지청천, 조소앙 계열과 한
국 국민당의 연합

③ 한국 독립당(1940)

| 한국 국민당(김구) | + | 한국 독립당(조소앙) | + | 조선 혁명당 | = | 한국 독립당(위원장 김구) |

ⓐ 우익 세력의 통합 운동으로, 대한민국 임시 정부의 여당 역할을 담당하였다.

ⓑ 주석제 개헌 : 한국 독립당의 김구를 주석으로 하는 단일 지도 체제 개편

④ 건국 강령 발표(1941) : 조국 광복을 염두에 두고 정치 이념과 독립 전쟁 준비를 알리는
건국 강령(삼균주의)을 발표하였다.

(2) 한국광복군(1940)

① **창설** : 임시 정부 직속 무장 부대로 창설 → 김원봉 중심의 조선 의용대로 일부 병력 편입 (1942)

② **총사령관** – 지청천, 참모장 – 이범석

③ **중국 국민당의 지원** : 군사 협정 체결 → 중국 군사 위원회의 지휘 · 감독 → 1944년 8월 부터 한국광복군이 독자적으로 활동함

④ **활 동**

　㉠ 일본에 선전 포고(1941) : 연합군의 일원으로 연합 작전 준비

　㉡ 영국군과 합동 작전 전개 : 인도 · 미얀마 전선에 참전

　㉢ 태평양 전쟁 발발 후 연합군과 중국군과 연합 작전 전개

　㉣ 국내 진입 작전 계획 : 미국 전략 정보처(OSS)의 지원으로 국내 정진군 편성 및 훈련 시행 → 일제의 항복으로 시행하지 못함

⑤ **내각 구성** : 주석에 김구, 부주석에 김규식, 군무 부장에 김원봉을 임명하였다.

　→ 민족 혁명당과 한국 독립당 인사들이 함께 참여하여 좌우(좌파, 우파) 합작 정부의 성격을 띰

4 건국 준비 활동의 전개

(1) 국제 사회의 움직임

① **카이로 회담**(1943. 12)

　㉠ 참여 : 미국, 영국, 중국 수뇌

　㉡ 내용 : 상호 협력과 종전 후 일본 영토 문제를 논의하였다.

　㉢ 최초로 한국의 독립을 언급했으나, '적당한 시기에 독립'이라는 애매한 표현을 사용하였다.

② 얄타 회담(1945. 2)

    ㉠ 참여 : 미국, 영국, 소련 수뇌

    ㉡ 내용 : 전후 독일 처리 방침 및 비밀 협정을 체결하여 소련의 대일 참전 결정, 해방국 처리 문제 등을 논의하였다.

③ 포츠담 회담(1945. 7)

    ㉠ 참여 : 미국, 영국, 소련 수뇌

    ㉡ 내용 : 한국의 독립 재확인(카이로 선언 재확인), 전후 유럽 영토 문제 논의, 일본의 무조건 항복 요구

    ㉢ 미국은 일본이 포츠담 선언을 묵살했다고 판단 → 히로시마와 나가사키에 원자 폭탄 투하로 일본의 무조건 항복을 받아냄(1945. 8. 15) → 2차 세계 대전 종결

(2) 건국 준비 활동의 전개

① 대한민국 임시 정부

    ㉠ 중심 : 김구(주석)

    ㉡ 건국 강령 선포(1941)

      • 조소앙의 삼균주의 : 정치 · 경제 · 교육의 균등 → 개인 · 민족 · 국가 간의 균등 추구

      • 주요 내용 : 보통 선거에 의한 민주 공화국 건국, 대기업의 국영화와 토지 국유화, 주요 산업 시설의 국유화, 자영농 위주의 토지 개혁, 무상 · 의무 교육 등

    ㉢ 중국 관내 독립 운동 세력의 통일 : 한국 광복군에 조선 민족 혁명당의 조선 의용대가 합류하였다.

② 조선 독립 동맹(1942)

    ㉠ 중심 : 김두봉(주석)

    ㉡ 구성 : 중국 화북 지방의 사회주의 계열이 결성되었다(1942).

      → 조선 의용군 창설, 중국 공산당과 활동

    ㉢ 건국 강령 : 조선 민주 공화국 수립, 남녀평등 확립, 대기업 국영화, 토지 분배 등 추구

    ㉣ 통합 노력 : 임시 정부와 통합 논의 중 일제의 항복으로 논의가 중단되었다.

③ 조선 건국 동맹(1944)

    ㉠ 중심 : 여운형 주도

    ㉡ 구성 : 국내의 민족주의 계열과 사회주의 계열의 연합(좌우 세력의 합작)

    ㉢ 건국 강령 : 민족의 자유와 독립 회복, 민주 공화국 건설

    ㉣ 활동

       • 전국적으로 조직망 확대 : 전국 10개도 설치, 군사 위원회 설치

       • 농민 동맹 : 징용・징병 실시 방해, 민심 선동 및 교란, 전쟁 물자 수송 방해 활동

       • 독립운동 세력 연계 : 조선 독립 동맹, 임시 정부와 연계 도모

    ㉤ 변화 : 광복 직후 '조선 건국 준비 위원회'로 발전하였다.

01 다음 중 일제의 헌병 경찰 통치와 관계가 <u>먼</u> 것은?

① 집회와 결사의 자유를 박탈하였다.

② 최고의 통치 기구로 통감부가 설치되었다.

③ 헌병과 경찰은 즉결 처분권을 행사하였다.

④ 교원들에게도 제복을 입고 칼을 차도록 하였다.

01

② 일제 강점기의 최고의 통치 기구는 조선 총독부이다.

02 (가) 시기의 식민지 수탈 정책은?

① 토지 조사 사업　　② 산미 증식 계획

③ 징용제 실시　　④ 학도지원병제 실시

02

일제 식민 정책
· 헌병경찰통치(1910~1919)
 – 무단 식민 통치
 – 토지 조사 사업
· 문화통치(1919~1931)
 – 보통 경찰 제도
 – 산미 증식 계획
· 민족말살통치(1931~1945)
 – 병참 기지화 정책(태평양전쟁)
 – 내선 일체, 황국 신민, 신사참배, 징용·징병, 정신대 동원

03 일제가 다음과 같은 방식으로 한민족을 통치하게 된 근본적인 목적으로 옳은 것은?

> · 일본어 사용 강요
> · 보통 교육과 실업 교육에 치중
> · 민족 교육 기관 억압

① 식민지 지배에 순종하는 한국인 양성을 위함

② 한민족의 단결을 억제하기 위함

③ 우리 민족을 전쟁터에 동원하기 위함

④ 한민족의 산업 발전을 억압하기 위함

03

무단 통치 시기에는 우민화 교육을 실시하여 문맹률이 약 80% 정도에 이르렀다.

ANSWER
01. ②　02. ①　03. ①

04 조선 총독부에서 한국인의 회유를 목적으로 설치한 기구는?

① 의정부 　　　　　② 조선 의회

③ 중추원 　　　　　④ 토지 조사국

05 일제가 1910년대 실시한 토지 조사 사업의 근본 목적은?

① 토지의 약탈

② 근대적 농업 경영

③ 농민 생활의 안정

④ 근대적 소유권 제도의 확립

06 다음 중 조선 총독부가 제정한 회사령에 대한 설명으로 바른 것은?

① 회사 설립을 신고제로 하였다.

② 한국인의 회사 설립이 자유로웠다.

③ 우리 민족의 산업 활동을 위축시켰다.

④ 우리 민족의 기업을 보호하기 위해 실시하였다.

07 다음에서 설명하고 있는 일제의 식민 지배 형태는?

> • 계기 : 3 · 1 운동
> • 목적 : 친일파를 양성하여 민족 분열
> • 내용 : 보통경찰제 실시, 문관총독 임명 가능

① 무단 통치 　　　　② 문화 통치

③ 민족말살 정책 　　④ 병참기지화 정책

08

1920년대에 다음 정책을 시행한 원인은?

- 벼 품종 교체
- 화학 비료 사용
- 수리 시설 확대
- 쌀 수출량 증대

① 물산 장려 운동
② 임야 조사 사업
③ 산미 증식 계획
④ 민립 대학 설립 운동

08

일제는 산미 증식 계획으로 우리의 식량을 수탈하였다. 증산된 쌀보다 더 많은 양의 쌀이 일본으로 반출되어 우리의 식량 사정은 더욱 악화되었다.

09

다음과 같은 시기의 일로 옳지 않은 것은?

- 귀족, 양반, 유생, 부호, 교육가, 종교가에 침투하여 계급과 사정을 참작하여 각종 친일 단체를 조직케 할 것
- 친일적 민간 유지들에게 편의와 원조를 주고 수재 교육의 명분 아래 우수한 조선 청년들을 친일 분자로 양성할 것

　　　　　　　　　　– 사이토, 「조선 민족 운동에 대한 대책」

① 치안 유지법
② 회사령 폐지
③ 조선 총독부 설치
④ 산미 증식 계획

09

문화 통치의 목적은 친일파를 육성하여 민족 간의 분열을 꾀하는 것이다.
③ 조선 총독부는 1910년에 설치되었다.

10

다음에서 설명하고 있는 일제의 식민 통치 방식은?

- 한글 신문 간행 허가
- 보통 경찰제 시행
- 총독부의 관리에 한국인도 임명

① 무단 통치
② 민족 분열 통치
③ 헌병 경찰 통치
④ 민족 말살 정책

10

민족의 분열과 이간을 위해 문화 통치, 즉 민족 분열 통치를 실시하였다.

ANSWER

08. ③　09. ③　10. ②

11 기출 1910년대 일제의 대표적인 경제 침탈 정책은?

① 국가 총동원령   ② 토지 조사 사업

③ 산미 증식 계획   ④ 병참 기지화 정책

11

1910년대 일제의 대표적인 경제 침탈 정책은 자원과 토지에 대한 약탈이었다.

① 1938년 이후 인적·물적 자원 모두를 수탈하였다.
③ 1920년에 시작하여 1933년에 중단하였다.
④ 1931년 만주사변 이후 실시된 정책이었다.

12 기출 다음에서 설명하는 일제의 정책은?

- 1920년대 더 많은 쌀을 일본으로 가져가기 위해 추진
- 늘어난 생산량보다 더 많은 양의 쌀이 일본으로 실려 나감

① 회사령   ② 산미 증식 계획

③ 토지 조사 사업   ④ 병참 기지화 정책

13 3·1 운동에 관한 설명으로 바른 것은?

① 중국 5·4 운동의 영향을 받았다.
② 윌슨 대통령의 적극적인 지지가 있었다.
③ 대한민국 임시 정부 수립의 계기가 되었다.
④ 민족 대표 33인은 후에 신간회의 주체가 되었다.

13

① 중국 5·4 운동, 인도의 무저항 운동 등 기타 지역의 민족 운동에 영향을 주었다.
② 윌슨의 민족 자결주의의 영향을 받았다.
④ 신간회는 이상재 등 지식인 30여 명의 발기로 서울에서 발족하였다.

14 기출 다음 내용과 관련 있는 정부는?

- 연통제 설치
- 구미위원부 운영
- 독립 신문 간행
- 한국 광복군 창설

① 한성 정부   ② 대한 광복군 정부

③ 고려 임시 정부   ④ 대한민국 임시 정부

14

임시 정부의 활동
연통제 실시, 군자금 조달, 교통국 설치, 외교 활동, 독립 신문 간행, 사료 편찬소 설치 등

ANSWER

11. ②   12. ②   13. ③   14. ④

15 3·1 운동에 대한 설명으로 적절하지 <u>않은</u> 것은?
기출
① 서울에서 시작되어 전국적으로 확대되었다.
② 일제에 대한 폭력 무장 투쟁으로 시작되었다.
③ 세계 약소 민족의 독립 운동에 영향을 주었다.
④ 학생과 농민층을 포함한 전 계층적인 운동이었다.

16 다음 글에서 ㉠, ㉡에 들어갈 인물을 바르게 연결한 것은?

> 대한민국 임시 정부는 대통령제를 채택하여 (㉠)을 (를) 초대 대통령으로 선출하였고, 그 후 (㉡)가(이) 주석이 되어 광복이 될 때까지 임시 정부를 이끌었다.

	㉠	㉡		㉠	㉡
①	이승만	김구	②	김구	이승만
③	김규식	안중근	④	안창호	김구

17 대한민국 임시 정부의 설명에 해당하는 것은?
① 연해주의 블라디보스토크에서 수립되었다.
② 헌법과 같은 전문 9개조로 된 대한 국제를 제정하였다.
③ 만민 공동회를 개최하여 헌의 6조를 결의하였다.
④ 민주 공화제의 정부로서 독립 운동의 중추 기관 임무를 담당했다.

15
② 3·1 운동은 초기에 비폭력 시위 운동이었으나, 점차 무력적 저항 운동으로까지 전환되었다.

17
대한민국 임시 정부는 민주 공화제 정부로서, 국내외의 독립 운동을 보다 조직적이고 효과적으로 추진하는 중추 기관의 역할을 담당해 나갔다.

ANSWER
15. ② 16. ① 17. ④

18 대한민국 임시 정부의 활동이 <u>아닌</u> 것은?

① 기관지인 독립 신문의 발행

② 비밀 행정 조직인 연통제의 실시

③ 이륭 양행 등을 통한 군자금의 모금

④ 역사책인 「조선사」의 편찬

18
일제는 한국사를 왜곡 서술하기 위하여 조선사 편수회를 만들어 「조선사」라는 그릇된 역사책을 편찬하였다.

19 다음 〈보기〉의 궐기문과 관계가 있는 것은?

고난도

> 【보기】
> 입어라, 조선 사람이 짠 것을 먹어라, 조선 사람이 만든 것을 써라, 조선 사람이 지은 것을 조선 사람 조선 것으로

① 물산 장려회   ② 광주 학생 운동

③ 자주 독립 선언문   ④ 6·10 만세 운동

19
1923년 평양에서 기독교도인 조만식 등에 의해 물산 장려회가 조직되었고, 전국적으로 확산되어 1940년대까지 계속되었다.

20 다음 〈보기〉에서 3·1 운동 이후 민족 실력의 양성을 위한 운동만을 고른 것은?

> 【보기】
> ㉠ 국채 보상 운동   ㉡ 원불교 저축 운동
> ㉢ 물산 장려 운동   ㉣ 민립 대학 설립 운동

① ㉠, ㉡   ② ㉠, ㉡, ㉢

③ ㉠, ㉢, ㉣   ④ ㉡, ㉢, ㉣

20
국채 보상 운동은 1907년에 국채 보상 기성회를 중심으로 하여 국민의 힘으로 국채를 갚고자 했던 운동이다.

ANSWER
18. ④   19. ①   20. ④

21 1920년대의 항일 민족 운동은?

① 조선 교육회의 민립 대학 설립 운동

② 신민회의 민족 산업 육성

③ 광복군의 대일 항전

④ 언론 기관이 앞장 선 국채 보상 운동

21
① 1920년
② 1907년
③ 1941년
④ 1907년

22 다음 내용과 관련 있는 항일 민족 운동은?

> • 기차에서 한·일 학생 간의 충돌 사건을 계기로 일어남
> • 전국으로 확산되어 3·1 운동 이후 최대의 민족 운동으로 발전함

① 문맹 퇴치 운동

② 6·10 만세 운동

③ 민립 대학 설립 운동

④ 광주 학생 항일 운동

22

제시된 지문은 1929년에서 1930년에 전개된 광주 학생 항일 운동이다.

① 1930년대 언론(조선일보, 동아일보)과 학생들이 주도하였다.

② 1926년 순종의 인산일을 계기로 전개된 만세 운동이다.

③ 1923년 조선교육회가 중심이 되어 전개된 운동이나 실패하였다.

23 다음 〈보기〉와 같은 민족 독립 운동을 주도한 계층은?

> **보기**
> • 3·1 운동
> • 6·10 만세 운동
> • 광주 학생 항일 운동

① 학생   ② 농민

③ 종교인   ④ 도시 중산층

23

3·1 운동(1919), 6·10 만세 운동(1926), 광주 학생 항일 운동(1929)은 모두 학생이 중심이 되어 주도하였다.

ANSWER

21. ① **22.** ④ **23.** ①

24
기출
다음 내용과 관련 있는 민족 운동은?

> 1920년대 학생들은 일제의 차별 교육에 반대하는 활동과 민중 계몽 활동을 벌였다. 이들은 주로 비밀 결사를 조직하고 민족 운동 세력과 연결되어 활동하였다.

① 3·1 운동
② 형평 운동
③ 6·10 만세 운동
④ 애국 계몽 운동

25
기출
다음에서 설명하는 민족 운동 단체는?

> • 자매 단체로 근우회가 있음
> • 광주 학생 항일 운동(1929)에 조사단 파견
> • 비타협적 민족주의자와 사회주의자의 연대

① 보안회
② 의열단
③ 형평사
④ 신간회

26
다음 〈보기〉의 사실을 연대순으로 바르게 나열한 것은?

> **보기**
> ㉠ 광주 학생 운동
> ㉡ 신간회 조직
> ㉢ 6·10 독립 만세 운동
> ㉣ 상하이 임시 정부 수립

① ㉠ → ㉡ → ㉢ → ㉣
② ㉣ → ㉢ → ㉡ → ㉠
③ ㉡ → ㉢ → ㉠ → ㉣
④ ㉢ → ㉣ → ㉠ → ㉡

24

6·10 만세 운동(1926)
• 순종의 인산일, 격문 살포
• 독립만세 제창 : 대규모 군중시위운동 전개, 각급 학교로 확산
• 일제의 수탈, 식민지 교육에 대한 반발

25

지문에서 설명하는 민족 운동 단체는 민족 유일당 운동의 결과로 1927년에 구성된 신간회이다. 민족주의계와 사회주의계가 합작한 합법적인 최대 민족 운동 단체였다.
① 1904년 보안회는 일제의 황무지 개간권 요구에 대항하여 일본의 요구를 좌절시켰다.
② 의열단은 1919년 3·1 운동 이후 김원봉이 조직한 애국 단체이다.
③ 1923년 진주에서 이학찬이 조선 형평사를 설립하여 백정들의 사회적 차별에 저항하는 형평 운동을 전개하였다.

26

상하이 임시 정부 수립(1919. 4. 7)
↓
6·10 독립 만세 운동(1926)
↓
신간회 조직(1927)
↓
광주 학생 운동(1929)

ANSWER
24. ③ **25.** ④ **26.** ②

27
기출 일제 강점기 사회적 차별과 냉대에 저항하여 백정 출신들이 일으킨 차별 철폐 운동은?

① 형평 운동　　　　② 물산 장려 운동
③ 국채 보상 운동　　④ 민립 대학 설립 운동

27
형평 운동은 백정들이 자신들의 작업 도구인 저울처럼 평등한 사회를 만들려는 운동이다.

28 다음에서 설명하는 항일 투쟁은?

> 농민들은 일제의 경제적 착취에 맞서서 농민 조합을 조직하여 부당한 지주의 횡포에 대항하였다.

① 노동 쟁의　　　　② 물산 장려 운동
③ 소작 쟁의　　　　④ 6 · 10 만세 운동

28
소작농들은 소작료 인하 등을 요구하며 소작 쟁의를 일으켰다.

29 청산리 대첩을 주도한 독립군 부대는?
① 북로 군정서군　　② 한국 광복군
③ 조선 혁명군　　　④ 한국 독립군

29
② 한국 광복군 : 충칭에서 한국 광복군 창설(1940)
③ 조선 혁명군(양세봉) : 중국 의용군과 연합(1930년대)
④ 한국 독립군(지청천) : 중국의 호로군과 한 · 중 연합군 편성(1930년대)

30 단군 신앙을 발전시킨 민족 종교로, 일제 시대 민족 교육과 무장 항일 투쟁에 적극 참여한 종교는?
① 천도교　　　　　② 원불교
③ 대종교　　　　　④ 천주교

30
대종교도들은 1911년 만주에서 항일 무장 단체인 중광단을 결성하였으며, 3 · 1 운동 이후에는 이를 확대 · 개편하여 북로 군정서를 설립하고 청산리 대첩과 같은 무장 독립 전쟁을 전개하였다.

ANSWER
27. ① 　28. ③ 　29. ① 　30. ③

31 다음 사실들을 일어난 순서대로 바르게 나열한 것은?

> ㉠ 봉오동 전투　　　㉡ 3부의 성립
> ㉢ 자유시 참변　　　㉣ 청산리 대첩

① ㉠ - ㉣ - ㉢ - ㉡　　② ㉡ - ㉢ - ㉣ - ㉠
③ ㉢ - ㉠ - ㉡ - ㉣　　④ ㉣ - ㉢ - ㉠ - ㉡

32 다음 〈보기〉의 내용과 관계 깊은 독립군 단체는?

> **보기**
> • 3·1 운동 직후에 서일, 김좌진 등이 조직하였다.
> • 간도 왕청현에 사관 훈성소를 설치하였다.
> • 다른 독립군 부대와 함께 청산리 대첩을 이룩하였다.

① 대한 독립군　　　② 서로 군정서
③ 북로 군정서　　　④ 군무 도독부

33 봉오동 전투, 청산리 전투에서 승리한 독립군에게 일제가 보복할 목적으로 저지른 만행은?

① 간도 참변　　　② 미쓰야 협정
③ 만주 사변　　　④ 자유시 참변

34 1920년대 항일 무장 독립군에게 타격을 입혔던 것은?

① 카이로 선언　　　② 포츠담 선언
③ 미쓰야 협정　　　④ 가쓰라 – 태프트 밀약

35 다음과 같은 사건이 일어난 국가는?

> • 자유시 참변
> • 중앙아시아로 강제 이주

① 일본 　　　　　② 중국
③ 미국 　　　　　④ 러시아

35

자유시 참변은 간도 참변 이후 러시아로 이동한 독립군이 러시아군에 의해 크게 희생된 사건이며, 1937년 러시아는 연해주 지역의 한인들을 중앙아시아로 강제 이주시켰다.

36 다음에 해당하지 <u>않는</u> 것은?

> 자유시 참변 이후 독립군의 조직 정비, 역량 강화를 위한 통합 운동이 전개되어 3부가 성립하였다.

① 신민회 　　　　　② 정의부
③ 신민부 　　　　　④ 참의부

36

3부는 자치 행정을 맡아 보는 민정 조직과 독립군의 훈련과 작전을 담당하는 군정 조직을 갖춘 자치 정부의 성격을 가진다.

37 3 · 1 운동 이후 독립군에 관한 설명이다. 시대순으로 바르게 배열된 것은?

① 간도 참변 → 신민부 조직 → 자유시 참변 → 청산리 전투
② 청산리 전투 → 간도 참변 → 자유시 참변 → 신민부 조직
③ 자유시 참변 → 간도 참변 → 청산리 전투 → 신민부 조직
④ 청산리 전투 → 자유시 참변 → 간도 참변 → 신민부 조직

37

청산리 전투(1920)
↓
간도 참변(1920)
↓
자유시 참변(1921)
↓
신민부의 조직(1925)

ANSWER
35. ④ 　36. ① 　37. ②

38 1919년 만주 지린 성에서 김원봉이 중심이 되어 조직한 항일 의거 단체는?

① 의열단　　　　　② 한인 애국단
③ 신간회　　　　　④ 대한민국 임시 정부

38
의열단은 1919년 김원봉을 중심으로 조직되어 조선 총독부의 고위 관리나 친일파 처단, 식민지 착취 기관 파괴를 시도하였다.

39 1910년대 일제가 시행한 식민 정책이 <u>아닌</u> 것은?

기출 ① 조선 태형령　　② 헌병 경찰제
③ 국가 총동원법　④ 토지 조사 사업

39
1910년대 일제의 식민 통치
• 무단 통치 : 조선 총독부(식민 통치 최고 기구), 헌병 경찰제, 조선 태형령, 애국 운동 단체 해산, 우민화 교육 등
• 경제 수탈 : 토지 조사 사업, 회사령 공포 등

40 1930년대 이후 실시한 일제 식민 정책이 <u>아닌</u> 것은?

기출 ① 신사 참배
② 일본식 성명 강요
③ 경성 제국 대학 설립
④ 황국 신민 서사 암송

40
일제의 민족 말살 정치
내선 일체, 일선 동조론, 황국 신민화, 우리말과 우리글 사용 금지, 우리 역사 금지 교육, 황국 신민 서사 암송, 신사 참배 강요, 일본식 성명 강요, 징용·징병, 정신대 강제 동원 등

41 1930년대 일제가 우리나라에서 중점적으로 시행한 식민 정책은?

고난도 ① 상품 시장으로서의 개척
② 토지 조사 사업의 시행
③ 병참 기지화를 위한 공업화
④ 산미 증식 계획 실시

41
③ 일제는 만주 사변(1931)과 중·일 전쟁(1937) 도발 후 한반도를 대륙 침략의 병참 기지로 삼기 위한 공업화 정책을 취하여 군수 공장 설립과 광산 개발에 주력하였다.

ANSWER
38. ①　**39.** ③　**40.** ③　**41.** ③

42 다음 중 일제의 민족 말살 정책에 대한 설명으로 바르지 **못한** 것은?

① 내선 일체 – 일본인과 조선인은 한 몸이라는 주장

② 창씨 개명 – 일본식으로 성과 이름을 바꾸어 사용하도록 강요

③ 황국 신민화 – 조선인은 일본 천황의 신하와 백성이라는 주장

④ 신사 참배 – 매일 일본 국왕이 사는 궁성을 향해 절을 하도록 강요

42
④는 궁성 요배에 대한 설명이다.

43 일제가 민족 말살 정책을 추진한 이유에 대한 설명으로 가장 적절한 것은?

① 거족적인 3·1 운동을 탄압하고 억압하기 위해

② 일제의 침략 전쟁에 우리 민족을 동원하기 위해

③ 민족 문화와 전통을 보존하고 민족 의식을 일깨우기 위해

④ 한국인의 기업 활동을 억제하고 자본의 성장을 막기 위해

43
태평양 전쟁과 중·일 전쟁을 일으킨 일본은 조선을 전쟁의 병참 기지로 삼고 민족 말살 정책을 추진했다.

44 다음 내용들을 시대순으로 바르게 배열한 것은?

> (가) 민족 말살 정책   (나) 문화 통치
> (다) 무단 통치   (라) 3·1 운동

① (가) – (나) – (다) – (라)

② (가) – (라) – (나) – (다)

③ (나) – (라) – (다) – (가)

④ (다) – (라) – (나) – (가)

44
무단 통치에서 3·1 운동을 계기로 문화 통치로 변화하였고, 마지막에는 민족 말살 정책으로 바뀌었다.

A N S W E R
42. ④ **43.** ② **44.** ④

45 다음 정책은 무엇인가?

> 일제는 일본 자본가에게 안정적으로 원료를 공급하기 위해 남부 지방의 농민에게는 면화를 재배하도록 하고, 북부 지방의 농민에게는 양을 기르도록 하였다.

① 남면북양 정책
② 농촌 진흥 운동
③ 병참 기지화 정책
④ 민족 말살 정책

46 다음 내용에 해당하는 것은?

> 1. 우리는 대일본 제국의 신민입니다.
> 2. 우리는 마음을 합하여 천황 폐하에게 충의를 다합니다.
> 3. 우리는 인고 단련하여 훌륭하고 강한 국민이 되겠습니다.

① 창씨 개명
② 궁성 요배
③ 신사참배
④ 황국 신민 서사

47 다음 글의 밑줄 친 내용이 뜻하는 용어는?

> 중·일 전쟁에 이어 태평양 전쟁을 일으킨 일제는 한반도의 인적·물적 자원을 전쟁에 총동원하기 시작하였다. 이를 위해 '일본과 조선의 조상이 같다', '조선인도 일본 황제의 신민'이라는 주장을 전개하였다.

① 창씨 개명
② 내선 일체
③ 일선 동조론
④ 황국 신민화

48 다음 표는 일제 식민 통치 정책의 변화를 나타낸 것이다. 빈칸에 들어갈 내용이 <u>잘못된</u> 것은?

단계	시 기	정치 형태	경제 시책
I	1919 ~ 1919년	헌병 경찰 통치	(가)
II	(나)	문화 통치	(다)
III	1937 ~ 1945년	(라)	병참기지화 정책

① (가) – 토지 수탈

② (나) – 3 · 1 운동 ~ 중 · 일 전쟁

③ (다) – 식량 약탈

④ (라) – 보통 경찰 통치

48
(라)에 들어갈 말은 민족 말살 통치이다.

49 일제는 1930년대에 한국을 식량 공급지화하는 동시에 공업화 정책을 추진하였는데, 그 이유가 <u>아닌</u> 것은?

① 일본 자본가들의 자본 투자에 유리한 시장 조건

② 한국의 값싼 노동력과 풍부한 자원

③ 공업화를 통한 한국인의 생활 수준 향상

④ 경제 공황의 영향과 그 타개책

49
③ 일제의 공업화 정책은 일제의 대륙 침략을 위한 경제적 기반을 확립하는데 있었으며, 한국인의 생활과는 아무런 관계가 없었다.

50 중 · 일 전쟁 직후 일제가 침략 전쟁 수행에 필요한 물자를 수탈하기 위해 제정한 법령은?

① 치안 유지법

② 조선 태형령

③ 국가 총동원법

④ 남면북양 정책

50
국가 총동원법에 따라 공출제 등을 시행하여 물자 수탈을 하였고, 지원병제, 학도 지원병제, 징병제, 징용령, 정신대라는 명목으로 인적 자원도 수탈하였다.

ANSWER
48. ④ 49. ③ 50. ③

51 다음 〈보기〉에서 일제의 식민지 수탈 정책을 시대순으로
고난도 바르게 나타낸 것은?

> ┌보기┐
> ㉠ 병참 기지화 정책   ㉡ 산미 증식 계획
> ㉢ 징용 제도 실시   ㉣ 토지 조사 사업

① ㉠ → ㉡ → ㉢ → ㉣

② ㉡ → ㉢ → ㉣ → ㉠

③ ㉢ → ㉣ → ㉠ → ㉡

④ ㉣ → ㉡ → ㉠ → ㉢

52 다음과 같은 목적으로 실시한 것은?

> 일제의 식민지 우민화 정책에 반발하여 전개된 문맹
> 퇴치 운동이다.

① 소작 쟁의   ② 물산 장려 운동

③ 브나로드 운동   ④ 민립 대학 설립 운동

53 다음 사건에 영향을 준 사상은?

> • 노동 쟁의   • 소작 쟁의
> • 여성 운동   • 형평 운동

① 자치론   ② 사회주의 사상

③ 민족주의 사상   ④ 자유주의 사상

51
㉣ 1912년
㉡ 1920년
㉠ 1937년
㉢ 1944년

52
문맹 퇴치 운동은 언론 기관이 주도하고, 학생들의 적극적인 참여로 전개되었다. 조선일보의 문자 보급 운동, 동아일보의 브나로드 운동이 대표적이다.

53
3·1 운동 이후 유입된 사회주의 사상으로 각종 사회 운동이 활성화되었다.

ANSWER
51. ④ **52.** ③ **53.** ②

54 **기출** 다음과 관계있는 민족주의 역사가는?

> • '낭가 사상' 강조
> • 「조선 상고사」, 「조선사 연구초」 저술
> • 묘청의 서경 천도 운동의 자주 의식을 높이 평가

① 최남선   ② 신채호
③ 한용운   ④ 손병희

54
신채호는 「을지문덕전」, 「이순신전」, 「최도통전」 등의 위인전을 저술하였고, 「독사신론」, 「조선 상고사」, 「조선사 연구초」 등을 저술하여 역사학의 토대를 마련하고 낭가 사상을 강조하였다.

55 「한국통사」, 「한국독립운동지혈사」 등을 저술하여 식민사관에 대항했던 인물은?

① 최남선   ② 신채호
③ 박은식   ④ 정인보

55
박은식은 민족 정신(혼 사상)의 중요성을 강조하였다.

56 〈보기〉에 제시된 인물들의 공통된 사실은?

> **보기**
> • 박은식   • 신채호
> • 정인보

① 한글 보급 운동   ② 한국사 연구
③ 민립대학 설립운동   ④ 경제 자립 운동

56
• 박은식 : 혼 사상을 강조
• 신채호 : 낭가 사상을 강조하면서 민족 사관을 확립하고 고대사 연구에 치중
• 정인보 : 얼 사상을 강조하고 신채호의 민족 사관을 계승, 「조선사 연구」 저술

ANSWER
54. ② 55. ③ 56. ②

57
기출

다음에서 설명하는 일제 강점기 한국사 연구 방법은?

> • 한국사의 발전 주체가 우리 민족임을 강조하면서 식민 주의 사학의 허구성을 밝히는 데 힘을 기울였다.
> • 대표 사학자로는 민족의 '혼'을 강조한 박은식과, '낭 가 사상'을 강조한 신채호가 있었다.

① 식민 사학　　　　　② 실증주의 사학
③ 민족주의 사학　　　④ 사회 경제 사학

58 다음과 관련 있는 한국사 연구는?

> • 유물사관에 입각한 역사관
> • 세계사의 보편적 발전 법칙을 한국사에 적용

① 식민사관　　　　　② 민족주의 사학
③ 실증주의 사학　　　④ 사회 경제 사학

59 다음에 해당하는 단체는 무엇인가?

> 일제는 우리말 큰사전의 편찬을 준비하던 회원 29명 을 치안 유지법 위반으로 검거하였다. 이윤재, 한징 등 은 혹독한 고문으로 옥사하였으며, 이 단체는 강제 해산 되었다.

① 국문 연구소　　　　② 진단 학회
③ 조선어 연구회　　　④ 조선어 학회

60 한말의 국학 연구에 대한 설명으로 바르게 된 것은?

① 유길준이 최초의 근대적 문법서인 「대한문전」을 편찬하였다.

② 신채호는 「독사신론」을 써서 고증 사학의 토대를 마련하였다.

③ 청구 학회에 대한 반발로 진단 학회가 구성되었다.

④ 조선어 연구회를 중심으로 국어를 정리하였다.

60

진단 학회의 활동
청구 학회(靑丘學會)를 중심으로 한 일부 어용 학자들의 왜곡된 한국학 연구에 반발하여 조윤제, 이병도, 손진태, 신석호 등은 진단 학회(震檀學會)를 조직하여 진단학보를 발행하였다.

61 일제 강점기의 종교 활동에 대한 설명으로 옳은 것은?

① 개신교 – 신사 참배에 항거하였다.

② 천도교 – 단군 신앙을 내세우며 민족의식을 고취시켰다.

③ 원불교 – 불교 유신론을 주장하며 일제의 탄압에 맞섰다.

④ 불교 – 저축과 근로를 중시하며, 자립 정신을 일깨웠다.

61

일제 강점기에 각 종교 단체도 민족 운동을 전개하였다.

②는 대종교, ③은 불교, ④는 원불교에 대한 설명이다.

62 다음과 같은 항일 투쟁을 한 인물은?
기출

> 1932년 상하이 사변에서 승리한 일제는 상하이 훙커우 공원에서 기념식을 개최하였다. 이때 폭탄을 투척하여 일본군 장성과 고관들을 다수 살상하였다. 이 사건을 계기로 중국 국민당이 한국 독립 운동 지원을 강화하였다.

① 김원봉   ② 안중근

③ 이봉창   ④ 윤봉길

62

윤봉길은 애국 단원으로, 1932년 4월에 훙커우 공원에서 일본의 상하이 사변 전승 축하 식전에 폭탄을 던져 일본 육군 대장 시라카와(白川)를 살해하였다. 이 의거는 중국 국민에게 큰 감명을 주었다.

ANSWER

60. ③ **61.** ① **62.** ④

63 민족의 저항 의식과 한국적 정서를 영화에 부각시켜 한국 영화 예술의 발전에 기여한 사람은?

① 윤동주　　　　　② 나운규
③ 이육사　　　　　④ 이상화

64 다음 밑줄 친 이 사건을 일으킨 인물은?

> 　중국의 언론들이 <u>이 사건</u>을 두고 "일본 왕을 저격하였으나 불행히도 적중하지는 못하였다."라고 보도하자, 만주에 자신들의 괴뢰 국가를 세우려고 꾀하던 일제는 세계의 관심을 다른 곳으로 돌리기 위해 반일적인 보도를 트집 잡아 상하이를 침략하였다.

① 김구　　　　　② 김원봉
③ 윤봉길　　　　　④ 이봉창

65 다음 (　　)에 들어갈 장소는?

> 　대한민국 임시 정부는 윤봉길의 상하이 훙커우 공원 의거(1932) 이후 일본의 침략을 피해 중국 국민당과 함께 이동하여, 최종 (　　)에 정착(1940)하였다.

① 한성　　　　　② 충칭
③ 상하이　　　　　④ 연해주

66 기출 다음은 어떤 단체에 대한 설명인가?

> • 1940년에 창설된 대한민국 임시 정부 직속 군대
> • 미국과 협조하여 국내 진공 작전 준비

① 의열단　　　　　　② 조선 혁명군
③ 한국광복군　　　　④ 북로 군정서군

66
한국광복군(1940)
• 임시 정부의 정식 군대
• 조선 의용대를 일부 통합하여 군사력 증강
• 미국과 협조하여 국내 진공 작전 준비
• 임시 정부가 일본에 선전 포고한 후 연합군의 일원으로 인도, 미얀마 전선에 참전

67 다음의 단체와 관련이 있는 인물은?

> • 의열단　　　　　　• 조선 의용대

① 지청전　　　　　　② 이범석
③ 홍범도　　　　　　④ 김원봉

67
김원봉이 결성한 조선 의용대는 중국군과 함께 항일 투쟁을 전개하였고, 후에 조선 의용군으로 개편되었다.

68 다음 내용과 관련 있는 인물은?

> • 한인 애국단 결성
> • 「백범 일지」 저술
> • 대한민국 임시 정부 주석

① 김구　　　　　　　② 김규식
③ 안창호　　　　　　④ 이승만

68
김구는 한인 애국단을 결성하고, 주석이 되어 대한민국 임시 정부를 이끌기도 하였다.

ANSWER
66. ③　67. ④　68. ①

69 다음에서 설명하고 있는 단체는?

> 여운형이 안재홍 등 민족주의 계열과 사회주의 계열을 규합하여 광복 후 건국을 준비하기 위해 결성하였다.

① 조선 건국 동맹 ② 대한 국민 의회
③ 임시 인민 위원회 ④ 국민 총동원 위원회

70 다음 한국광복군의 활약으로 옳지 <u>않은</u> 것은?

① 국내에 진입하여 일본을 내쫓았다.
② 중국군과 협력하여 일본군과 싸웠다.
③ 연합군과 함께 독립 전쟁을 전개하였다.
④ 인도, 미얀마 전선에 참여하였다.

71 다음과 관련된 인물은?

> 일제의 패망을 확신하고는 이념과 사상의 차이를 극복하고 건국 준비 활동을 위해 조선 건국 동맹을 결성하였다.

① 여운형 ② 이승만
③ 김원봉 ④ 김구

72 연합국의 수뇌들이 모여 한반도의 독립을 최초로 약속한 국제회의는?

① 얄타 회담 ② 포츠담 회담
③ 카이로 회담 ④ 모스크바 3국 외상 회의

CHAPTER

06

대한민국의 발전과
현대 세계의 변화

대한민국의 발전과 현대 세계의 변화

8·15 광복 이후 대한민국 정부가 수립되기까지의 과정을 꼼꼼하게 잘 정리해야 합니다. 모스크바 3국 외상 회의, 남북 협상, 5·10 총선거를 비롯하여 이승만 정부의 정책과 두 차례의 개헌, 비극적인 6·25 전쟁의 원인과 과정은 출제 빈도가 높은 부분이므로, 북한의 정책과 비교해서 잘 정리해 두어야 합니다. 현대사 부분에서는 각 정권별로 주요 업적을 꼼꼼하게 정리해야 합니다. 특히, 민주주의를 확립하기 위해 민중이 펼쳤던 여러 항쟁의 순서를 연도별로 정리하여 꼭 알아두시기 바랍니다. 남한의 경제 발전 과정, 각종 사회 변화와 북한의 변화하는 모습, 통일을 위한 노력, 중국과 일본의 역사 왜곡에 대한 우리의 자세 등을 정리해 두면서 다양한 문제 유형에 대비하는 것이 중요합니다.

01 제2차 세계 대전 이후의 세계

1 냉전 체제의 성립

(1) 국제 연합 탄생과 전후 처리

① 브레턴우즈 체제의 수립(1944)

㉠ 배경 : 국제 평화를 위한 자유 무역의 필요성이 제기되었다.

㉡ 특징 : 국제 통화 기금(IMF), 국제 부흥 개발 은행(IBRD, 세계은행)의 설립에 합의하였고, 이후 관세 및 무역에 관한 일반 협정(GATT)을 추가하였다.

GATT	▼ 검색
1947년 관세율을 낮춰 국제 무역을 촉진하기 위해 미국 등 23개국이 조인한 국제적인 무역 협정	

② 국제 연합(UN)의 창설(1945. 10) : 전쟁 방지와 세계 평화 유지에 기여

㉠ 특징 : 안전 보장 이사회 결의 중시, 상임 이사국 거부권 행사, <u>국제 연합군(유엔군) 창설</u>
　　　　　　　　　　　　　국제 분쟁에 무력 제재 가능

㉡ 한계 : 안전 보장 이사회의 상임 이사국을 중심으로 운영되었다. → 강대국의 패권주의 반영

안전 보장 이사회	▼ 검색
세계 평화 및 안전 유지에 관한 사실상의 결정권을 가지고 있다. 거부권을 행사할 수 있는 미·영·프·소·중의 5개 상임 이사국과 임기 2년의 비상임 이사국으로 구성되어 있다.	

③ 패전국의 처리 : 패전국과 연합국의 개별 강화 조약 체결, 전범 재판(독일, 일본)

(2) 동서 진영의 냉전 체제 성립

① 개념 : 미국 중심의 자유 민주주의(자본주의) 진영과 소련 중심의 공산주의 진영의 대립

② 전개 : 베를린 봉쇄, 6 · 25 전쟁, 이념 대립

　　㉠ 정치 : 공산주의 진영에서의 소련의 팽창주의, 동
　　　　유럽의 공산화에 맞서 자유 민주주의 진영에서
　　　　는 트루먼 독트린(1947)을 발표하였다.

　　㉡ 경제

　　　• 자유 민주주의 진영의 마셜 계획(1947)에 맞서
　　　　공산주의 진영에서는 공산당 정보국(코민포름),
　　　　경제 상호 원조 회의(코메콘)로 대응하였다.

　　　• 자유 민주주의 진영의 서독의 단독 통화 개혁에 대응하여 공산주의 진영에서는 베를
　　　　린을 봉쇄(1948)하였다.

　　㉢ 군사 : 자유 민주주의 진영의 북대서양 조약 기구(NATO, 1949)에 대응하여 공산주의
　　　　진영에서는 바르샤바 조약 기구(WTO; Warsaw Treaty Organization, 1955)를 출범
　　　　하였다.

> **트루먼 독트린, 마셜 계획** ▾ 검색
> • **트루먼 독트린** : 미국 대통령 트루먼이
>   공산주의의 팽창을 막기 위해 반공 정책
>   을 취하는 국가에 군사적 · 경제적 원조
>   를 제공하겠다고 한 선언 → 냉전의 서막
> • **마셜 계획** : 미국 국무장관 마셜이 발표
>   한 서유럽 16개국에 대한 경제 원조 계
>   획이다. 이는 전쟁으로 피폐해진 유럽
>   에 대한 대규모의 원조를 통해 유럽 경
>   제를 부흥시킴으로써 공산주의의 서유
>   럽 팽창을 저지하고자 한 것이었다.

2 동아시아의 냉전 양상

(1) 미국의 반공 거점으로서의 일본

① 미군정 정책 : 육해군의 해체, 전범 체포, <u>평화 헌법의 제정</u>, <u>교육 기본법의 제정</u>,
　　　　　　　　　　　　　　　　　　 천황의 상징화, 전쟁 포기　　　　 군국주의 부정

<u>민주적 시장 경제 도입</u>
농지 개혁, 재벌 해체

② 정책 변화 : 1947년 이후 냉전이 심화되어 일본 재건 중시, 반공 국가로서의 위상 강화

③ 국제 사회 복귀 : 샌프란시스코 강화 조약(1951)으로 독립 인정, 미군 계속 주둔, 이후 자
　　위대 창설, 자민당의 장기 집권

(2) 중국의 공산화

① 내전 발발 : 국민당과 공산당 내전(1946 ~ 1949) → 공산당 승리 → 중화 인민 공화국 수
　　립(1949), <u>타이완에 중화민국 건설</u>
　　　　　　　　　미국은 타이완을 중국의 공식 대표로 인정

② 중화 인민 공화국의 개혁 : 기업 국유화, 토지 개혁, 제1차 5개년 계획(1953), 대약진 운동 추진

대약진 운동	▼	검색
중·소 분쟁 이후 마오쩌둥이 1958년부터 기술집약적 소련식 산업화 대신 대중 동원에 의한 노동 집약적 사회주의 건설을 추진한 것을 말한다. 이 운동은 무리한 인민공사의 조직과 자연재해로 말미암아 1년 만에 심각한 식량 부족을 빚은 채 실패하였다.		

(3) 베트남의 분단

① 호찌민의 독립 선포 : 일본 패망 → 베트남 민주 공화국 수립(1945. 8)

② 분단 성립 : 프랑스의 베트남 남부 장악 → <u>제1차 인도차이나 전쟁</u> → 분단(북위 17도선)
　　　　　　　　　　　　　　　　　　　1946~1954, 공산 진영과 자유 진영의 전쟁

---

02 8·15 광복과 한반도의 분단

1 8·15 광복과 한반도의 정세

(1) 8·15 광복(1945. 8. 15)

① 배 경

㉠ 연합국의 승리와 일본의 패망

㉡ 우리 민족의 끈질긴 투쟁 결과

② 독립의 약속 : 카이로 회담(1943, 독립 최초 약속), 포츠담 회담(1945, 독립 재확인)

③ 과정 : 원자 폭탄 투하(히로시마, 나가사키) → 소련 참전 → 일본의 무조건 항복 → 일본의 갑작스런 항복으로 대한민국 임시 정부의 국내 진공 작전 무산 → 제2차 세계 대전 이후 한반도의 운명을 결정하는 데 우리 민족의 의지가 제대로 반영되지 못함

④ 한계 : 미국과 소련군의 주둔으로 국토가 분단되었다.

(2) 미군·소련군의 한반도 분할 점령

① 얄타 회담(1945. 2) : 미국, 영국, 소련의 정상들이 얄타에서 회담을 개최하여 소련군의 대일 전쟁에 참전 결정 → 소련군의 참전(1945. 8) → 남북 분단의 계기를 제공함

② 전개 : 일본군의 무장 해제를 구실로 소련의 한반도 점령 시도 → 이를 막기 위해 미국이
38도선 분할 제의 → 소련의 수용

㉠ 소련 : 38도선 이북의 평양 진주(간접 통치)

㉡ 미군 : 38도선 이남의 서울 입성(직접 통치)

③ **38도선** : 군사적 분계선 → 냉전 심화 → 정치적 분계선으로 고착화

④ **결과** : 일제로부터 해방되었지만, 미·소의 영향력 아래에 편입되었다.

2 광복 직후 남북한의 정세

(1) 조선 건국 준비 위원회

① **주도** : 광복 직후 여운형, 안재홍 중심으로 좌익과 우익의 합작

② **활동**

㉠ 광복 직전 : 조선 건국 동맹(여운형)과 조선 총독부 간 교섭 → **협상안 도출**

㉡ 결성 : 좌우 합작 형태로 결성된 조선 건국 동맹을 계승하였다.

㉢ 활동 내용 : 치안대와 전국에 145개의 지부를 조직하여 치안 및 행정 담당, 사회 질서
유지를 담당하였다.

㉣ 조선 인민 공화국 선포(1945. 9) : 미군 주둔에 대비하기 위해 정부 형태로 개편하였다.

㉤ 약화 : 미군정이 인정하지 않았고, 일부 우익 세력의 대거 이탈로 영향력이 약화되었다.

알아두면 점수따는 역사이야기   여운형이 조선 총독에게 제시한 5가지 조건

1) 조선의 정치범, 경제범을 즉시 석방할 것
2) 서울의 3개월분 식량을 확보할 것
3) 치안 유지와 건국 운동을 위한 정치 운동에 총독부 간섭 금지
4) 학생과 청년을 조직, 훈련하는 데 간섭 금지
5) 노동자와 농민들의 건국 사업에 협력할 것

→ 여운형은 일본의 항복 선언이 있기 직전 조선 총독을 만나 일본인의 무사 귀환을 보장하는 대신 일본이 조선인들의 건국 활동을
방해하지 않기로 약속받았다. 그리고 안재홍 등과 함께 조선 건국 동맹을 모체로 조선 건국 준비 위원회를 결성하였다.

(2) 미군정의 실시(1945 ~ 1948)

① 미군 진주(1945. 9) : 미군이 한반도에 상륙하였다. → 조선 총독부로부터 통치권을 넘겨받음

② 직접 통치 : 조선 인민 공화국, 대한민국 임시 정부를 부정하였다.

③ 현상 유지 중시 : 한국 민주당을 비롯한 국내 우익 세력 지원, 친일 관리와 경찰 고용

④ 경제 정책 : 쌀 공출제 폐지, 곡물의 자유 시장제 실시, 소작료를 3분의 1로 낮춤 → 농민
의 기대치 미달, 일부 지주의 매점매석으로 물가 불안 → 쌀 수매제 시행

⑤ 신한공사의 설립 : 동양 척식 주식회사와 일본인 소유의 재산을 넘겨 받아 관리하기 위해
설립된 미군정의 부속 기관

(3) 광복 후 여러 정치 세력

계 열	단 체	주도 인물	활동
우익 세력	한국 민주당	송진우, 김성수	• 일제하의 지주와 자본가 중심 • 대한민국 임시 정부 지지 선언 • 미군정에 적극 참여 • 신탁 통치 반대, 단독 정부 수립 지지
	독립 촉성 중앙 협의회	이승만	• 한국 민주당과 조선 공산당과 우호적 관계 → 친일파 처리 문제 등으로 조선 공산당 탈퇴 • 완전 독립, 38도선 철폐 • 신탁 통치 반대, 단독 정부 수립 지지
	한국 독립당	김 구	• 대한민국 임시 정부의 핵심 정당, 남북한 통일 정부 수립을 위해 노력 • 민주 공화정 체제, 계획 경제 제도, 균등 사회 실현 등의 공약
중도 우파	국민당	안재홍	신민주주의, 신민족주의 표방
중도 좌파	조선 인민당	여운형	• 조선 인민 공화국 와해 이후 창당 • 모스크바 결정 지지, 단독 정부 수립 반대
좌익 세력	조선 공산당	박헌영	• 광복 이후 조선 건국 준비 위원회와 합작하여 활동 • 미군정의 탄압을 받음 → 남조선 노동당으로 개편 • 모스크바 결정 지지, 단독 정부 수립 반대

한국 민주당 ▼	검색

송진우, 김성수 등을 중심으로 하고 지주
와 기업가들이 참여하여 결성된 정당이
다. 이들은 조선 인민 공화국에 참여하지
않았으며, 주로 지주 계급의 이익을 대변
하였다. 이승만의 단독 정부 수립 노선을
지지하였으나, 이승만 정부 수립 후 이승
만과의 갈등으로 야당으로 변신하였다.

(4) 북한의 정세(공산화)

① 광복 직후 : 조만식을 중심으로 '평남 건국 준비 위원회'가 결성되었다. → 건국 작업 시작

② 소련군 주둔 이후 : 소련군의 지원을 받아 '북조선 임시 인민 위원회'를 결성하였다(1946. 2).

→ 토지 개혁 시행(무상 몰수 · 무상 분배), 중요 산업 국유화 등 사회주의 체제 기반 마련

③ 김일성의 권력 장악 : 조만식 등 민족주의 계열 숙청

조만식	▼	검색

일제 강점기부터 북한 지역의 대표적인 민족 운동가로서 조선 민주당을 만들어 국가 건설 운동을 이끌었으나, 소련과 공산당 세력의 탄압을 받다가 6 · 25 전쟁 중 처형되었다.

---

3 모스크바 3국 외상 회의와 좌우 합작 운동

(1) 모스크바 3국 외상 회의 중요⁺

① 전개 : 모스크바에서 미국, 영국, 소련이 한반도 문제 처리를 위해 외무 장관 회의를 개회하였다(1945. 12).

② 결정 내용
  ㉠ 한반도에 독립 국가 건설을 위한 조선 임시 민주주의 정부 수립
  ㉡ 최고 5년간 미국, 영국, 중국, 소련 4개국의 신탁 통치 실시
  ㉢ 이를 논의하기 위한 미 · 소 공동 위원회 설치

③ 모스크바 3국 외상 회의에 대한 국내 반응
  ㉠ 우익 세력 : 김구, 이승만, 한국 민주당 등은 신탁 통치 반대 운동 전개 → 다수의 국민들은 신탁 통치를 식민지 지배의 연장으로 인식하여 반탁 지지 → 반탁 운동을 반공 운동으로 확대
  ㉡ 좌익 세력 : 초기에는 신탁 통치 반대 → 이후 회의의 본질이 임시 정부 수립에 있다고 파악하고 회의 결정 사항 지지
  ㉢ 중도 세력 : 김규식, 여운형 등 → 모스크바 3국 외상 회의의 결정을 지지하되, 신탁 통치 문제는 정부 수립 후 결정하자고 주장

④ 좌 · 우익의 대립 심화 : 국내의 정치 세력이 좌 · 우익 세력으로 양분되어 심한 대립을 보였다.

바로 바로 **CHECK√**

다음 내용에 해당하는 국제 회담은?

- 임시 민주 정부의 수립
- 미 · 소 공동 위원회 설치
- 최고 5년간 신탁통치 결정

① 얄타 회담 ② 카이로 회담
③ 포츠담 회담 ❹ 모스크바 3상 회담

신탁 통치	▼	검색

국제 연합의 위임을 받은 나라가, 자치 능력이 부족해 정치적 혼란이 우려되는 지역을 위임 통치하여 안정적인 정치 질서 수립에 기여하는 것이 목적이다. 1949년 당시 아시아 · 아프리카 11개 지역이 신탁 통치를 받았으나 자치 능력을 갖게 됨에 따라 잇따라 독립하였다.

⑤ 결과 : 미·소의 대립 격화와 냉전 체제의 형성으로 모스크바 3국 외상 회의의 결정 사항은 실행되지 못하였다.

(2) 미·소 공동 위원회

① 목적 : 모스크바 3국 외상 회의의 결정으로 만들어진 미국과 소련의 대표 모임으로, 임시 정부 수립 문제를 논의하였다. → 1946년, 1947년 2차례 개최

② 제1차 미·소 공동 위원회(1946. 3 ~ 1946. 5) : 임시 정부 참가 단체를 놓고 미·소 대립 → 냉전 강화 → 의견 차이로 결렬

　㉠ 미국 : 참가를 희망하는 모든 정치 단체를 참여시키자고 주장하였다.

　㉡ 소련 : 신탁통치에 반대하는 우익 단체와는 협의할 수 없다고 주장하였다.

　　→ 모스크바 3국 외상 회의의 결정을 지지하는 정당, 사회 단체만 참여 주장

③ 이승만의 정읍 발언(1946. 6) : 남한만이라도 단독 정부를 수립해야 한다고 주장하였다.

　　→ 한국 민주당을 비롯한 우익 세력은 이승만의 단독 정부 주장을 지지

④ 좌우 합작 운동(1946 ~ 1947) → 실패

　㉠ 배경 : 좌익과 우익의 대립으로 제1차 미·소 공동 위원회 결렬, 이승만의 정읍 발언으로 우익 진영 측에서 단독 정부 수립 주장 → 통일 독립 국가 수립의 필요성 증대

　㉡ 주도 : 중도 우파(김규식)와 중도 좌파(여운형)를 중심, 미군정의 후원

　㉢ 활동

　　• '좌우 합작 위원회' 결성(1946. 7)

알아두면 점수따는 역사이야기　　　　　　　　　　　　　좌우 합작 7원칙 요약(1946. 10)

1. 3상 회의 결정에 의하여 남북을 통한 좌우 합작으로 민주주의 임시 정부를 수립할 것
2. 미·소 공동 위원회의 속개를 요청하는 공동 성명을 발표할 것
3. 토지 개혁에 있어 몰수, 유조건 몰수, 체감 매상 등으로 토지를 농민에게 무상 분여하고 중요 산업을 국유화할 것
4. 친일파 및 민족 반역자 처리 문제는 장차 구성될 입법 기구에서 처리할 것
5. 남북 좌우의 테러적 행동을 일체 제지하도록 할 것
6. 입법 기구 기능과 구성 방법 및 운영 등은 본 합작 위원회에서 작성, 적극 실행할 것
7. 전국적으로 언론, 집회, 결사, 출판, 교통, 투표 등의 자유가 절대 보장되도록 노력할 것

→ 제1차 미·소 공동 위원회가 결렬되고 남한 내에서 이승만을 중심으로 단독 정부 수립론이 제기되는 가운데 여운형과 김규식이 중심이 되어 좌우 합작 운동을 전개하였다. 미군정도 신탁 통치 문제를 둘러싼 좌우 대립의 혼란을 막기 위해 이 운동을 적극적으로 지원하였다. 이후 좌우 합작 운동은 우여곡절 끝에 남북과 좌우 합작으로 임시 정부를 구성할 것 등을 내용으로 하는 좌우 합작 7원칙에 합의하면서 활기를 띠었으나, 이후 좌우파의 실질적인 합의로 이어지지는 못하였다.

- '좌우 합작 7원칙' 발표(1946. 10) : 모스크바 3국 외상 회의의 결정 지지, 친일파 처단, 토지 개혁 시행 등

ㄹ 결과
- 김구, 이승만, 한국 민주당, 조선 공산당 등 불참
- 냉전 체제 격화에 따른 미군정의 지원 철회, 좌 · 우익 세력의 이해관계 대립, 여운형 암살 등으로 중단(1947. 7)

⑤ 제2차 미 · 소 공동 위원회(1947. 5 ~ 1947. 10) : 자국에 우호적인 정부를 세우려는 미 · 소의 대립으로 결렬되었다. → 미국이 한반도 문제를 유엔으로 이관(1947. 9)

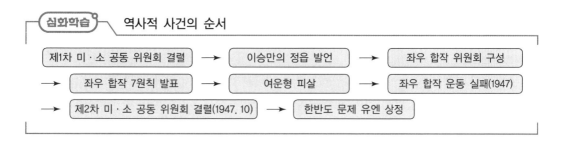

심화학습 역사적 사건의 순서

제1차 미 · 소 공동 위원회 결렬 → 이승만의 정읍 발언 → 좌우 합작 위원회 구성

→ 좌우 합작 7원칙 발표 → 여운형 피살 → 좌우 합작 운동 실패(1947)

→ 제2차 미 · 소 공동 위원회 결렬(1947. 10) → 한반도 문제 유엔 상정

03 대한민국 수립과 국가 체제의 정비

1 유엔의 총선거 실시 결의와 남북 협상

(1) 유엔의 한국 문제 결의

① 배경 : 미 · 소 공동 위원회의 결렬로 미국이 한반도 문제를 유엔에 상정하였다(1947. 9).

② 유엔 총회 결의(1947. 11)
ㄱ 유엔의 감시 아래 인구 비례에 따라 남북한 총선거를 실시하여 독립된 통일 정부를 수립하고자 하였다.
ㄴ 총선거 감시를 위해 유엔 한국 임시 위원단을 설치하기로 하였다.

③ 결과 : 한국에 유엔 한국 임시 위원단을 파견하였다(9개국 구성).

(2) 유엔 소총회 결의(1948. 2)

① 배경 : 소련의 유엔 한국 임시 위원단 입국 거부
② 결의안 : 가능한 지역만이라도 총선거를 실시하도록 결정하였다.
③ 결과 : 유엔 한국 임시 위원단이 남한 지역에서만 총선거를 실시하기로 결정하였다.
→ 남한만의 단독 정부 수립을 결정

2 단독 정부 수립 반대

(1) 남북 협상의 추진

① 배 경
㉠ 제2차 미·소 공동 위원회 결렬, 유엔의 단독 선거 실시 결정
㉡ 이승만과 한국 민주당 등의 우익 세력이 단독 정부 수립 운동을 추진하였다.
㉢ 소련군의 지원 아래 북조선 임시 인민 위원회가 출범하였다.

② 주도 세력 : 한국 독립당의 김구, 중도파인 김규식

③ 전개 : 남북한 정치 지도자 간의 회담(남북 협상)을 제안 → 양측이 제의를 수용 → 김구, 김규식 등이 평양을 방문하여 김일성과 김두봉과의 '남북 협상'을 개최(1948. 4) → 공동 성명 발표 → 사회주의 정부 수립을 염두에 둔 북한 측의 의도대로 실질적 성과 없이 끝남
※ 공동 성명 발표 : 미·소 양군 철수와 단독 정부 수립 반대, 총선거를 통한 통일 정부 수립 결의

④ 결 과
㉠ 김구와 김규식은 지속적으로 통일 정부 수립 운동을 전개하였다.
㉡ 유엔 한국 임시 위원단의 총선거 추진, 이승만과 한국 민주당의 협조 → 단독 정부 수립 분위기 형성 → 김구, 김규식 일행은 총선거 불참 → 남북 정부 수립 후에도 지속 → 단절 : 김구 암살(1949. 6), 김규식 납북(6·25 전쟁 때)

(2) 단독 정부 수립을 둘러싼 갈등

① 제주도 4 · 3 사건(1948)

　　㉠ 배경

　　　　• 좌익 세력(남로당 중심)의 단독 선거 실시 저지 활동

　　　　• 미군정에 대한 반감 심화

　　㉡ 전개 : 3 · 1절 기념 대회 시가 행진(1947) → 경찰의 발포 → 주민 총파업 → 미 군정청
　　　　이 경찰, 우익 단체를 동원하여 무력 탄압 → 제주도 좌익 세력과 일부 주민들이 단독
　　　　정부 수립 반대와 미군 철수를 주장하며 무장 봉기 → 일부 지역에서 5 · 10 총선거
　　　　무산(3개 중 2개 선거구) → 좌익 세력의 유격전 전개

　　㉢ 결과 : 군경의 초토화 작전으로 수만 명의 제주도민이 희생되었다.

② 여수 · 순천 10 · 19사건(1948)

　　㉠ 배경

　　　　• 정부 수립 후에도 제주도 좌익 무장 세력의 활동 지속

　　　　• 군대 내 좌익 세력의 활동

　　㉡ 전개 : 제주도 4 · 3 사건 진압을 위해 여수 주둔 군부대에 출동 명령 → 군부대 내의
　　　　좌익 세력이 제주도 출동 반대, 통일 정부 수립을 내세우며 봉기 → 여수 · 순천 일대
　　　　점령 → 이승만 정부의 토벌 작전으로 진압 → 군대 내의 좌익 세력 숙청, 반란군 일부
　　　　는 지리산에서 투쟁

　　　　　　　　　　　　　　　　　김구의 3천만 동포에게 읍고함(1948. 2)

우리가 기다리던 해방은 우리 국토를 양분하였으며, 앞으로는 그것을 영원히 양국의 영토로 만들 위험성을 내포하고 있
다. … 마음속의 38도선이 무너지고야 땅 위의 38도선도 철폐될 수 있다. … 나는 통일된 조국을 세우려다가 38도선을 베
고 쓰러질지언정 내 몸의 구차한 안일을 취하여 단독정부를 세우는 데는 협력하지 않겠다.

→ 한국 독립당의 김구와 민족 자주 연맹의 김규식 등은 남한만의 총선거가 결국 남북 분단을 초래할 것이라 여겨 이를 막기 위해
　이북에 남북한 정치 지도자 회담, 이른바 '남북 협상'을 제안하였다. 이북에서 제의를 받아들여 1948년 4월 평양에서 회담이 열렸
　다. 여기에서 단독정부 수립 반대, 미 · 소 양군의 철수를 요구하는 공동 성명이 채택되었다. 하지만 당시 형성된 냉전 체제의 벽
　을 넘기는 어려웠으며, 남한과 북한에서 각각 정부가 수립되면서 그 힘을 잃었다.

3 대한민국 정부의 수립

(1) 정부 수립 과정

① 5 · 10 총선거(1948. 5. 10) 중요⁺

    ㉠ 의의 : 우리나라 역사상 최초의 민주적 보통 선거 → 21세 이상 남녀의 직접 · 평등 · 비밀 · 보통 선거 원칙에 따름

    ㉡ 내용
- 제헌 국회의원을 지역별로 선출하였다(임기 2년, 198명).
- 제헌 국회의 구성 : 국호를 '대한민국'으로 결정, 헌법 제정

    ㉢ 한계 : 김구와 김규식 등 남북 협상 세력, 좌익 세력, 일부 중도 세력이 불참하였다.

② 제헌 헌법 공포(1948. 7. 17)

    ㉠ 대한민국 임시 정부의 법통을 계승한 민주 공화국으로, 대통령 중심제에 내각제 요소를 가미한 정부 형태로 구성하였다.

    ㉡ 제헌 국회에서 임기 4년의 대통령을 국회에서 간접 선거로 선출하고, 국회는 단원제이다. → 대통령 이승만, 부통령 이시영

    ㉢ 내각 : 이승만이 이범석을 국무총리로 임명하였다.

> **심화학습** 대한민국 제헌 헌법
>
> 제1조 대한민국은 민주 공화국이다.
> 제32조 국회는 보통, 직접, 평등, 비밀 선거에 의하여 당선된 의원으로 조직한다. 국회 의원의 선거에 관한 사항은 법률로서 정한다.
> 제53조 대통령과 부통령는 국회에서 무기명 투표로서 각각 선거한다.
> 제55조 대통령과 부통령의 임기는 4년으로 한다. 단, 재선에 의하여 1차 중임할 수 있다.

③ 대한민국 정부 수립(1948. 8. 15)

    ㉠ 대한민국 정부 수립 선포 : 미군정 종식 선언, 대한민국 정부에 정권을 넘김, 삼권 분립과 자유주의, 시장 경제 체제 채택

    ㉡ 유엔 총회에서 한반도의 유일한 합법 정부로 승인하였다(1948. 12. 12).

④ 의의 : 대한민국 임시 정부의 독립 정신 계승, 민주 공화정 수립

(2) 정부 수립 직후의 어려움

① 권력 분배를 둘러싼 한국 민주당과의 갈등, 김구 등과의 대립

② 소장파 국회 의원의 주한 미군 철수·친일파 처벌·토지 개혁 등 주장

→ 국회 내 반대 세력 제거, 반공 체제 강화

4 친일파 청산과 농지 개혁

(1) 친일파 청산을 위한 노력 중요⁺

① 배 경

㉠ 국민의 친일파 처단 요구가 증가하였다.

㉡ 광복 직후 미군정하에서는 친일파 처단에 대한 민족적 요구를 외면하였다.

→ 일제의 식민 통치 기구에서 일하던 관리와 경찰을 그대로 등용(친일 → 친미)

② 전개 : 제헌 국회에서 반민족 행위 처벌법을 제정·공포(1948. 9) → 반민족 행위 특별 조사 위원회 구성(반민특위, 1948. 10) → 특별 재판부 설치, 친일파 처벌 및 체포

박흥식, 노덕술, 최린, 최남선, 이광수 등

③ 실 패

㉠ 반공을 내세운 이승만 정부의 소극적 태도

㉡ 국회 프락치 사건(1949. 3) : 친일파 처단에 적극적인 국회의원들을 구속하였다.

㉢ 친일 경찰의 반민특위 사무실 습격 사건(6·6 사건)

㉣ 반민법 시효 단축 법안이 개정되어 통과하였다.

④ 결 과

㉠ 친일파의 방해와 시효 만료(1949. 8)로 반민 특위가 해체되었다.

㉡ 투옥된 친일파들은 대부분 석방되었고, 친일 잔재 청산은 좌절되었다.

바로 바로 CHECK√

1948년 '반민족 행위 처벌법'이 제정된 목적은?

❶ 친일파 처벌

② 경제 활성화

③ 남북 단일 정부 수립

④ 전근대적 신분제 철폐

| 국회 프락치 사건 | ▾ | 검색 |

국회의원 13명을 간첩 혐의로 체포·구속한 사건으로, 구속된 인물 중에는 친일파 처단을 강경하게 주장하던 소장파 의원들이 많았다.

(2) 농지 개혁 실시 중요⁺

① 배경 : 국민 대다수가 소작농, 국민들의 개혁 요구, 북한의 토지 개혁 실시(1946)

② 과정 : 농지 개혁법 공포(1949) → 개혁 실시(1950)

③ 의도 : 농촌 경제의 안정, 지주의 토지 자본을 산업 자본으로 전환

④ 원칙

　　㉠ 1가구당 3정보 이내로 소유를 제한하였다.

　　㉡ 국가가 유상 매입하여 농민에게 유상 분배하였
　　　고, 매입 시 정부는 지주에게 지가 증권을 발급
　　　하였다.

정보	▼	검색

1정보는 약 9,917m²로 한 변의 길이가 약 99.586m인 정사각형의 면적이다. 평수로는 약 3,000여 평에 해당한다.

⑤ 한계

　　㉠ 농지 개혁 이전에 지주들이 토지를 처분하여 개혁 대상 농지가 축소되었다.

　　㉡ 지가 증권의 현금화가 어려워 산업 자본 전환에 한계가 있었다.

　　㉢ 높은 토지 가격으로 농민들은 경제적 부담이 있었고, 지주들은 편법을 통해 토지를 매
　　　각하였다.

⑥ 의의 : 지주 중심의 토지 소유 폐지, 농민 중심의 토지 소유제 확립

알아두면 점수따는 역사 이야기　　　　　　　　　　　　　　　　　친일파 청산의 좌절

제3조 일본 치하 독립운동자나 그 가족을 악의로 살상 박해한 자 또는 이를 지휘한 자는 사형, 무기 또는 5년 이상의 징역에 처하고 그 재산의 전부 혹은 일부를 몰수한다.

제4조 다음의 각 호 하나에 해당하는 자는 10년 이하의 징역에 처하거나 15년 이하의 공민권을 정지하고 그 재산의 전부 혹은 일부를 몰수할 수 있다. [작위 상속자, 중추권 부의장 고문이나 참의·밀정·독립 방해 단체 조직 및 간부, 악질적인 군경의 관리, 군수 공업 책임 경영자, …… 종교·사회·문화·경제 기타 각 분야에서 침략정책 협력을 지도한 자]
　　　　　　　　　　　　　　　　　　　　　　　　　　　　　　　　　　　　－ 반민족 행위 처벌법(반민법)

→ 국회는 친일 민족 반역자를 처벌하기 위한 반민족 행위 처벌법을 통과시켜 반민족 행위 특별 조사 위원회(반민 특위)와 특별 재판부를 구성하였다(1948. 9). 반민 특위는 반민족 행위자를 선정하고 주요 인물들을 검거하였으나, 반공 우선 정책을 추구하고 있던 이승만은 이들의 활동에 부정적인 태도를 보였다. 결국 반민 특위의 활동은 유명무실화되었고, 친일 잔재 청산의 과제 해결은 좌절되고 말았다.

5 북한 정부의 수립

(1) 북조선 임시 인민 위원회 성립(1946. 2)

① 과정 : 소련군의 지원 하에 공산주의 세력이 실권을 장악 → 조만식 등 우파를 축출하고 김일성을 위원장으로 선출

② 사회주의 체제 구축

    ㉠ 토지 개혁(1946. 3) : 무상 몰수·무상 분배, 지주의 5정보 이상의 땅 몰수, 가족 수·노동력에 따라 분배

    ㉡ 주요 산업 국유화, 8시간 노동제 실시, 남녀 평등법 제정

    ㉢ 조선 인민군 창설(1948), 단독 정부 수립 준비, 겉으로는 남북 협상 개최

③ 결과 : 공산주의 체제 확립 → 친일파, 지주, 자본가, 종교인, 지식인 등이 남쪽으로 이동

(2) 조선 민주주의 인민 공화국 수립

① 총선거에 의해 최고 인민 회의 구성(1948. 8. 25)

② 조선 민주주의 인민 공화국 헌법 채택 → 초대 수상 김일성 중심의 내각 구성

③ 조선 민주주의 인민 공화국 수립(1948. 9. 9)

04 6·25 전쟁과 전후의 국가 재건

1 6·25 전쟁과 민족의 고통 중요⁺

(1) 6·25 전쟁의 배경

① 국제 정세의 변화 : 미국의 애치슨 선언(1950. 1)으로 태평양 지역 방위선에서 한국과 타이완은 제외되었다.

② 한반도의 정세

    ㉠ 북한

       • 유격대원을 남파하여 지리산, 태백산 일대의 무력 투쟁을 지원하였다.

• 38도선 일대에서 소규모 군사 충돌을 유도하였다.

• 조선 의용군을 받아들여 조선 인민군을 창설하였다.

• 소련과 군사 비밀 협정을 체결하여 무기를 도입하였다.

ⓒ 남한 : 주한 미군 철수(1949. 6), <u>남북 대립 심화, 남한 사회의 혼란</u>
38도선 부근의 잦은 충돌 발생

(2) 6·25 전쟁의 전개 과정

① **전쟁의 발발** : 북한군의 남침(1950. 6. 25) → 3일 만에 서울을 함락, 낙동강까지 후퇴, 정부는 부산으로 피란

② **경과** : 유엔군의 참전(1950. 7), 16개국 참전 → 낙동강을 사이에 두고 치열한 공방전 전개 → 국군과 유엔군의 인천 상륙 작전(1950. 9. 15) → 성공으로 서울 수복 → 압록강까지 진격 → 중국군의 개입(1950. 10. 25) → 서울 재함락 → 국군과 유엔군은 한강 이남까지 후퇴(1951. 1. 4 후퇴) → 서울 재탈환(1951. 3) → 38도선 근처에서 교착 상태

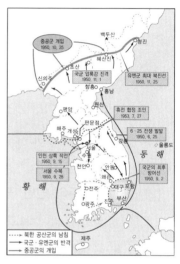

[6·25 전쟁의 전개]

③ **휴전 협정**

ⓐ 과정 : 소련이 유엔에서 휴전 제의(1951. 6) → 휴전 회담 개최(1951. 7) → 휴전 지연 → 남한의 반대에도 불구하고 미국과 북한이 휴전 협정을 체결(1953. 7. 27)

※ 휴전 지연 이유 : 남한 정부가 군사 분계선 설정 문제와 포로 송환 문제로 휴전 반대, 북진 통일 주장

ⓑ 내용 : 비무장 지대 설치, 군사 정전 위원회 설치, 중립국 감독 위원회 설치 등

ⓒ 영향

• 한·미 상호 방위 조약(1953. 10. 1) 체결로 미군이 한국에 주둔하였다.

• 북한에 대한 중국의 영향력이 강화되었다.

> **한·미 상호 방위 조약** ▾ 검색
>
> 1953년 10월 1일 체결되고 1954년 11월 18일 발효된 한국과 미국 간의 상호 방위 조약으로, 이 조약에 따라 미국은 한반도에 무력 충돌이 발생할 때 국제 연합의 결정을 거치지 않고도 직접 개입할 수 있게 되었다.

(3) 6·25 전쟁의 결과

① **피해** : 국토의 황폐화, 많은 인명·재산 피해, 전쟁고아와 이산가족 발생, 전통 문화 붕괴

② **분단의 고착화** : 남북한 상호 적대감 심화 → 분단 체제가 더욱 굳어짐

③ 남북한 독재 체제의 강화 : 분단 상황을 정권 유지에 이용하였다.

　㉠ 남한 : 이승만 정부는 반공을 이용하여 독재 정권을 강화하였다.

　㉡ 북한 : 김일성은 남로당계 지도급 인물(박헌영)을 숙청하면서 독재 체제를 강화하였다.

2 반공 체제와 독재의 강화

(1) 이승만 정부의 집권 상황

① 이승만 정부의 실정 : 친일파 청산과 농지 개혁에 소극적으로 대처하여 민심이 이탈하였다.

② 반공 정책 추진

　㉠ 건국 직후 북진 통일을 주장하였다.

　㉡ 6·25 전쟁 중 반공 포로를 석방하였다.

　㉢ 반공을 명분으로 정치적 반대 세력을 탄압하고, 독재 체제를 강화하였다.

(2) 이승만 정부의 장기 집권 시도를 위한 헌법 개정

① 발췌 개헌(1952)

　㉠ 배경 : 1950년 제2대 국회 의원에 이승만 정부에 비판적인 세력인 무소속이 국회에 많이 진출 → 국회의 간접 선거에 의한 이승만의 재선이 어려워짐

　㉡ 과정 : 이승만 정부가 국회에 제출한 직선제 개헌안 부결 → 무소속 의원들이 국회에 내각제 개헌안 제출 → 이승만 정부가 비상계엄 선포 → 자유당이 대통령 선출 방식을 대통령 직선제에 내각 책임제를 가미한 발췌 개헌안을 국회에 제출 → 공포 분위기와 기립 투표 방법을 통해 만장일치로 국회 통과 → 국민의 직접 선거로 이승만의 재선 성공(1952)

② 사사오입 개헌(1954)

　㉠ 배경 : 이승만과 자유당이 3대 국회 의원 선거에서 압승한 이후 권력을 계속 장악하기 위해 초대 대통령에 한하여 연임 제한을 철폐하자는 개헌안을 국회에 제출하였다.

사사오입 개헌	▼	검색

당시 국회 의원의 재적수 203명의 2/3인 135.33…명, 즉 136명의 찬성을 얻어야 개헌안이 통과될 수 있었으나, 투표 결과 135명이 찬성했으므로 이 개헌안은 부결되었다. 그러나 이틀 뒤 '사사오입', 즉 반올림하면 재적수의 2/3가 135가 된다는 기괴한 논리를 내세워 통과를 선언하였다.

ⓒ 과정 : 표결 결과 1표 부족으로 부결 → 자유당이 내세운 사사오입의 논리로 개헌안 통과 → 이승만의 3선 성공, 민주당의 장면이 부통령으로 당선(1956)

(3) 이승만 정부의 독재 체제 강화

① 진보당 탄압(1958) : 제3대 대통령 선거에서 이승만(자유당)이 당선된 후, 진보당(당수 조봉암)을 탄압하였다. → 진보당 사건

진보당 사건	▾	검색
제3대 대통령 선거에서 크게 선전한 진보당의 당수 조봉암을 제거하기 위해 그를 간첩 혐의로 체포(1958)하고 처형(1959)한 사건		

② 신국가 보안법 제정(1958) : 반공 체제 강화를 내세우며 야당을 탄압하였다.

③ 경향 신문의 폐간(1959) : 정부에 비판적인 언론을 탄압하였다.

3 국가 재건과 국민 생활

(1) 전쟁 복구와 미국의 원조 경제

① 경제 재건 사업

ㄱ 배경 : 전쟁으로 제조업 생산 시설 파괴, 물가 상승 가속화

ㄴ 내용 : 적자 재정 보충, 공업화 추진

ㄷ 한계 : 생산재와 원료의 수입 의존, 농업 분야의 복구 미흡, 미국에 대한 종속 심화

② 미국의 경제 원조

ㄱ 목적 : 전쟁의 피해 복구, 경제 불안 진정, 공산주의 확산 방지, 미국 내 농산물 과잉 생산으로 인한 농업 생산물 수출

ㄴ 내용

• 소비재 산업 원료 원조 : 섬유 공업(면방직, 모방직)과 식품 공업(제당, 제분)의 원료 원조 → 시멘트 공장과 비료 공장 건설 → 1950년대 이후 삼백(三白) 산업 발달, 소비재 산업 발달
    제분, 제당, 면방직 공업

• 농산물 중심의 원조 : 미국의 잉여 농산물 도입, 국내 농산물 가격 하락 → 국내 농업 기반 파괴

ㄷ 변화 : 1950년대 후반 미국의 경제 원조액 삭감 및 유상 차관으로 전환 → 경제 불안, 이승만 정부는 생산재 공업에 투자

③ 귀속 재산의 처리

    ㉠ 미군정은 일본인 소유의 토지와 기업을 귀속 재산으로 이승만 정부에게 넘겼다.

    ㉡ <u>기업체의 민간 불하</u>, 기업체에 원조 물자 배정

        6·25 전쟁을 전후하여 재산 대부분을 일반인에 매각

불하	검색
국가나 공공 단체의 재산을 민간에게 팔 아넘기는 일	

      → 자본주의 정착, 독점 자본가로 성장(재벌 등장), 정

        경 유착

(2) 사회 구조의 변화와 자유주의 확산

① 인구의 증가 : 6·25 전쟁 이후 도시로의 인구 집중, 북한 주민의 월남, 농촌에서 도시로 인구 이동, 휴전 이후 '베이비 붐' 현상 등

② 서구식 문화의 유입 : 미국식 소비 문화와 대중 문화 확산

③ 자유 시장 경제의 확산 : 개인의 자유로운 경제 활동 보장

④ 교육의 보급 : 초등 의무 교육 실행(1948)

⑤ 한글 학회 창립 : 국어 연구 재개, 국사 편찬 위원회·진단 학회 → 한국학 연구

⑥ 과학 기술 : 우장춘 박사의 채소와 감귤 개량 → 식생활 향상에 이바지

4   1950년대 북한의 변화

(1) 김일성 독재 체제의 강화

① 6·25 전쟁 ~ 전쟁 직후 : 소련파와 연안파, 패전의 책임을 물어 남로당 세력(박헌영) 축출

    ㉠ 소련파 : 광복 후 소련이 북한 통치를 위해 정책적으로 양성한 인물들

    ㉡ 연안파 : 1940년대 중국 화북 지방에서 조선 독립 동맹과 그 산하에 조선 의용군을 조직하고 무장 항일 투쟁을 전개했던 세력

② 8월 종파 사건(1956) : 반김일성파 숙청 → 인민들에 대한 사상 교육 강화

8월 종파 사건	검색
전후 복구 노선과 김일성 개인 숭배를 둘러싸고 김일성파와 반김일성파(연안파와 일부 소련파)가 대립하여 권력 투쟁으로 비화된 사건이다. 그 결과 반김일성파는 당직을 박탈당하였으며, 이들 중 상당수가 소련과 중국으로 망명하였다.	

(2) 사회주의 경제 체제 확립

① 전후 복구 사업 : 중공업 위주의 발전, 경제 부흥 3개년 계획(1954 ~ 1956), 제1차 경제 개발 5개년 계획(1957 ~ 1961) 추진

② 협동 농장화 : 농업의 협동화를 통해 모든 농토를 협동조합이 소유하였고, 사유 재산제를 부정하였다. → 사회주의 경제 체제 확립

③ 천리마 운동(1957) : 대중의 정신력을 강화하여 노동 생산성을 높이고자 하였다.
→ 사회주의 노동 강화 운동이자 사상 개조 운동

---

05 냉전 체제와 국제 질서의 변화

1 냉전 체제의 완화와 동아시아 사회의 변화

(1) 냉전 체제의 완화(데탕트)

① 배경 : 6 · 25 전쟁의 휴전과 스탈린의 사망

② 전개 : 흐루쇼프의 평화 공존 제시 → 베를린 장벽(1961 ~ 1989) 설치, 쿠바 미사일 위기 등 미 · 소 긴장 → 핵 확산 금지 조약 조인, 닉슨 독트린 발표 등 긴장 완화

(2) 제3세계의 등장

① 특징 : 반식민주의, 비동맹 중립주의, 평화 공존 추구

② 제3세계 : 미국을 비롯한 자본주의 진영(제1세계)과 소련을 비롯한 사회주의 진영(제2세계)의 대립에 반대하며 어느 쪽에도 가담하지 않은 개발도상국들을 의미한다.

③ 형성 과정

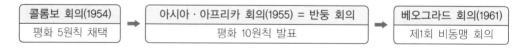

콜롬보 회의(1954)	→	아시아 · 아프리카 회의(1955) = 반둥 회의	→	베오그라드 회의(1961)
평화 5원칙 채택		평화 10원칙 발표		제1회 비동맹 회의

(3) 중국의 변화

① **문화 대혁명**(1966 ~ 1976) : 대약진 운동의 실패, 실
용주의 세력의 실권 장악 → 홍위병 조직, 마오쩌둥
의 권력 강화 → 중국의 전통과 문화유산 파괴 및 사
회 혼란 심각

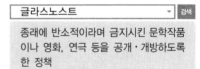

> **홍위병**   검색
> 마오쩌둥의 급진적 혁명 사상을 지지하는
> 학생, 청년층으로 구성된 준 군사 조직

② **개혁과 개방** : 마오쩌둥 사후 덩샤오핑이 추진(자본주의 시장 경제 요소 도입) → 관료들의
부정부패, 환경오염, 빈부 격차 심화 → 톈안먼 사건(1989, 민주화 요구 무력 진압), 강대
국으로 급부상

(4) 일본의 변화

① **성장** : 6 · 25 전쟁과 베트남 전쟁 등의 전쟁 특수 및 미국의 핵우산 아래 경제 번영과 국
제적 지위 신장

② 1955년 자민당 결성으로 보수 지배 체제를 구축하였다.

③ 1980년대 말부터 경기 침체, 군사 대국화의 움직임, 주변국과의 갈등이 시작되었다.

2 사회주의권의 붕괴와 국제 질서의 변화

(1) 사회주의권의 붕괴

① **소련의 해체** : 고르바초프의 개혁(페레스트로이카) ·
개방(글라스노스트) 정책 → 군부의 쿠데타로 위기
→ 소련 해체(옐친, 독립 국가 연합 구성, 1991)

> **글라스노스트**   검색
> 종래에 반소적이라며 금지시킨 문학작품
> 이나 영화, 연극 등을 공개 · 개방하도록
> 한 정책

② **동유럽의 자유화와 민족주의 열풍** : 동유럽 국가에서
공산주의 정권 붕괴, 동서독 통일, 민족 · 종교 · 문화적 갈등으로 인한 무력 충돌 발생(발
칸 반도)

(2) 국제 질서의 변화

① 자유 무역 체제 확산

    ㉠ 세계 무역 기구(WTO) 출범(1905)

    ㉡ 양자 간 자유 무역 협정(FTA) 체결

② 지역별 경제 블록화

    ㉠ 유럽 연합(EU) : 마스트리흐트 조약 체결, 단일 통화 및 정치·경제 통합 구상

        ※ 유럽 석탄 철강 공동체(ECSC, 1952) → 유럽 경제 공동체(EEC, 1958) → 유럽 공동체(EC, 1967)
             → 유럽 연합(EU, 1993)

    ㉡ 북미 자유 무역 협정(NAFTA)

    ㉢ 동남아시아 국가 연합(ASEAN)

    ㉣ 아시아·태평양 경제 협력체(APEC)

06 　민주주의의 시련과 발전

1 　4·19 혁명과 장면 내각

(1) 4·19 혁명(1960) 중요⁺

    ① 배경 : 이승만 정부의 장기 독재 체제, 자유당의 독
        _{발췌 개헌, 사사오입 개헌}
    재, 이승만 정부의 부정부패, 사회·경제적 불안 등

    ② 발단 : 3·15 부정 선거

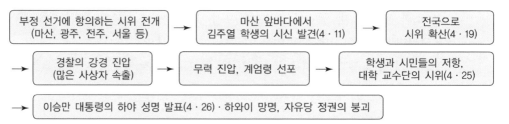

3·15 부정 선거 ▼ 검색

1960년 4대 정·부통령 선거에서 이승만 정부와 자유당이 대대적인 부정 선거 자행 → 이기붕의 부통령 당선을 목표로 부정 선거 자행

    ③ 과정

부정 선거에 항의하는 시위 전개 (마산, 광주, 전주, 서울 등)	→	마산 앞바다에서 김주열 학생의 시신 발견(4·11)	→	전국으로 시위 확산(4·19)

→	경찰의 강경 진압 (많은 사상자 속출)	→	무력 진압, 계엄령 선포	→	학생과 시민들의 저항, 대학 교수단의 시위(4·25)

→	이승만 대통령의 하야 성명 발표(4·26)·하와이 망명, 자유당 정권의 붕괴

    ④ 결과

    ㉠ 허정의 과도 정부 수립 : 3·15 선거 무효화, 총선거 재선거 실시 결정

    ㉡ 헌법 개정 : 내각 책임제와 양원제 국회를 골자로 하는 개헌안(3차 개헌안)을 마련하
    였다. → 장면 내각 성립

⑤ 의의 : 우리나라 최초의 민주화 운동, 독재 타도를 위한 학생과 시민 중심의 민주 혁명, 민주주의 발전의 초석 마련

(2) 장면 내각의 성립(1960 ~ 1961)

① 성립

㉠ 개정 헌법에 따라 총선거 실시 : 민주당 압승 → 양원제(민의원, 참의원)

㉡ 장면 내각 구성 : 국무총리 장면, 대통령 윤보선 선출 → 제2공화국 수립

② 주요 정책 : 민주주의의 발전 → 사회 혼란

㉠ 국정 과제 : 독재 잔재 청산, 민주주의의 실현, 경제 재건과 경제 개발, 남북 관계 개선

㉡ 언론 활동 보장 : 국가 보안법 개정, 경향신문 복간, 언론사 허가제를 등록제로 개정

㉢ 노동 조합 운동 : 교원·노동자 조합 등 각종 노동 조합 결성과 조직의 내부적 개편

㉣ 지방 자치제 실시, 국토 개발 사업 착수, 경제 개발 5개년 계획안 마련

㉤ 통일 운동의 활성 : 북진 통일론 → 중립화 통일론, 남북 협상론, 남북 교류론 등

㉥ 반민주 세력을 처벌하기 위한 법 제정(4차 개헌)

바로 바로 CHECK√

다음에 해당하는 사건은?

• 원인 : 3·15 부정 선거(1960년)
• 결과 : 허정 과도 정부, 내각 책임제, 양원제 국회

❶ 4·19 혁명
② 10·26 사태
③ 5·18 민주화 운동
④ 6월 민주 항쟁

알아두면 점수따는 역사이야기   3·15 부정 선거 지시 비밀 지령(요약)

1. 4할 사전 투표 : 투표 당일의 자연 기권표와 선거인 명부의 허위로 기재한 유령 유권자표, 금전으로 매수하여 기권하게 한 기권표 등을 그 지역 유권자의 4할 정도씩 만들어, 투표 시작 전에 자유당 후보에게 기표하여 투표함에 미리 넣도록 할 것

2. 3인조 또는 9인조 공개 투표 : 자유당 후보에게 미리 투표하도록 미리 공작한 유권자로 하여금 3인 또는 9인의 팀을 편성시켜서, 그 조장이 조원의 기표 상황을 확인하고 나서 다시 각 조원이 기표한 투표용지를 자유당 측 선거 운동원에게 제시하고 투표함에 넣도록 할 것

3. 완장 부대의 활용 : 자유당 측 유권자에게 '자유당'이라는 완장을 착용시켜 투표소 부근 분위기를 자유당 일색으로 만들어 야당 성향의 유권자에게 심리적인 압박을 주어 자유당에 투표하게 할 것

4. 야당 참관인 축출 : 민주당 측 참관인을 매수하여 투표 참관을 포기시키거나 그것이 여의치 않을 때는 적당한 구실을 만들어 투표소 밖으로 축출할 것

→ 1960년 3월 15일 제4대 대통령 선거에서 자유당은 민주당이 폭로한 바와 같이 4할 사전 투표, 3인조·9인조 투표, 유권자 명부 조작, 완장 부대를 동원한 위협, 야당 참관인 축출, 투표함 바꿔치기, 투표 계산서 조작 등 기상천외한 부정 선거 방법을 동원하였다. 개표 과정에서 이승만의 표가 100%에 육박하는 결과가 나오자 이를 79%로 조정하기도 하였다.

③ 한 계

   ㉠ 민주당의 내분 심화 : 윤보선의 구파 vs 장면의 신파 → 민주당 구파가 신민당 결성

   ㉡ 각종 개혁 부진, 부정 축재자와 부정 선거 책임자 처벌 소홀, 민간 차원의 통일 논의 금지 → 사회적 혼란 수습에 실패, 각계각층의 요구에 대응하지 못함

2 박정희 정부와 유신 체제 중요⁺

(1) 5·16 군사 정변과 군사 정권의 수립(1961)

① 배경 : 장면 정부의 무능과 사회 혼란 구실로 군사 정변을 일으켰다.

② 경과 : 혁명 공약 발표 → 국가 재건 최고 회의(초헌법적 기구, 입법·행정·사법의 3권 행사)를 구성하여 군정 실시

③ 군정의 실시 내용 : 반공을 국시로 강조, 민생 안정과 부정부패 일소 표방

   ㉠ 경제 제일주의 정책 : 경제 개발 5개년 계획 추진(1962)

   ㉡ 부정 축재자 처벌, 농어촌 고리채 정리, 농산물 가격 안정, 화폐 개혁 → 큰 성과 없음

   ㉢ 국회와 정당 및 사회단체 해산, 정치인들의 활동 금지, 언론 탄압 및 언론인 구속

   ㉣ 중앙정보부 설치, 반공 정책 강화

④ 결과 : 민주 공화당 창당 → 헌법 개정 → 제5대 대통령 선거에서 박정희 대통령 당선
                     대통령 중심제, 단원제

(2) 박정희 정부(제3공화국)

① 한·일 국교 정상화(1965)

   ㉠ 목적 : 경제 개발에 필요한 자본 확보, 미국의 압박

   ㉡ 과정 : 김종필(중앙정보부장)과 오히라(일본 외무대신) 간에 비밀 회담 진행(1962) → 차관 제공 합의 → 6·3 시위(1964, 굴욕적 대일 외교 반대 시위) → 정부가 비상 계엄령, 위수령, 휴교령 선포하여 억제 → 한·일 협정 체결(1965. 6)

> **계엄령, 위수령** ▼ 검색
> - **계엄령** : 국가 비상사태 때 대통령(최고 통치권자)이 법률에 따라 선포하는 것으로, 계엄령이 선포되면 일정한 지역의 행정권과 사법권의 전부 또는 일부를 군이 맡아 다스리게 돼 있다.
> - **위수령** : 군부대가 계속해서 일정한 지역에 주둔하여 그 지역의 경비, 질서 유지, 군대의 규율 감시와 군에 딸린 건축물과 시설물 따위를 보호하도록 규정한 대통령령이다. 주로 시민의 정치적 활동을 억압하기 위한 군 출동의 방편으로 활용되었다.

ⓒ 내용 : 독립 축하금 3억 달러, 정부 차관 2억 달러, 3억 달러 이상의 상업 차관 제공

ⓔ 결과 : 한·미·일 공동 안보 체제 형성, 경제 개발 계획 추진에 필요한 자금 확보

ⓜ 문제점 : 식민 지배에 대한 사죄나 배상 없이 경제 개발에 필요한 자본 마련에만 집중하였다.

② 베트남 파병(1965 ~ 1973)

ㄱ 전개 : 미국이 파병의 대가로 전력 증강과 차관 원조를 약속하였다(브라운 각서).

ㄴ 영향 : 베트남 건설 참여(특수)로 경제 발전에 기여, 한·미 동맹 관계 강화, 경제 개발 관련 기술 및 차관 확보, 한국군의 현대화를 위한 장비 획득

ㄷ 문제 : 사망자와 부상자의 발생, 고엽제 후유증, 민간인 학살, 라이따이한 등의 문제가 발생하였다.

베트남 여성과 한국 남성의 2세

③ 3선 개헌(1969)

ㄱ 명분 : 경제 발전과 국가 안정 → 여·야의 극심한 대립과 갈등

ㄴ 결과 : 장기 집권을 위해 대통령의 중임 제한 규정 완화 → 국민 투표로 개헌안 확정 → 3선 허용, 박정희가 당선 (1971)되어 장기 집권

바로 바로 CHECK✓

다음 정책을 실시한 정부는?

• 베트남 파병
• 한·일 국교 정상화
• 외국 차관 도입
• 경제 개발 5개년 계획 실시

① 이승만 정부 　❷ 박정희 정부
③ 김대중 정부 　④ 노무현 정부

(3) 유신 체제(1972 ~ 1979)

① 배경 : 미국과 소련의 냉전 체제 완화(닉슨 독트린), 주한 미군 일부 철수, 국제 경제의 불황으로 국내 경기 침체, 국민의 불만 고조, 야당의 정치적 성장

유신 　　　　　　　검색
낡은 제도를 고쳐 새롭게 한다는 뜻

② 명분 : 국가 안보와 지속적인 경제 성장, 평화 통일을 위한 정치적 안정

→ '한국적 민주주의'라고 선전하면서 대통령 권한 극대화

알아두면 점수따는 역사이야기　　　　　　　　유신 헌법(1972. 10. 17)

제39조 대통령은 통일 주체 국민 회의에서 토론 없이 무기명 투표로 선거한다.
제53조 대통령은 천재지변 또는 중대한 재정·경제상의 위기에 처하거나, 국가의 안전 보장 또는 공공의 안녕질서가 중대한 위협을 받거나 받을 우려가 있어 신속한 조치를 할 필요가 있다고 판단할 때에는 …… 긴급 조치를 할 수 있다.

③ 과정 : 국가 비상사태 선언(1971) → 비상 계엄 선포, 국회 해산, 정당 및 정치 활동 금지 → 대통령 중임 제한 철폐 → 10월 유신 선포(1972. 10) → 헌법 개정 → 유신 헌법 제정, 박정희 대통령 당선

④ 유신 헌법의 내용(제4공화국)

  ㉠ 대통령 간선제 실시 : '통일 주체 국민 회의'에서 간접 선거로 대통령을 선출한다.
    → 임기 6년 및 횟수 무제한

  ㉡ 의회와 사법부 통제 : 대통령에게 국회의원의 1/3 임명권과 국회 해산권, 법관 인사권을 부여한다.

  ㉢ 긴급 조치권 부여 : 대통령에게 각종 법의 효력을 정지시킬 수 있는 초헌법적인 권한을 부여한다. → 국민 기본권을 탄압하고, 민주주의의 원칙을 무시한 독재 체제

⑤ 유신 체제에 대한 저항 : 재야 인사 및 학생들의 개헌 청원 100만 인 서명 운동(1973), 3·1 민주 구국 선언문(1976) 등

⑥ 민주화 운동 탄압 : 긴급 조치로 헌법에 대한 논의 금지, 김대중 납치 사건(1973), 민청학련 사건(1974), 인혁당 사건(1974), 군사 통치 강화 등

⑦ 붕괴 : 인권 탄압으로 국제 여론 악화, 제2차 석유 파동과 중화학 공업 과잉 투자로 인한 경제적 위기, YH 무역 사건(→ 김영삼이 국회에서 제명됨) → 부·마 항쟁 → 10·26 사태(1979, 중앙정보부장이었던 김재규에 의해 박정희 피살)

심화학습 민청학련 사건, 인혁당 사건

  민청학련 사건은 1974년 4월 전국 민주 청년 학생 총연맹을 중심으로 약 180명의 학생들이 폭력으로 정부를 전복하기 위한 민중 봉기를 획책하였다고 주장하며, 이들을 구속·기소한 사건이다. 중앙정보부는 배후에 북한의 지령에 따라 국가 전복을 노리는 인민 혁명당이란 지하 조직이 존재한다고 조작하고 관련자들을 구속·기소하였는데, 이를 인혁당 사건(인민 혁명당 재건 위원회 사건)이라 한다.

3 전두환 정부와 6월 민주 항쟁

(1) 5 · 18 민주화 운동(1980) 중요⁺

① 배 경

㉠ 10 · 26 사태 이후 최규하가 통일 주체 국민 회의에서 대통령에 당선되었다.

㉡ 12 · 12사태(1979) : 전두환, 노태우 등을 중심으로 한 신군부가 군사 반란을 일으켜 실권을 장악하였다.

㉢ 서울의 봄(1980. 5. 17) : 시민들의 민주화 요구 표출 → 유신 헌법 폐지, 비상계엄 해제와 신군부 퇴진 요구 → 신군부의 계엄령 전국 확대

② 전개 : 광주에서 계엄령 확대에 저항하는 학생 시위 발생 → 계엄군의 공수 부대의 폭력 진압 · 발포 → 시민군 조직, 계엄군과 대치 → 계엄군의 무력 진압(5 · 27), 다수의 사상자 발생

③ 의 의

㉠ 1980년대 이후 우리나라 반독재 민주화 운동의 토대가 되었다.

㉡ 자유 민주주의 헌정 체제의 회복을 요구하였다.

(2) 전두환 정부(1981 ~ 1988)

① 권력 장악

㉠ 5 · 18 민주화 운동을 진압한 후 정권을 장악하였다.

㉡ 국가 보위 비상 대책 위원회(국보위)라는 초헌법적 기구를 조직하여 입법 · 사법 · 행정권을 장악하였다.

② 헌법 개정 : 유신 헌법에 의해 전두환 대통령 선출 → 헌법 개정(대통령 선거인단에 의한 대통령 간접 선거, 7년 단임제) → 전두환이 다시 대통령에 당선(1981, 제5공화국)

알아두면 점수따는 역사이야기   5 · 18 민주화 운동

우리는 왜 총을 들 수밖에 없었는가? 그 대답은 너무 간단합니다. 너무나 무자비한 만행을 더는 보고 있을 수만 없어서 너도나도 총을 들고 나섰던 것입니다. …… 정부 당국에서는 17일 야간에 계엄령을 확대 선포하고 …… 18일 오후부터 공수 부대를 대량 투입하여 시내 곳곳에서 학생, 젊은이들에게 무차별 살상을 자행하였으니! …… 20일 밤부터 계엄 당국은 발포 명령을 내려 무차별 발포를 시작했다는 것입니다. ……   – 광주 시민군 궐기문(1980. 5. 25)

③ 주요 정책

㉠ 강압 정책 : 언론 통폐합, 삼청 교육대 설치, 각종 민주화 운동과 노동 운동 탄압
→ 박종철 고문 치사 사건, 이한열 사건, 김대중 내란 음모 사건 등

㉡ 유화 정책 : 교복·두발 자율화, 해외 여행의 자유화, 야간 통행 금지 해제, 프로 야구 출범, 88 서울 올림픽 대회 유치 등

(3) 6월 민주 항쟁(1987) 중요⁺

① 배경 : 민주화 운동의 활성화로 5·18 민주화 운동 책임자 처벌, 대통령 직선제 개헌을 요구하였다.

② 전개 : 부천 경찰서의 성고문 사건, 박종철 고문치사 사건을 계기로 학생과 시민들이 전두환 정권의 퇴진 요구 → 전두환 정부의 4·13 호헌 조치(헌법을 그대로 유지) → 이한열 학생이 최루탄 피격으로 사망 → 6·10 국민 대회(호헌 철폐 요구, 독재 타도)

③ 결과 : 6·29 민주화 선언 발표 → 5년 단임의 대통령 직선제 개헌

> **바로 바로 CHECK√**
>
> 다음의 역사적 사실을 순서대로 나열한 것은?
>
> ㉠ 4·19 혁명
> ㉡ 5·18 민주화 운동
> ㉢ 6월 민주 항쟁
>
> ❶ ㉠ → ㉡ → ㉢   ② ㉠ → ㉢ → ㉡
> ③ ㉡ → ㉠ → ㉢   ④ ㉢ → ㉡ → ㉠

4 민주주의의 발전과 과제

(1) 노태우 정부(1988 ~ 1993)

① 성립 : 야당의 후보 단일화 실패로 민주 정의당의 노태우 당선, 여소야대 정국

② 민주 자유당 창당 : 노태우의 민주 정의당, 김영삼의 통일 민주당, 김종필의 신민주 공화당
→ 3당 합당

③ 북방 외교 : 서울 올림픽 개최(1988) 이후 소련(1990)·중국과의 수교(1991), 남북한 유엔 동시 가입(1991) → 사회주의 국가와 국교 체결

(2) 김영삼 정부(1993 ~ 1998)

① 성립 : 민주 자유당의 김영삼 당선 → 문민정부 수립

② 정책 : 공직자 재산 등록, 공직자 윤리법 제정, 금융 실명제, 부동산 실명제, 지방 자치제(1995) 전면 실시, 역사 바로 세우기 운동

> **역사 바로 세우기 운동** ▾ 검색
> 12 · 12 사태와 5 · 18 민주화 운동 진상 조사를 통해 전두환과 노태우를 구속함
> → 반란 및 내란죄 혐의

③ 경제 협력 개발 기구(OECD)에 가입하였다.

④ 외환 위기 초래(1997) : 국제 통화 기금(IMF)으로부터 긴급 금융을 지원받았다.

(3) 김대중 정부(1998 ~ 2003)

① 성립 : 최초의 평화적(수평적) 여야 정권 교체로 김대중 당선 → 국민의 정부 표방

② 정책 : 기업 구조 조정과 부실 기업 정리 등으로 외환 위기 조기 극복, 민주주의와 시장 경제의 병행 발전 표방

③ 대북 관계 개선 **중요⁺** : 대북 화해 협력 정책(햇볕 정책) 추진, 금강산 관광, 6 · 15 남북 정상 회담 개최(2000), 노벨 평화상 수상

(4) 노무현 정부(2003 ~ 2008)

① 성립 : 참여정부, 국민과 함께하는 민주주의 실현 표방

② 대통령 탄핵 사태 발생(2004) : 선거 중립 의무 위반 문제 → 헌법 재판소에서 탄핵 소추안 기각 결정을 내림으로써 사태 종결

③ 성과 : 정경 유착 단절, 권위주의 청산, 과거사 정리

④ 정책 논란 : 행정 수도 이전 문제, 한 · 미 FTA 체결 등

⑤ 대북 화해 협력 정책을 계승하여 제2차 남북 정상 회담을 개최하였다(2007).

(5) 이명박 정부(2008 ~ 2013)

① 성립 : 여야의 정권 교체로 당선

② 활기찬 시장 경제, 성숙한 세계 국가를 국정 지표로 삼았다.

③ 선진 20개국 정상 회담(G20)을 개최하였다(2010).

07 경제 발전과 사회 · 문화의 변화

1 경제의 발전

(1) 경제 개발 5개년 계획의 추진(정부 주도)

① 장면 내각 : 경제 개발 5개년 계획안 마련 → 5 · 16 군사 정변으로 중단

② 박정희 정부 : 경제 개발 5개년 계획 추진, 제4차까지 추진

　　㉠ 제1, 2차 경제 개발 5개년 계획(1962 ~ 1971)

　　　• 내용 : 수출 주도형의 성장 우선 정책 추진, 노동 집약적인 <u>경공업</u> 중심, 외자 도입
　　　　　　　　　　　　　　　　　　　　　　　　　　　　_{의류, 신발, 합판} 　　　의류, 신발, 합판
　　　　노력, 기간 산업 및 사회 간접 자본 확충, 경부 고속 국도 개통(1970)

　　　• 결과 : 경공업 제품의 수출 증가, 베트남 파병에 따른 특수로 큰 성과

　　　• 위기 : 정부가 기업을 지원하여 고도 성장 유지 → 국민들의 금융 부담 증가, 노동자
　　　　들의 저임금, 1960년대 말 원리금 상환 부담으로 위기

　　㉡ 제3, 4차 경제 개발 5개년 계획(1972 ~ 1981)

　　　• 내용 : <u>중화학 공업 육성</u>, 새마을 운동(1970) 병행, 중동 건설 산업에 진출, 수출 주
　　　　　　포항 · 광양 제철소, 울산 · 거제 조선소 건설
　　　　도형 지속

　　　• 결과 : 1차 산업의 비중 축소, 2 · 3차 산업의 비중 증가

　　　• 위기 : 2차례 석유 파동(1973, 1978)으로 경제 위기

③ 성과 : 고도의 경제 성장을 통한 국민 소득 증가, 신흥 공업국으로 부상
　　→ '한강의 기적' 이룩

④ 문제점

　　㉠ 빈부 격차 심화

　　㉡ 도시와 농촌의 격차 심화

　　㉢ 미국 · 일본 등 경제의 대외 의존도 심화

　　㉣ 저임금 · 저곡가 정책으로 농촌 피폐

　　㉤ 노동 운동 탄압

　　㉥ 재벌 중심의 경제 구조 형성

　　㉦ 정경 유착

ⓞ 외채 급증

ⓩ 공해 문제

(2) 1980년대 이후의 한국 경제

① **전두환 정부** : 중화학 공업에의 과잉 투자와 제2차 석유 파동으로 경제 위기 → 1980년대 중반 이후 3저 호황으로 수출이 크게 증가하여 경제 위기 극복 → 반도체, 자동차, 전 _{저금리 · 저유가 · 저달러} 자 제품 등 기술 집약형 산업이 성장 주도 → 경제 성장에 따라 증가한 중산층과 근로자가 6월 민주 항쟁(1987)에 참여

② **김영삼 정부**

㉠ 신경제 5개년 계획 추진

㉡ 금융 실명제 실시

㉢ 경제 협력 개발 기구(OECD) 가입

㉣ 무역 적자 지속, 금융 기관의 부실, 재벌의 방만한 기업 운영, 외국 자본의 이탈 등으 로 인해 외환 위기 초래(1997) → 국제 통화 기금(IMF)의 긴급 구제 금융 지원

③ **김대중 정부** : 금 모으기 운동, 노사정 위원회 구성, 신자유주의 경제 정책 추진으로 강도 높은 구조 조 정과 대외 개방 정책, 수출과 무역 흑자 증가, 벤처 기업 창업 등으로 국제 통화 기금 관리 체제 극복 (2001) → 그러나 빈부 격차 심화

> **노사정 위원회**
> 외환 위기를 계기로 설립된 대통령 자문 기구로서 노동 정책 및 현안 노동 문제에 대한 노동자, 사용자, 정부 간의 사회적 대 화와 합의 도출을 목적으로 활동하였다.

④ **노무현 정부** : 미국과 자유 무역 협정(FTA) 체결, 빈부 격차 해소를 위한 복지 정책 추진

⑤ **시장 개방** : 1995년 세계 무역 기구(WTO) 체제 출범으로 시장 개방 압력

(3) 한국 경제의 성과와 과제

① **성과** : 빠른 경제 성장으로 자본주의가 크게 발전하였다. → 국민 생활 수준 향상, 선진국형 산 업 구조, 무역 규모 세계 10위권

② **과 제**

㉠ 신자유주의의 확대로 인한 시장 개방 압력의 극복

㉡ 빈부 격차 및 도시와 농촌 간의 불균형 해소

㉢ 대기업 중심의 산업 구조 개편, 중소기업의 활성화

2 사회 · 문화의 변화

(1) 산업화에 따른 변화

① 산업화 : 농업 인구 감소, 1차 산업 비중 감소, 제조업·서비스업 비중 증가

② 도시화 : 이촌 향도 현상으로 인해 도시의 인구가 급증하였다. → 환경 오염, 실업 문제, 주택 난, 교통 문제, 도시 빈민 문제 등 여러 문제 발생

③ 농민 운동

    ㉠ 배경 : 도시와 농촌 간의 소득 격차 심화

    ㉡ 새마을 운동(1970년대) : 박정희 정부가 도시와 농촌 간의 소득 및 문화 격차를 줄이고 자 실시(정부 주도) → 농어촌 근대화, 소득 증대 사업 추진, 생활 환경 개선 목표(근면· 자조·협동) → 공장, 도시, 직장으로 확대되면서 유신 체제하의 국민 의식 개혁 운동 으로 전개

    ㉢ 농민 운동 : 농민 단체 중심으로 전개 → 1990년대 이후 농산물 시장 개방으로 농촌 경제에 타격, 농가 부채 증가 등의 위기 → 농민 운동 활성화

    ㉣ 노동력 부족, 고령화 등으로 어려움

④ 노동 운동

    ㉠ 배경 : 1960년대 이후 수출 위주의 경제 성장 정책, 박정희 정부의 저임금 정책, 노동 3권의 유명무실화 등으로 인해 노동 환경이 악화되었다.

    ㉡ 성격 : 노동자들의 생존권 요구 투쟁이 반독재 민주화 운동과 연결되었다.

    ㉢ 전개

1960년대	정부의 성장 위주 경제 정책과 탄압으로 노동 운동이 거의 전개되지 못하였다.
1970년대	• 전태일 분신 사건(1970) : 근로 기준법 준수 요구, 노동 운동에 대한 관심 증대 • YH 무역 여성 노동자 운동 사건(1979) : 유신 체제 몰락의 한 원인
1980년대	• 전두환 정부 : 저임금 정책 유지, 노동 기본권 제한 • 6월 민주 항쟁(1987) 이후 대규모 노동 운동 전개, 사무직 노동자 등도 참여 • 대다수의 직장에 노동 조합 결성, 시민 단체 결성
1990년대	• 한국 노총, 민주노총의 성립(1995) • 노사정 위원회 구성(1998) : 외환 위기 극복 • 외환 위기 이후 청년 실업과 비정규직 노동자, 외국인 노동자 문제 등 발생

(2) 현대 사회의 과제와 시민 사회의 발전

① 환경 운동

　㉠ 배경 : 산업화에 따른 급격한 환경 오염

　㉡ 역할 : 환경 파괴 감시, 정부의 정책 비판

② 시민 운동

　㉠ 배경 : 정치적 민주화 진전, 중산층의 확대

　㉡ 역할 : 국가의 부패 및 권력 남용과 환경 파괴 감시, <u>사회적 약자 보호</u> 등
　　　　　　　　　　　　　　　　　　　　　　　　　　여성, 빈민층, 외국인, 노동자

　㉢ 발전 : 6월 민주 항쟁 이후 많은 시민 단체(NGO)가 등장하여 각종 사회 문제의 해결을
　　　요구하였다.

③ 사회 복지 정책 : 노약자, 빈민층, 실업자, 장애인 등 사회적 약자에 대한 국가의 보호 의
　무 대두 → 국민 건강 보험, 고용 보험 제도, 산재 보험, 국민 연금 제도, 국민 기초 생활 보장법,
　노인 장기 요양 보험 제도 등 도입

④ 여성 활동의 증대 : 가정과 사회에서 양성 평등 요구가 강해졌다. → 남녀 고용 평등법 · 가족
　법 제정, 여성부 설치, 호주제 폐지

⑤ 저출산 · 고령화 문제 : 노인 복지 정책과 출산 장려 정책을 실시하였다.

알아두면 점수따는 역사이야기　　　　　　　　　　　　　　　　　　전태일의 노동 운동

　존경하는 대통령 각하! …… 저는 서울특별시 쌍문동 208번지 2통 5반에 거주하는 22살의 청년입니다. …… 그러나 저희는 근로 기준법의 혜택을 조금도 못 받으며, 더구나 2만여 명을 넘는 종업원의 90% 이상이 평균 나이 18세의 여성입니다. …… 또한, 2만여 명 중 40%를 차지하는 보조공들은 평균 나이 15세의 어린이들입니다. 이들은 전부가 다 영세민들의 자제이며, 굶주림과 어려운 현실을 이기려고 하루에 90원 또는 100원의 급료를 받으며 1일 15시간씩 작업을 합니다. …… 저희의 요구는 1일 15시간의 작업 시간을 10 ~ 12시간으로 단축해 주십시오. 1개월 휴일 2일을 늘려서 일요일마다 쉬기를 원합니다. 건강 진단을 정확하게 하여 주십시오. 보조공의 수당을 50% 인상하십시오. 절대 무리한 요구가 아님을 맹세합니다. 인간으로서의 최소한의 요구입니다.

　　　　　　　　　　　　　　　　　　　　　　　　　　－ 전태일, 「평화 시장 피복 제품상 종업원 근로 개선 진정서(1970)」

→ 기본적 생존권조차 보장되지 않았던 1960 ~ 1970년대 대한민국의 노동 현실이 적나라하게 드러난 글이다. 서울 평화 시장 재단사였던 전태일은 결국 "근로 기준법을 준수하라!", "우리는 기계가 아니다!"라는 구호를 외치며 분신하였다. 이에 큰 자극을 받은 지식인과 학생들이 노동 문제에 관심을 가지면서 노동 운동이 본격적으로 일어났다.

(3) 현대 문화의 변화

① 교육 : 초등학교와 중학교 의무 교육으로 대중 교육 가능, 지나친 교육열로 가계의 사교육비 부담 증가, 다문화 가정 증가로 다문화 교육 필요

② 문학, 예술, 종교의 발전 : 문화 예술 운동 발전, 종교계의 민주화 운동에의 기여

③ 대중문화의 발달 : 대중의 참여 활발, 문화 활동의 다양화

④ 스포츠의 성장 : 각종 국제 대회 유치, 엘리트 육성 체육

⑤ 언론 활동 : 독재 정권의 언론 탄압 → 민주화에 따른 언론 자유 증대

   ⑦ 이승만 정부 : 경향신문 폐간, 신문사 허가제 등 언론 탄압

   ⑥ 박정희 정부 : 언론 통폐합, 프레스 카드제 → 언론 자유 수호 운동 → 동아일보 백지 광고 사태

   ⓒ 전두환 정부 : 언론 통폐합, 보도 지침

   ⓔ 1990년대 : 언론·방송 매체를 통한 대중문화의 확산, 영화 산업 발달, 10대 청소년이 대중가요의 주요 소비층으로 등장, 1990년대 이후 한류 열풍

            드라마·영화의 해외 수출

   ⓜ 2000년대 : 음악 파일의 불법 유통으로 음반 시장 위축

08 북한의 변화와 세계 속의 한국

1 김일성, 김정일 독재 체제 구축

(1) 김일성의 독채 체제

① 1950년대 : 6·25 전쟁 중 소련파의 허가이 축출 → 전쟁 후 박헌영 축출

② 1960년대

   ⑦ 주체 사상의 성립 : 중·소 이념 분쟁과 국경 분쟁 문제로 북한의 독자 노선 모색 중에 주체 사상을 정부의 공식 정책으로 채택 → 대외적으로는 자주 노선, 대내적으로는 김일성 유일 체제 확립 → 김일성의 개인 숭배 합리화

ⓛ 사회주의 헌법의 제정(1972) : 국가 주석제, 주체 사상 명시로 김일성 유일 지배 체제의 제도화

(2) 김정일 후계 체제로의 변화

① 과정 : 1960년대 정치 활동 시작 → 1970년대 '3대 혁명 소조 운동' 주도(권력 장악) → 1980년 노동당 대회에서 김정일 후계 체제 공식화 → 김일성 사망 (1994), 유훈 통치 실시

② 김정일 정권 출범(1998) : 주석제 폐지, 국방 위원장 (최고 통치자) 자격으로 권력 승계 → 군사력 강화에 집중

③ 김정은 : 김정일 사후(2011) 권력 세습

3대 혁명 소조 운동	검색

사회주의의 완전한 승리를 위한 사상·기술·문화 등 3대 부문의 혁신을 내용으로 하는 내부 개혁 운동으로, 당원과 대학생, 기술자 등 젊은 남녀들로 구성된 3대 혁명 소조원들을 각 행정 단위와 문화 기관 등에 파견하여 당의 정책을 설명하고 선도해 나가는 방식으로 진행

유훈 통치	검색

죽은 자가 남긴 뜻에 따라 통치한다는 의미로, 김일성 사후 3년간 북한에서 전개

2 북한 경제의 변화

(1) 사회주의 경제 체제 확립

① 1950년대 : 경제 계획 실시, 천리마 운동 전개(공산주의적 인간형 개조)

② 1960년대

ⓐ 제1차 경제 개발 7개년 계획(1961) : 공업의 양적·질적 개선을 추구하였다.

ⓛ 중공업 우선 정책으로 인해 소비재가 부족하였고, 주민 생활이 궁핍해졌다.

③ 1970년대

ⓐ 3대 혁명 소조 운동 : 사상, 기술, 문화의 3대 혁명 노선을 표방하였다.

ⓛ 기술 개발과 농업 및 소비재의 생산 확충을 목표로 하였으나, 큰 성과는 없었다.

(2) 북한의 개방 정책

① 경제적 배경 : 계획 경제의 비효율성으로 생산력 저하, 지나친 군사비 지출 → 식량, 원자재, 에너지, 외화 부족 등 경제 위기 초래

② 정치적 배경

　㉠ 주체 사상과 수령 유일 체제의 비합리성

　㉡ 사회주의 국가들의 개방 정책 실시에도 불구하고 북한식 사회주의를 고수하여 외교적으로 고립되었다.

　㉢ 기본적 인권 무시와 주민 탄압으로 수만 명의 탈북자가 발생하였다.

③ 개방 정책 : 합작 회사 경영법 제정(합영법, 1984), 나진·선봉 자유 무역 지대 설치 (1991), 신의주 경제 특구 설치(2002), 남북 교류 확대
　　　　　　　　　　　　　　　　금강산 관광 사업, 개성공단 건설

3 남북한의 통일 정책과 남북 교류

(1) 남한의 통일 정책

① 이승만 정부 : 북진 통일론을 주장하여 반공 정책을 강화하였다.

② 장면 정부

　㉠ 북진 통일론을 철회, 유엔 감시 하의 남북한 총선거를 주장하였다.

　㉡ '선 경제 건설·후 통일'을 제시하였다.

　㉢ 민간 차원의 통일 논의를 금지하여 통일 운동을 억압하였다.

③ 박정희 정부

　㉠ 반공을 강화(반공이 국시)하고, '선 건설 후 통일론'을 강조하였다. → 통일 운동을 탄압

　㉡ 남북 긴장 심화 : 1·21 청와대 습격 사건, 푸에블로호 사건, 울진·삼척 무장공비 침투 사건

④ 남북 대화의 교류 시작

　㉠ 배경 : 1970년 전후 국제 정세 변화 → 냉전 완화, 평화 공존 분위기 조성

　㉡ 남한의 통일 방안 중요⁺

박정희 정부	• 남북 적십자 회담(1971) : 남북 이산가족 문제 협의, 남북 대화 계기 마련 • 7·4 남북 공동 성명(1972) 　－ 통일 3대 원칙 합의 : 자주, 평화, 민족 대단결 　－ 남북 조절 위원회 설치 : 분단 이후 최초의 통일을 위한 합의 • 6·23 평화 통일 외교 정책 선언(1973) : 남북 유엔 동시 가입 제안

전두환 정부	남북 이산가족 상봉, 스포츠 교류·예술 공연단 교환 방문 → 교류가 활발해지면서 남북 경제 회담, 적십자 회담 등 개최
노태우 정부	• 북방 정책 추진(중국, 소련과 수교), 동유럽 사회주의 정권 붕괴 • 남북 고위급 회담 개최(1990) → 남북한 유엔 동시 가입, 남북 기본 합의서 채택(1991), 한반도 비핵화 공동 선언(1991)
김영삼 정부	• 한민족 공동체 3단계 통일 방안 제시(1994) : 화해·협력 → 남북 연합 → 통일 국가(현재 남한의 통일 방안) • 제네바 기본 합의서(1994) → 한반도 에너지 개발 기구(KEDO)에 의한 경수로 건설 사업 추진(1996)
김대중 정부	• 대북 화해 협력 정책(햇볕 정책)으로 금강산 관광 사업 시작(1998) • 최초의 남북 정상 회담 개최를 통해 6·15 남북 공동 선언(2000) → 이산가족 상봉, 경의선 복구 사업, 개성 공단 설치 등
노무현 정부	• 대북 화해 협력 정책 계승 • 제2차 10·4 남북 정상 회담 개최(2007) • 북핵 문제 해결을 위한 6자 회담 추진
이명박 정부	금강산 관광객 피살 사건, 북한의 핵실험 강행 → 남북 관계 위기

심화학습 6·15 남북 공동 선언

1) 통일 문제의 자주적 해결
2) 통일을 위한 연합제와 연방제의 공통성 인정
3) 이산 가족 방문단의 교환과 비전향 장기수 문제 해결을 위한 노력
4) 경제 협력을 통한 민족 경제의 균형적 발전과 사회, 문화, 체육, 보건, 환경 등 제 분야의 협력과 교류의 활성화 합의

(2) 북한의 통일 방안

① 고려 연방제 통일 방안 제시(1973) : 남북 연방제 중심
② 고려 민주 연방 공화국 창설 방안 제의(1980) : 남과 북에 별도의 지역 정부를 두고 그 지역 정부를 지도하는 연방 정부를 조직

4 올바른 동북아시아 역사 인식의 자세

(1) 한국과 중국의 역사 분쟁(동북 공정)

① 국가 통합을 유지하기 위해 '조선족을 포함한 자국 내 55개 민족의 역사 전체가 중국의 역사'라는 논리를 주장한다.

② 동북공정 : '동북 변경 지역의 역사와 현장에 관한 체계적인 연구 과제'를 통해 고구려사와 발해사를 중국사의 일부로 편입하고자 한다.

③ 중국이 주장하는 '동북공정'의 내용 : 고조선, 고구려, 발해를 중국의 역사라고 주장한다.
  ㉠ 고구려와 발해가 중국의 한 지방 정권이다.
  ㉡ 부여나 고구려는 중국의 상 왕조를 건국한 사람들과 같은 혈통을 가진 사람이 세웠다.
  ㉢ 발해는 중국 정부에 귀속되어 있던 말갈의 수령인 대조영이 세웠다.

④ 간도 문제 : 간도 협약(1909) 이후 간도는 중국의 영토가 되었다. → 조·중 변계 조약(1962, 백두산 영토에 대해 결정, 간도 문제는 언급되지 않음)

⑤ 북한의 붕괴 이후 영토권 주장이 목적이다.

(2) 한국과 일본의 역사 분쟁

① 독도 문제 : 러·일 전쟁 중 일본이 시마네현 고시(1905)를 통해 자국 영토에 불법적으로 편입 → 이승만 정부의 평화 선언 발표 이후 우리 영토로 관리 → 일본의 독도 영유권 주장

② 일본 역사 교과서의 한국사 왜곡 : 한·일 공동 노력을 통한 해결이 필요하다.

③ 식민 지배의 청산 문제 : 식민 지배에 대한 보상 문제, 군대 위안부 문제 등

④ 영토 갈등에 선 일본 : 최근 일본의 우경화 경향 → 평화 헌법 개정
  ㉠ 센카쿠(조어도) 열도 영유권 문제 : 중국이 청·일 전쟁 중 빼앗긴 영토 반환을 요구하였다. → 일본은 점유권 주장
  ㉡ 쿠릴 열도 문제 : 2차 세계 대전 후 소련이 러·일 전쟁으로 빼앗긴 사할린 남부와 북방 4개 섬을 차지하였다. → 일본은 4개 섬(쿠릴 열도) 반환 요구

5 높아진 한국의 위상

(1) 국제 사회에서의 한국 경제

① 세계 경제에서 한국이 차지하는 비중이 증가하였다. → 조선, 반도체, 철강, 통신망 등은 세계적 수준

② 세계 10위권의 경제 대국, 세계 9위권의 군사 대국으로 성장하였다.

(2) 국제 사회에서의 정치적 위상

① 스포츠 강국 : 서울 올림픽 개최(1988), 한·일 월드컵 개최(2002)

② 외교적 역량 성장 : OECD 가입(1996), G20 정상 회담 개최(2010) 등

③ 1990년대 이후 한류 열풍 등 국제 무대에서 우리나라의 영향력이 확대되었다.

01 우리 민족이 광복을 맞이할 수 있었던 배경은?

① 연합국의 승리

② 남북 협상의 결렬

③ 미국군과 소련군의 진주

④ 미·소 공동 위원회의 노력

02 일본의 패망에 앞서 〈보기〉의 내용이 선언된 국제 회의는?

> 보기
>
> 　한국 인민의 노예 상태에 유의하여, 적당한 시기에 한국을 해방시키며 독립시킬 것을 결의한다.

① 얄타 회담

② 카이로 회담

③ 모스크바 3국 외상 회의

④ 미·소 공동 위원회

03 다음 내용에 해당하는 단체는?

> • 여운형이 결성
> • 광복 후 국내 질서를 자주적으로 유지하기 위해 설립
> • 정부의 수립과 독립 국가 건설을 준비

① 평남 건국 준비 위원회

② 조선 독립 동맹

③ 조선 건국 준비 위원회

④ 대한민국 임시 정부

01

① 연합국의 승리가 우리 민족이 광복할 수 있었던 외적 요인이다.

02

카이로 회담
1943년 11월에 열린 미국의 루즈벨트, 영국의 처칠, 중국의 장제스 세 수뇌에 의한 회담이었다.

03

조선 건국 준비 위원회는 중도 좌파의 여운형과 중도 우파의 안재홍 등이 중심이 되어 결성한 좌우 합작 형태의 정치 단체였다.

ANSWER

01. ①　02. ②　03. ③

04 다음 ( ) 안에 들어갈 말은?

> ( )은(는) 한국의 임시 정부 수립 방안을 논의
> 하였으나, 두 차례 모두 결렬되었다.

① 유엔 소총회
② 카이로 회담
③ 미·소 공동 위원회
④ 모스크바 3국 외상 회의

미·소 공동 위원회는 모스크바 3국 외상 회의의 결정으로 만들어진 미국과 소련의 대표 모임이다.

05 광복 후 대한민국 정부 수립 과정에서 신탁 통치를 결정하여 좌익과 우익의 격렬한 대립을 가져와 국론 분열을 일으킨 사건은?

기출

① 카이로 회담
② 미·소 공동 위원회
③ 모스크바 3상 회의
④ 유엔의 남북한 총선거 실시

05
모스크바 3상 회의(1945. 12)
미국·영국·소련의 3국 외상 회의에서 4개국(미·영·소·중)이 5년간 한반도에 신탁 통치(信託統治)를 실시한다는 결정이 내려졌다.

06 다음 빈칸 안에 들어갈 알맞은 말은?

> 미·소 공동 위원회가 결렬되고 좌·우익의 대립이
> 심해지자 김규식과 여운형을 비롯한 중도 계열의 좌·
> 우익 인사들은 ( )을(를) 구성하였다. 미 군정도
> 사회 혼란을 막기 위해 처음에는 이를 지원하였다.

① 신탁 통치   ② 남북 협상
③ 제헌 국회   ④ 좌우 합작 위원회

06
통일 정부 수립을 위해 좌우 합작 위원회를 구성하여 좌·우익 간의 대립을 좁히기 위해 노력했으나, 의견 차이를 좁히지 못하고 좌우 합작 위원회는 실패로 끝나고 말았다.

ANSWER
04. ③   05. ③   06. ④

07 광복 전후 한국의 완전 독립에 불리하게 적용한 것은?

① 포츠담 선언

② 일본의 무조건 항복 선언

③ 모스크바 3국 외상 회의

④ 카이로 회담

08 광복 이후 분단을 막기 위해 남북 협상을 주도한 인물로
바르게 묶은 것은?

① 김구, 김규식 　　　　② 이승만, 김성수

③ 여운형, 조봉암 　　　　④ 신익희, 조병옥

09 김구가 다음과 같은 연설을 하게 된 배경은?

> 나는 통일된 조국을 건설하려다 38도선을 베고 쓰러
> 질지언정 일신의 구차한 안일을 위하여 단독 정부를 세
> 우는 데는 협력하지 않겠다.

① 미국군에 의한 군정 실시

② 북한에 공산주의 제도 도입

③ 남한만의 총선거 실시 준비

④ 38도선 설정으로 인한 남북 분단

10 다음 빈칸 안에 들어갈 알맞은 말은?

> 남한에서는 유엔 한국 임시 위원단의 감시 아래
> (　　　　)이(가) 실시되어 제헌 국회가 구성되었다.

① 대통령 선거 　　　　② 남북 협상

③ 신탁 통치 　　　　④ 5 · 10 총선거

07

③ 모스크바 3국 외상 회의 : 미국, 영국,
소련의 3국 외상 회의에서 5개년간 한
반도에 신탁 통치를 실시한다는 결정을
내린 회의

08

남북 협상
모스크바 3국 외상 회의 → 좌 · 우익의 격
렬한 대립, 남한과 북한에서 각각 단독 정
부 수립 기도 → 분단을 우려한 인사들의
좌우 합작 운동, 김구 · 김규식을 중심으로
한 남북 협상을 추진했으나 실패

09

남한만의 총선거 실시가 결정되어 남북 분
단이 점차 확실해지는 상황에서, 김구는
통일 정부 수립을 위해 남북 협상을 추진
하였다.

10

5 · 10 총선거는 최초의 국회 의원 선거로,
이를 통해 구성된 제헌 국회에서 헌법을
제정하였다.

ANSWER
07. ③　08. ①　09. ③　10. ④

11 다음 내용에 해당하는 사건은?

> 1948년 일어난 사건으로, 단독 선거 반대와 통일 국가 수립을 명분으로 일어났던 봉기로 수만 명의 사람이 희생되었다.

① 제주도 4·3 사건
② 사사오입 개헌
③ 5·18 민주화 운동
④ 여수·순천 10·19 사건

11
제주도의 좌익 세력이 단독 정부 수립에 반대하면서 일어난 무장 봉기로 일부 지역에서 5·10 총선거가 무산되기도 하였으나 군경의 초토화 작전으로 제주도민이 크게 희생되었다.

12 대한민국 정부 수립을 국내외에 선포한 날은?
기출
① 1945년 8월 15일
② 1948년 7월 17일
③ 1948년 8월 15일
④ 1950년 6월 25일

12
국제 연합의 결의에 따라 남한에서 5·10 총선거가 실시되어 제헌 국회가 구성되고 민주 공화국 체제의 헌법이 제정되었다(1948). 이어 제헌 국회에서 대통령으로 선출된 이승만이 정부를 구성하고 대한민국의 수립을 국내외에 선포하였다(1948. 8. 15).

13 1948년 대한민국 성립 전후의 상황으로 옳지 <u>않은</u> 것은?

① 1948년 5월 10일에 한국 역사상 최초의 총선거가 실시되었다.
② 제헌 국회는 헌법을 제정하여 7월 17일에 공포하였다.
③ 헌법의 절차에 따라 국민의 직접 선거로 대통령을 선출하였다.
④ 행정부가 조직되고 8월 15일에 대한민국 정부 수립을 선포하였다.

13
③ 헌법의 절차에 따라 대통령은 제헌 의회에서 선출하였는데, 대통령에 이승만이 당선되었다.

14 대한민국 정부 수립의 의의로 가장 적합한 것은?

① 토지 개혁, 산업 국유화를 발표하였다.
② 소련군의 지지를 받아 세워진 정권이다.
③ 우리 국토에 세운 최초의 민주 공화국이다.
④ 정당과 사회 단체의 협력으로 정치가 안정되었다.

14
우리나라 최초의 민주 공화국으로 유엔 총회에서 한반도의 유일한 합법 정부로 인정받은 정부이다.

ANSWER
11. ① 12. ③ 13. ③ 14. ③

15 다음 〈보기〉의 사건들을 일어난 순서대로 바르게 배열한
고난도 것은?

> **보기**
> ㉠ 미·소 공동 위원회 개최
> ㉡ 제헌 국회 구성
> ㉢ 신탁 통치안 가결
> ㉣ 포츠담 선언

① ㉠ → ㉣ → ㉡ → ㉢
② ㉠ → ㉣ → ㉢ → ㉡
③ ㉣ → ㉠ → ㉢ → ㉡
④ ㉣ → ㉢ → ㉠ → ㉡

16 광복 직후 남한의 경제 상황에 대한 설명으로 옳지 <u>않은</u>
것은?

① 분단으로 인해 산업 시설이 부족하였다.
② 생필품 부족, 물가 폭등 등으로 사회가 혼란스러웠다.
③ 일본 자본의 철수로 문을 닫는 사업장이 속출하였다.
④ 무상 몰수, 무상 분배를 원칙으로 한 농지 개혁이
  실시되었다.

17 제헌 국회에서 민족의 정기를 바로 세우려고 만든 법으
로, 1948년 9월 반민족 행위자의 범위, 처벌 내용과 방
법들을 규정한 것은?

① 농지 개혁법   ② 반민족 행위 처벌법
③ 유신 헌법   ④ 제헌 헌법

15
㉣ 포츠담 선언(1945. 7)
㉢ 신탁 통치안 가결(1945. 12)
㉠ 미·소 공동 위원회(1946~1947)
㉡ 제헌 국회 구성(1948)

16
남한에서는 1949년 농지 개혁법이 제정되
어 1950년 초 유상 매수, 유상 분배를 원칙
으로 한 농지 개혁이 추진되었다. 무상 몰
수, 무상 분배의 토지 개혁은 북한에서 추
진되었다.

17
반민 특위는 반민족 행위자를 선정하고 주
요 인물들을 검거하였으나, 반공 우선 정
책을 추구하고 있던 이승만은 이들의 활동
에 부정적인 태도를 보였다. 결국 반민 특
위의 활동은 유명무실화되었고, 친일 잔재
청산의 과제 해결은 좌절되고 말았다.

ANSWER
15. ④ **16.** ④ **17.** ②

18 해방 후 농지 개혁에 대한 설명으로 맞지 <u>않는</u> 것은?

① 부재 지주를 인정하지 않았다.

② 유상 몰수하여 유상 분배하였다.

③ 매호당 소유 상한선을 3정보로 정하였다.

④ 미 군정 시대에 실시되었다.

18

농지 개혁법(農地改革法)
1949년 6월 실시, 종래의 소작제를 철폐하고자 지주의 토지를 유상으로 매수하여 유상으로 소작인에게 분배하였다(단, 상한선 3정보, 5년간 분할 상환). 그러나 동란으로 물가 양등이 겹쳐 실패하고 말았다.

19 다음 내용과 관련된 북한의 정책을 고르면?

> • 배경 : 전쟁으로 파괴된 산업 시설 복구
> • 목적 : 경제 발전을 통한 공산주의 사회의 물질적 기초 확립, 공산주의 인간형으로 주민 개조

① 농민 운동　　　　② 천리마 운동

③ 새마을 운동　　　　④ 정부 개발 계획

19

천리마 운동은 하루에 천리를 달린다는 말을 탄 기세로 공산주의 건설에 계속 혁신, 전진하자는 노동 강화 운동이다.

20 6 · 25 전쟁에 대한 설명으로 옳지 <u>않은</u> 것은?

① 북한군의 기습 남침으로 시작되었다.

② 국군과 유엔군은 인천 상륙 작전에 성공하였다.

③ 중국군과 소련군은 개입하지 않고 중립을 지켰다.

④ 수많은 사상자와 전쟁고아, 이산가족이 생겨났다.

20

중국군의 군사적 개입으로 국군과 연합군은 1 · 4 후퇴를 하게 되었다.

21 6 · 25 전쟁이 우리나라에 미친 영향이 <u>아닌</u> 것은?

① 이승만 정권의 붕괴

② 자유당 정권의 독재화

③ 이산가족의 비극 발생

④ 막대한 군사 비용의 발생

21

전쟁 이후 이승만 정부는 반공을 내세워 독재 정권을 강화하였다.

ANSWER

18. ④　**19.** ②　**20.** ③　**21.** ①

22 다음 중 이승만 정부가 장기 집권을 위해 실시한 일을 모두 고른 것은?

> ㉠ 발췌 개헌   ㉡ 10월 유신
> ㉢ 사사오입 개헌   ㉣ 내각 책임제 개헌

① ㉠, ㉡   ② ㉠, ㉢
③ ㉡, ㉢   ④ ㉢, ㉣

23 다음 중 6·25 전쟁 이후 북한의 정치 체제에 대한 설명으로 옳지 <u>않은</u> 것은?

① 김일성 1인 독재 체제가 강화되었다.
② 전후 복구를 위하여 천리마 운동을 전개하였다.
③ 북한은 사상, 기술, 문화의 3대 혁명을 내세웠다.
④ 김일성 사망 후 민주적인 권력 승계가 이루어졌다.

24 다음과 관련이 있는 사건은?

기출

> 이승만의 자유당 정권은 집권 연장을 위해 1960년 노골적인 '3·15 부정 선거'를 자행하였고, 마침내 국민의 분노가 전국적으로 터졌다.

① 4·19 혁명   ② 5·16 군사 정변
③ 10월 유신   ④ 5·18 민주화 운동

25 다음 글의 밑줄 친 부분을 내용으로 하는 헌법 개정이 추진된 시기는?

> 이승만 정권이 이끈 자유당이 무너지자 과도 정부가 성립되어 <u>내각 책임제와 양원제</u>를 주요 내용으로 하는 헌법 개정이 이루어져 총선거가 실시되었다.

① 이승만 정부
② 장면 내각
③ 박정희 정부
④ 전두환 정부

25
4·19 혁명 이후 양원제와 내각 책임제를 내용으로 하는 헌법이 개정되어 그 결과, 민주당이 승리하고 장면 내각이 수립되었다.

26 다음 빈칸 안에 들어갈 알맞은 말은?

> 1961년 박정희를 중심으로 한 일부 군부 세력이 사회 혼란을 빌미로 (　　　)을(를) 일으켜 권력을 장악하였다. 이로써 장면 내각이 무너졌다.

① 4·19 혁명
② 5·16 군사 정변
③ 5·18 민주화 운동
④ 6월 민주 항쟁

26
5·16 군사 정변으로 장면 내각은 무너지고 군정이 실시되었다.

27 다음과 같은 정책을 추진한 정부는?

> • 베트남 파병
> • 새마을 운동
> • 한·일 협정 조인
> • 10월 유신

① 이승만 정부
② 장면 정부
③ 박정희 정부
④ 전두환 정부

27
박정희 정부(대통령 중심제, 단원제 국회)
• 국정 목표 : 조국 근대화의 실현 – 경제 성장 정책 추진
• 일본과의 관계 개선 : 한일 협정 체결, 한일 국교 정상화
• 10월 유신 단행 : 민주적 헌정체제를 부정하는 독재 체제 구축(1972)
• 10·26 사태 : 유신 체제 붕괴(1979)

ANSWER
25. ② **26.** ② **27.** ③

28 기출 다음과 같은 역사적 사건과 관련된 인물은?

- 발췌 개헌
- 사사오입 개헌
- 3·15 부정 선거

① 이승만 ② 윤보선
③ 박정희 ④ 전두환

29 다음이 설명하는 사건은 무엇인가?

- 1971년 대통령 선거에서 어렵게 당선된 박정희 대통령은 정상적인 방법으로는 정권을 유지하기가 어렵다고 판단하고, 이듬해 헌정을 중단시키고 계엄령을 선포한다.
- 개정된 헌법에 따라서 통일 주체 국민 회의가 대통령을 선출하게 되어 박정희 정권은 사실상 장기 집권할 수 있는 길을 열어 놓았다.

① 10월 유신 ② 4·19 혁명
③ 6·25 전쟁 ④ 10·26 사태

30 기출 다음 사건들의 결과로 일어난 것은?

- 박종철 고문 사망 사건
- 4·13 호헌 조치

① 4·19 혁명 ② 10월 유신
③ 6월 민주 항쟁 ④ 12·12 사태

31 다음 (가) 시기에 일어난 일로 옳지 <u>않은</u> 것은?

	(가)	
10 · 26 사태		6월 민주 항쟁

① 언론사 통폐합   ② 삼청교육대 운영

③ 교복 자율화 실시   ④ 긴급 조치권 발동

31

전두환 정부는 강압 정책으로 언론사 통폐합, 삼청교육대 운영 등을 실시하였고, 유화 정책으로 교복 자율화, 야간 통행금지 해제, 해외여행 자유화 등의 조치를 취하였다.

④는 유신 체제하에 있었던 일이다.

32 다음에서 설명하는 민주화 운동은?

> 1979년 12 · 12 사태로 군인들이 정권을 장악하고 난 이후 민주주의 헌정 체제의 회복을 요구하는 시위가 전국적으로 확산되었고, 이 시위는 광주에서 절정을 이루었다.

① 10월 유신   ② 4 · 19 혁명

③ 6월 민주 항쟁   ④ 5 · 18 민주화 운동

32

광주 시민들은 12 · 12 사태로 등장한 신군부 세력에 맞서 저항하였다.

33 〈보기〉의 사건을 일어난 순서대로 배열한 것은?

┌─ 보기 ┐
> ㉠ 10월 유신   ㉡ 4 · 19 혁명
> ㉢ 5 · 18 민주화 운동

① ㉠ - ㉡ - ㉢   ② ㉠ - ㉢ - ㉡

③ ㉡ - ㉠ - ㉢   ④ ㉢ - ㉠ - ㉡

33

㉡ 4 · 19 혁명(1960)
㉠ 10월 유신(1972)
㉢ 5 · 18 민주화 운동(1980)

ANSWER

31. ④   **32.** ④   **33.** ③

34 5년 단임의 현행 대통령 직선제 헌법 개정의 직접적인 배경이 된 사건은?

기출

① 4 · 19 혁명　　　　② 6월 민주 항쟁

③ 10월 유신　　　　④ 5 · 16 군사정변

35 서울 올림픽 대회에 대한 설명으로 옳지 <u>않은</u> 것은?

① 경제 성장 및 국력이 신장되어 개최가 가능하였다.

② 세계 160개국이 참가하여 인류 화합을 이룩했다.

③ 북한 선수들도 참여하여 인류 화합을 도모하였다.

④ 우리 고유의 문화를 세계에 알리는 계기가 되었다.

36 다음과 관련된 정부는?

> • 경제 협력 개발 기구(OECD) 가입
> • 외환 위기 발생으로 국제 통화 기금(IMF)의 금융 지원 및 관리

① 김영삼 정부　　　　② 노태우 정부

③ 노무현 정부　　　　④ 이명박 정부

37 다음 각 정부와 추진 정책이 <u>잘못</u> 연결된 것은?

① 장면 정부 – 내각 책임제 실시

② 전두환 정부 – 3 · 15 부정 선거

③ 김영삼 정부 – 금융 실명제 채택

④ 김대중 정부 – 햇볕 정책 실시

34

5 · 18 민주화 운동을 진압하여 신군부 세력이 통치권 장악 → 7년 단임제의 대통령 간선제 헌법 공포 → 전두환 대통령 당선 → 정의 사회 구현, 복지 사회 건설을 기치로 내세웠으나 민주화 운동을 탄압하고 인권을 유린하여 국민적 저항에 부딪침 → 6월 민주 항쟁 → 6 · 29 민주화 선언(1987) → 5년 단임의 대통령 직선제 개헌

35

88 서울 올림픽 때 북한은 참여하지 않았으며, 2000년 시드니 올림픽 때 최초로 남북 공동 입장이 이루어졌다.

36

김영삼 정부는 5 · 16 군사 정변 이후 최초의 민간 정부였다. 역사 바로 세우기 운동을 전개하여 12 · 12 사태와 5 · 18 민주화 운동에 관련된 전두환, 노태우 등 두 전직 대통령을 구속시키기도 하였다.

37

3 · 15 부정 선거로 인해 4 · 19 혁명이 발생한 것은 이승만 정부 때이다.

ANSWER

34. ②　**35.** ③　**36.** ①　**37.** ②

38 다음 중 경제 개발 5개년 계획의 내용과 거리가 먼 것은?

① 농민과 노동자들의 복지는 무시되었다.

② 산업 발전을 위해 많은 고속국도가 건설되었다.

③ 초기에는 중화학 중심의 수출 산업을 위주로 하였다.

④ 기간 산업 확충, 과학 기술 개발에 중점을 두어 많은 성과를 얻었다.

38

1960년대에는 경공업 중심의 수출 산업 중심이었다.

39 경제 개발 5개년 계획과 새마을 운동의 공통점으로 옳은 것은?

① 세계화   ② 소득 증대

③ 국방력 강화   ④ 수출의 증대

39

이 정책들을 통해 경제 성장과 소득 증대가 이루어졌다.

40 다음과 같은 경제 발전이 이루어지기 시작한 시기가 바르게 연결된 것은?

고난도

> (가) 저유가, 저금리, 저달러로 인한 3저 호황으로 수출이 크게 늘어나 경제 성장이 지속되었다.
>
> (나) 외환 위기를 맞아 국제 통화 기금의 긴급 구제 금융을 받았다.

> A. 1950년대   B. 1960년대   C. 1970년대
> D. 1980년대   E. 1990년대

① (가) – A, (나) – C   ② (가) – B, (나) – C

③ (가) – C, (나) – D   ④ (가) – D, (나) – E

40

1980년대에는 3저 호황 속에서 경제가 지속적으로 성장하여 반도체, 자동차 등 기술 집약 산업이 발달하였다. 대기업의 중복·과잉 투자, 무역 적자, 외채 증가 등으로 1997년 말 외환 위기를 맞아 국제 통화 기금(IMF)의 구제 금융을 받았다.

ANSWER

38. ③   39. ②   40. ④

41 우리나라에서 민주화를 위해 일어난 사건이 <u>아닌</u> 것은?

기출
① 4·19 혁명   ② 6월 민주 항쟁
③ 5·16 군사 정변   ④ 5·18 민주화 운동

41

5·16 군사 정변
4·19 혁명 후 사회 혼란을 구실로 삼아 1961년 5월 16일, 박정희를 중심으로 한 군인들이 쿠데타를 일으켜 무력으로 정권을 잡은 사건

42 다음 (   )에 들어갈 사람은?

    1960년대 이후 급속한 산업화 과정에서 노동자들은 열악한 환경, 장시간, 저임금의 노동에 시달려야 했다. 1970년대 근로 조건 개선을 요구하며 (   )이 분신하는 사건이 일어났다. 이 사건은 노동 문제에 대한 사회적 관심을 불러일으켰으며, 이후 임금 인상과 노동 환경의 개선 등을 요구하는 노동 운동이 활발히 일어났다.

① 이한열   ② 김주열
③ 박종철   ④ 전태일

42

전태일은 노동자의 권리를 찾고, 열악한 노동 환경과 노동자 문제를 개선하기 위해 노력했으나 변화가 없자 '나의 죽음을 헛되이 말라'라는 말을 남기고 분신하였다. 그의 죽음을 계기로 노동 문제에 대한 사회의 관심이 높아졌으며, 이후 노동 운동이 본격화되었다.

43 다음 설명에 해당하는 것은?

기출
• 1972년 서울과 평양에서 동시에 발표
• 자주, 평화, 민족 대단결의 통일 원칙을 내세움
• 이후 통일 논의의 기본 원칙이 됨

① 7·4 남북 공동 성명
② 6·15 남북 공동 선언
③ 한반도의 비핵화에 관한 공동 선언
④ 화해와 불가침 및 교류·협력에 관한 합의서

43

1972년에 7·4 남북 공동 성명 선언을 통해 자주, 평화, 민족 대단결의 통일 3가지 원칙 합의가 이루어졌다.

ANSWER
41. ③ **42.** ④ **43.** ①

44 다음에서 설명하는 남북한 간의 회담을 고르면?

> 남북한 사이의 이산가족 찾기와 구호물자 교류를 주로 담당하였다.

① 4자 회담　　　　② 남북 체육 회담
③ 남북 적십자 회담　④ 남북 고위급 회담

44
1971년 남북 적십자 회담에서 이산가족 상봉 문제를 논의하였다.

45 다음과 같은 대북 정책을 실시한 정부는?
기출

> • 금강산 관광　　　• 경의선 연결
> • 남북 정상 회담　　• 6 · 15 남북 공동 선언

① 이승만 정부　　② 박정희 정부
③ 전두환 정부　　④ 김대중 정부

45
제시된 지문과 관련된 대북 정책은 햇볕 정책을 실시한 김대중 정부 때 이루어졌다.
① 반공 · 북진 정책
② 선건설, 후통일 정책
③ 민족화합민주통일방안

46 다음 (가), (나)의 내용과 바르게 연결된 것은?

> (가) 소련, 중국 등 사회주의 국가들과 수교를 맺었다.
> (나) 여 · 야 간의 평화적 정권 교체를 이뤄냈고, 최초로 남북 정상 회담을 개최하였다.

① (가) 노태우 정부, (나) 김대중 정부
② (가) 김영삼 정부, (나) 노무현 정부
③ (가) 노무현 정부, (나) 이명박 정부
④ (가) 이명박 정부, (나) 노태우 정부

46
• 노태우 정부 : 북방 외교, 남북한 유엔 동시 가입 등
• 김대중 정부 : 햇볕 정책, 금강산 관광 사업, 남북 정상 회담 등

ANSWER
44. ③　**45.** ④　**46.** ①

47 다음 설명과 관계가 깊은 것은?

> • 남북한 상호 화해와 무력으로 침략하지 않기로 합의
> • 남북한 경제 교류와 협력 강화

① 한민족 공동체 통일 방안
② 7·4 남북 공동 성명
③ 6·23 평화 통일 선언
④ 남북 기본 합의서

47
1991년 남북 고위급 회담에서 채택한 남북 기본 합의서를 통해 상대방의 체제를 인정하고, 무력을 사용하지 아니하며, 경제 교류와 협력을 실시하기로 하였다.

48 다음에서 설명하는 것은?

> • 남과 북의 정상이 50년 만에 만나서 우리 민족의 통일 문제를 논의하였다.
> • 김대중 대통령이 평양을 방문하여 남북 정상 회담이 개최되었으며, 여기서 우리 민족의 통일 문제를 자주적으로 해결하기로 합의하였다.

① 남북 기본 합의서
② 7·4 남북 공동 성명
③ 6·15 남북 공동 선언
④ 한민족 공동체 통일 방안

48
2000년 김대중 정부는 평양에서 남북 정상 회담을 개최하고 6·15 남북 공동 선언을 채택하였다.

49 다음 설명에 해당하는 것은?

> 중국 국경 안에서 전개된 모든 역사를 중국의 역사로 만들기 위해 2002년부터 중국이 추진하고 있는 대규모 연구 프로젝트로, 중국 동북 지방에 위치하였던 고구려와 발해의 역사를 중국 고대의 지방 정권으로 보고 있다.

① 동북 공정 ② 독도 분쟁
③ 간도 문제 ④ 서북 공정

49
동북 공정은 '동북 변경 지역의 역사와 현상에 관한 체계적인 연구 과제'를 줄인 말로 중국이 한반도 북부와 만주에 있었던 고조선, 고구려, 발해의 역사가 모두 중국사라고 주장하는 역사 왜곡이다.

ANSWER
47. ④ **48.** ③ **49.** ①

50 다음 밑줄 친 '역사 분쟁'과 관련하여 일본과 중국의 주장에 해당하지 <u>않는</u> 것은?

> 21세기의 세계는 평화와 인권, 환경 등 인류의 생존과 공존을 위해 상호 협력이 필요한 시대이다. 그런데 한국과 중국, 일본 세 나라는 여전히 <u>역사 분쟁</u>을 벌이고 있다.

① 러·일 전쟁과 태평양 전쟁은 서양 침략으로부터 동양의 평화를 지키기 위한 전쟁이었다.
② 고구려와 수의 전쟁은 중국의 중앙 정부와 지방 정부의 내전이었다.
③ 발해는 말갈족 출신인 대조영이 세운 국가로 당에 예속된 지방 정권이었다.
④ 대동아 전쟁으로 부르는 태평양 전쟁은 일본의 침략 전쟁이 확대되는 과정에서 발생하였다.

50
태평양 전쟁을 일본의 침략 전쟁의 확대로 보는 견해는 한국의 주장에 해당한다.
① 일본의 주장
②, ③ 중국의 주장

51 북한에서 중·소 이념 분쟁을 배경으로 등장하여 김일성 개인숭배를 합리화하는 데 이용된 사상은?

① 주체 사상   ② 개방 사상
③ 사회주의 사상   ④ 민족주의 사상

51
주체 사상
김일성이 반대 세력을 제거하여 1인 지배 체제를 다지는 과정에서 나온 통치 이데올로기이며, 정치와 국방의 자주화를 내세운 사상이다.

52 (가)에 들어갈 사건은?

이승만 정부의 장기 집권 시도 ➡ (가) ➡ 4·19 혁명 ➡ 이승만 대통령 하야

① 3·1 운동   ② 2·8 독립 선언
③ 3·15 부정 선거   ④ 6·10 만세 운동

52
4·19 혁명(1960)
이승만의 자유당 정권은 집권 연장을 위해 1960년 4대 정·부통령 선거에서 이승만 정부와 자유당이 이기붕의 부통령 당선을 목표로 3·15 부정 선거를 자행하였고, 이에 반대하는 시위가 전국적으로 확산되었다.

ANSWER
50. ④ 51. ① 52. ③

NOTE

술술 풀리는
고졸 검정고시 한국사

2025 1월 10일   개정6판 발행
2017년 1월 9일   초판 발행

편 저 자   이 재 은
발 행 인   전 순 석
발 행 처   정 훈 사
주   소   서울특별시 중구 마른내로72 421
등   록   제2014-000104호
전   화   737-1212
팩   스   737-4326

검정고시 100% 합격을 위한 명쾌한 강의!

행복한 상상, 바른교육
정훈사 가 제공하는

꿈을 이루기 위한 혜택

01 출제기준에 꼭 맞는 체계적인 **동영상 강의**

02 최근 2회 **기출문제 풀이** 동영상 강의 **무료 제공**

03 온라인 강좌 신청 시 **모바일 강좌 무료 제공**

04 **재수강** 신청 시 할인율 **최대 20%**

행복한 상상
바른교육 정훈사

"
오랜 전통의 검정고시 전문 출판사의
노하우를 모두 담았습니다.
"

동영상강의 www.정훈에듀.com

교재 구입 · 배송 · 내용 ☎ (02)737-1212

개정6판 2025년 1월 15일
초판 2017년 1월 9일
편저자 이재은 / **발행인** 전순석
발행처 정훈사 / **등록** 2-3884
전화 (02) 737-1212 / **팩스** (02) 737-4326
주소 서울특별시 중구 마른내로8길 3-20

※ 파본은 구입처에서 교환하세요.
　　다만 제품 훼손 시 교환 및 환불이 불가능합니다.

정가 18,000원

63370

9 788961 298629
ISBN 978-89-6129-862-9